地星誌

―天・地・人―

世界を巡って感じた地星の・人の息吹

長田　享一

Parade Books

はじめに

私は会社定年後、１０年間で２０回の海外旅行を計画しました。その際には、まず手短にある場所を候補地にあげました。それは、まずは安く行けること、できれば英語圏がいいなとくらいしか思っていませんでした。そして、十回目くらいの時からせっかくなら、旅行した記録を残したいと思い、メモ書き程度にまとめ始めました。そして、旅行記として見たこと聞いたこと感じたことを記しておきたいと思いました。しかし、書店に行くとなんと旅行記の書籍が多い事！　書かれた方のそれぞれの視点で、上手にまとめられていました。そこで、私なりにこの旅行をどのようにまとめるかを思案しました。

私は大学時代地質学を専攻しましたので、これをベースにまとめてみようと思いました。しかし、訪れた国の全てが地質学的見地でまとめられるものばかりではありません。その場合は、地元の人達とのふれあいや感動した藝術作品などについて私なりにまとめてみました。

ここでは、訪問した年代順に話を進めていきます。スタートは、２０１０（平成２２）年4月のオーストラリアへの旅行でした。それはある時は珍道中となったり、感動の連続だったり、自然の偉大さに驚いたり、先人たちの築いた藝術の偉大さ・素晴らしさに浸ったりの連続でした。それらを「天地人」の観点かまとめてみました。

「天地人」、それぞれの漢字の説明をしていきます。まず「天」は「万物を支配する存在」「人を超えた存在」のことを表し、「空」のことも意味しています。次に「地」は「天」に対しての言葉で、「土」「大地」

「土地」の意味です。「天地」という言葉は「宇宙」を含めた全世界のことを言います。その「天地」の中に「人」がいるのです。「天地」に生かされているのが「人」です。「天地人」は「三才（さんさい）」と表す場合もあり、「三」は「天、地、人」のこと「才」は「動き」という意味で使われます。

なお、表題を『地星誌』としたのは、一般に私たちの住むこの星を地球と呼んでいます。地球は広大な宇宙の中の太陽系の惑星の一構成員です。なぜ水星・金星・火星……などと同じく地星とよばないのでしょうか？　水があり生物がすむ星だから特別な名称を与えたのでしょうか？　英語ではThe EarthとかThe Globeとか書かれています。ならば、地球だけでなく地星＊1という別の呼び方があってもいいと思いました。私は、広大なこの宇宙でこの星が特別な存在だとは思っていません。特別視する理由などないと思います。従って、私の思いである「地星」を見て・感じて・触れてなどなどしたことを記録した「誌」ということで『地星誌』としました。

旅行先における現地写真撮影は、数千枚に及びました。その中には、建築物や絵画・彫刻などの藝術作品を多数含みます。残念ながら本書に掲載できませんでしたが、現在ではネットなどで閲覧できますのでそちらをご覧ください。本書での写真につきましては、すべて著者撮影によるもので著者の責任において掲載しています。

＊1　著者がはじめて「地星」という用語に触れたのは、『人新世の人間の条件』（早川健治訳、２０２３、晶文社）【原題：The Human Condition In the Anthropocene, Dipesh Chakrabarty, 2015】です。チャクラバルティは議論を展開するうえで英語の5つの用語Planet, Earth, earth, globe, worldを区別していますが、日本語ではplanet:は「惑星」、earthは「大地」、world は「世界」にのみ訳語があります。訳者は、惑星としての「Earth」は「地星」、人類の唯一の住処としての「earth」を文脈によって「大地」と訳分けしている。

たものです。

最後に、この10年余の間に一緒に旅行に付き合ってくれた妻に感謝したい。旅行の計画は一方的に私が決め、妻はただ黙って一緒について来てくれました。旅行中は、傍で写真を撮影したり、添乗員さんやガイドさんのお話をよく聞き留めて、あとから私があの場所がどうだったかな？と聞いてもよく覚えておき、この手記をまとめる際にも大いに貢献してくれました。ここに感謝の意を示しておきたい、と思います。

また、表紙のデザインを作成してくださった、イラストレーターの植原幸治氏、ヴェネツィア映画祭や内容について御意見をいただいたＮＫ女史にも感謝いたします。拙著刊行にあたっては、株式会社パレードの原幸奈女史には編集・制作にあたり細部にわたってご教示・助言をいただいた。合わせて感謝の意を表します。

目次

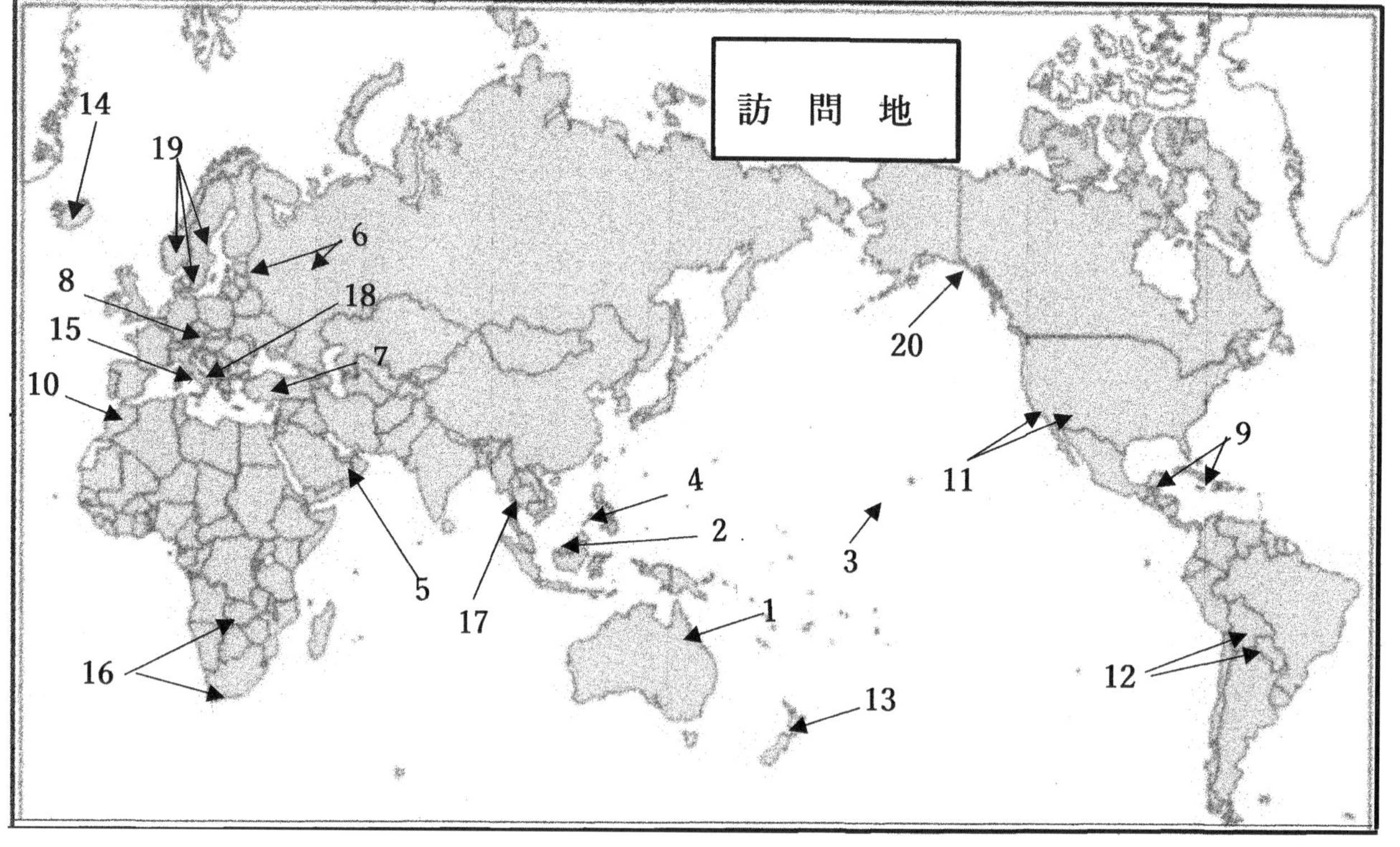
訪 問 地
14
19
6
8
18
15
7
10
20
9
11
4
2
3
5
17
1
16
12
13

第一話　ケアンズ：オーストラリア ― サンゴ礁と熱帯雨林の山地

2010（平成22）年4月

東京に住んでいると、海外旅行といえばそのゲートウェイは、成田（東京）国際空港というのが決まり文句であり、ＪＲ東日本の成田エクスプレスや京成電鉄の特急電車を利用しても自宅からは1時間半ほどを要します。私にとっては飛行機に乗っているよりも、大きくて重いスーツケースを引きずり、混雑する電車・駅や人込みを歩くのが苦手で、国内で移動するに必要な時間の多いほうが苦痛でした。今回、最寄りのＪＲの駅から成田空港までリムジンバスがあるというので、時間の余裕もあったのでこれを利用しました。休日のせいか道路はすいていました。首都高速の高井戸入口から、首都高速の箱崎を通過し東関東自動車道を経由して、途中浦安のディズニーランドを右手に見、一時間半ほどで空港に着きました。久々の成田空港でしたが、相変わらず空港に入る前に検問所があって警備員への身分証明書の提示が求められました。こんなことでも空港利用税が高くなっているのでしょう、空港建設反対派の運動が活発だった1970年頃ならいざ知らず、今もこのようなことをやっているのかと思うと腹立たしくなります。海外でこんな警備をしている国は紛争国を除いてあるのだろうかしら？＊2

＊2　平成27年3月30日、開港以来続いてきた成田空港の入場ゲートでの検問がこの日の昼で廃止され、立ち止まらずに通過できる新システムに移行した。

1. ジェットスター航空

今回利用した航空会社は、最近台頭してきた格安航空会社（ＬＣＣ）の一つオーストラリアのジェットスター社ですが、純粋にベンチャー企業というより、オーストラリアのフラグシップのカンサス航空会社が設立した格安航空会社ということです。まあ出かけることを決めたのも1ヶ月少し前でしたので、ゴールデンウィークに海外に出かけるとなると、ＪＴＢのような大手に依頼すると旅行費用も高くなるし、予約は満杯だといわれるだろうと思っていました。ＬＣＣ航空の先がけとなったといわれているジェットスターのエコノミー・クラスには「ジェットセーバーライト」と「ジェットセーバー」の2種類があります。（令和6年現在では、ジェットスターの基本運賃は、エコノミークラスの「Starter」とビジネスクラスの「Business」の2種類になっており、この他にフライト特典や座席指定などのおトクなサービスがセットになったオプション運賃が用意されています。）

2. ケアンズ国際空港から街の中心部へ

会社員の時代にも出張でオーストラリアに来たことがありますが、そのさいもケアンズ空港だったような気がします。その時はここから、２０人乗り程度の双発飛行艇のような飛行機で南の小都市McKayに向かったことがあります。空港からは街中のホテルまでは時間がかからないし、町といっても中心部は小さくこぢんまりとしています。一応ＤＦＳ（Duty Free Shop）もあり、滞在したホテルの前にはカジノを有するホテルもあります。港に近く、お正月をこの街で過ごす観光客を乗せた大型客船が停泊していました。

さて、ケアンズと言ってもすぐにその位置がわかる方は少ないと思います。ケアンズはオーストラリアの一年中暖かい海岸リゾート地でグレート・バリア・リーフの玄関口となっており、熱帯のクイーンズランド州北部にある都市です。町の人口は１５万人ほどです。日本とは季節が反対なので要注意です。街の雰囲気はゆったりとしており、リゾート地を思わせる静かな平穏な街の雰囲気です。中心部といってもオフィス街があるわけでもなく、夜になるとレストランを除いてほとんどのお店は閉まってしまいます。そんな中で夕食を食べるためにレストランを探すのは大変です。集中してあるわけではないので、一軒通り過ぎると次を探すのが難しい通りもあります。とりあえず、人が多く入っているレストランを探すことです。結構観光客が入っていて、テーブル席で隣り合わせるとヨーロッパの各地からきている人が多く見受けられました。意外と地元の人たちは見かけませんでした。

３．キュランダ国立公園とグリーン島

ケアンズに来て見落としてはならない観光地がキュランダ国立公園です。キュランダ国立公園に行く前に、到着した次の日の朝早く動物園に行きました。コアラを抱っこして記念写真をとってくれるというので、

行ってみました（これはツアー料金に込み）。園内を見てから、いよいよコアラを抱っこしての家族との記念写真を撮ってくれましたが、出来上がった写真を見ると、コアラは、どことなく眠そうな目をしていて、なんだか有難迷惑そうでした。（その後、コアラ保護の観点からコアラの就業時間を短くしたそうです。コラム欄参照）

さてキュランダ国立公園は、ケアンズから25km離れた山奥の美しい観光地で、世界遺産に指定された多雨林に囲まれ、「クイーンズランドの湿潤熱帯雨林地域」として有名です。キュランダ観光鉄道で列車の旅を楽しみながら、徐々に高地に上がっていき森林奥部に入っていきます。キュランダ鉄道は、街中のケアンズ駅から山頂付近のキュランダ駅までです。海辺のケアンズから標高328mの高さまで上っていく鉄道の旅は、全長33kmを走り所要時間は片道1時間45分ほどです。19世紀後半に作られた木造車両で、車内もレトロでクラシックな雰囲気です。ゆるやかなカーブが続きながら、熱帯雨林の緑の中をのんびりと進んでいきます。もともとは鉱山からの採掘資源を、ケアンズ港などへ運ぶための鉄道として、1981年に開通したそうです。途中、通過するバロン渓谷国立公園では、絶景ポイントの一つになっていてバロン滝近くに駅があり、ここで列車は一時停車してくれます。駅に降りて、滝の見える景色を撮影できますが、時間は短いので乗り遅れないようにしないと！

渓谷を行くキュランダ鉄道

こういう観光列車は、日本ではもう見られません。効率第一、スピード、大量輸送ではのんびりと列車の旅など望めないのでぜひ体験することをお勧めします。終点の山頂駅付近では植物園、レストラン、お土産屋さんもあり、ゆっくり時間を過ごすことができます。また、道路も完備されているので麓から車で来ることもできます。

帰りは、スカイレール・レインフォレスト・ケーブルウェイ（Skyrail Rainforest Cableway）のゴンドラに乗車すれば、熱帯雨林を真下に見ながら終点キュランダまで全長7．5kmのロープウエーを利用できます。空中回廊から眺める深い、そして緑豊かな熱帯雨林の景色は最高です。2つの途中駅では、それぞれ長い停車時間があり、乗客は周辺の散策を楽しむことができます。レッドピーク駅では、森の中に設置された全長175mのボードウォーク散策が楽しめます。次のバロンフォールズ駅では、滝が見える森の中の展望台へ行くことができます。終点駅でのバスの待ち合わせの時間に間に合うようにロープウエーにのればグループから離れても大丈夫です。

翌日は、沖合にあるグリーン島まで観光船で行き、きれいな砂浜での海水浴が楽しめます。グリーン島はサンゴ礁に囲まれているので、砂浜が白くきれいに見えます。島では海水浴をしたり、海中にもぐったり、日光浴を楽しんだり、狭いですが島をぐるりと一周してみたりと、楽しみ方はいろいろです。往復切符を購入して、決められた船会社の船で島に渡るのですが、帰りは、なぜかどの船でもOKとのことです。ただ帰りの便は、いくつかの港に行くので間違えないようにケアンズ行きに乗ること！

グリーン島

4．レンタカーで北へ

息子たちを連れて行くと、一通りの観光を済ませるともうじっとホテルで自由な時間を過ごすということができません。そこでレンタカーでどこかに行ってみようということになりますが、残念ながらケアンズの近郊でこれといった観光地・見所が見当たりません。後で思ったのですが、（株）エイチ・アイ・エス（本書では、以後ＨＩＳ旅行社とする。）の現地案内所に行けばよいアドバイスが得られたのかもしれなかったです。そこで、ホテルのフロント内にあるレンタカー会社のオフィスに行ってレンタカーを予約しました。ところが急ぐのであれば街中の事務所にとりに来いと言われ、暑い中をてくてくと歩いて事務所に行き、ようやく一台をピックアップして、とりあえず町から北上することにしました。予約でもしておけば、ホテルに持ってきてくれていたのかもしれないのですが……。

あっという間に町を出ると、もうスピードはついつい出てしまうので要注意です！　とりあえず北に向かってあてもなく、といってもケアンズの街はさほど大きくないのであっという間に郊外に出て、1号線を北上し途中から44号線に入りましたが、道路は脇道がないので道路を間違えることはほとんどありません。できるだけ海岸沿いに北上し途中は単調なのですが、たまたまあった横道にそれました。運転を任された長男は、初の海外での自動車の運転ということでもあり、日本と同じ左側通行で右ハンドルですが、ラウンドアバウト（ランナバウト）と呼ばれる交差点内となるロータリーでの走り方やスピードバンプ、右優先のルール等日本と異なる点が多いのですが、そこは若さですぐになれるところがたくましい。一番心配したのは、交差点を右折する時に、つい左車線に入ろうとしてしまうことと、ラウンドアバウトに入って、出る際に自分の行きたい車線にスムーズに入っていけるかどうかというところで、ほかの車に巻き込まれてグルグル回ってしまわないことです。

現在のようにまだ、カーナビは装備されていないし、地図もなかったので、勘でドライブしていました。郊外ではほとんど道路標識もないし、ドライブインもない。注意しなければならないのは、ガス欠になることです。アメリカ以上にほとんどガソリンスタンドなど見あたりません。燃料計だけには注意を払っておかなければなりません。噂によると、スピード違反の取り締まりは厳しいというのですが、一日ドライブしていて、いわゆるパトロールカーを見ることはありませんでした。もちろん事故も全く見ませんでした。ラウンドアバウトと呼ばれるロータリーでの走り方、右優先のルール等外国の地ならではのドライブに息子たちは大満足していたようでした。

結局、半日かけて北上して、時間を見計らってケアンズの街に戻るだけのただ走ったというだけでした。途中狭い川を渡るのに橋がなく、小さな渡し船、もちろん車を乗せてくれます。フェリーで目と鼻の先にある対岸まで行くことになります。川幅も狭く日本ならすぐに橋をかけてしまいそうだが、さすが大国、じっくり、のんびり渡し船が戻ってくるのを待っています。車から降りて、コーヒーやジュースを飲んでいる人や、タバコを吸って待っている様子、こののんびり感がたまらなく癒されました!! きっと、船の会社や飲み物などを売る人の生活を守っているのかもしれませんね。

広大な面積を持つオーストラリア大陸のごく一部で、しかもシドニーのような大都市でなくても一大観光地のケアンズは、静かで観光客が多くてもどこかのんびりしている様子は私にとって楽天地でした。

オーストラリア大陸の自然と生活

オーストラリア大陸は、ペルム紀（約3億年から2，5億年前）に始まる超大陸ゴンドワナの分裂により、白亜紀にかけてアフリカ大陸、インド亜大陸、南極大陸と分離していきました。それに伴い現在の地質分布が反映され、大きく分けて西部には太古代のクラトンが、中央部に原生代の深成岩・変成岩が、東部に古生代から新生代の岩石が見られ、それぞれの周囲を比較的新しい堆積岩によって覆われています。

オーストラリアには、更新世末期（数万年前）に、今日より低海面の時代にアボリジニがニューギニア方面から渡来し、先住民となったと考えられています。オーストラリア連邦は、大陸（本土とタスマニア島などを含む）とよばれその面積は769万km²もあり世界第6位の広さがあります。人口は約2，550万人、首都はキャンベラです。1606年におけるオランダ人探検家によるオーストラリア大陸発見後、1770年にイギリスが同大陸の東半分を領有主張し、1901年1月、6つの植民地が連合しイギリス自治領として連邦を形成、事実上独立しました。国旗に見られるようにイギリス連邦の形成国となっています。6つの州と2つの準州が連合して連邦を形成している

初の熱気球搭乗

ことを表しています。オーストラリアは、生活の質、健康、教育、市民の自由、民主主義指数、経済的自由権、世界平和度指数、および政治的権利において世界最高水準の国家であることを示しています。

大陸の東と西には暖流の南赤道海流が、西には一部寒流の西オーストラリア海流と南に南極海流がそれぞれ流れていますが、自然環境は非常に過酷であるとされています。大陸の約４０％が土壌の栄養分がとぼしいことなどで、非居住区域とされています。

原生林地帯は、熱帯雨林気候や熱帯季節風気候によって特徴づけられており、訪れる価値のあるものです。またオーストラリアの固有動物種――カンガルーやコアラなどの日本人にもなじみの動物も多い――その割合は高く、８０～９０％以上のものがたくさんいます。また、植物種も莫大な種類の植物で成り立っているゴンドワナ大陸起源の植物相が多く存在し、大陸の移動と白亜紀以降の気候変化の影響により多様性が生まれたと考えられています。大陸北東部に当たるケアンズにあるキュランダ国立公園に象徴される原生林地帯は、熱帯雨林気候や熱帯季節風気候によって特徴づけられており、訪れる価値のあるものです。

また観光地（現在は保護の観点から登山禁止）として有名な通称エアーズロック（現在では原住民アポロリジニの現地語のウルルと呼ばれている）は、世界に二番目に大きい岩山です。ウルルは岩盤が長期的に削剥され形づくられた一枚岩で、高さ３４８m、周囲は９．４kmあります。

COLUMN

コアラにも労働基準法を！

帰国してしばらくしてからだと思う、オーストラリアの動物園の観光用コアラが労働時間オーバーだということで保護の対象とされることになったという。よく覚えていないが、一日何時間も観光客相手に抱っこされており、コアラが少し疲労気味・ストレスを抱えているだとか……。人間に抱かれる写真撮影されるのは、野生動物にとってストレスの原因になっているらしい！

コアラ達を守る労働基準法があるらしい。

・一日に30分しか働いては（抱っこされては）いけない。

・定期的に健康診断を受けさせる。

・一回働いたら2日は働いてはいけない。

また、コアラは法律で保護されていて、抱っこが禁止されている州があるということです。コアラを抱っこしたい場合は抱っこが禁止されていない州に行く必要があります。ゴールドコーストのあたりはオッケーのようです。コアラさん人間のために健康を害しないようにね！

第二話　マレーシア：ボルネオ島 ― 南シナ海に沈む夕陽

２０１１（平成２３）年１２月

新年を海外でと急に思いつき、日本から近いところで過ごそうと、探したところマレーシアの本土からは離れていましたが、ボルネオ島のコタ・キナバルを選びました。ここは、東の２／３くらいをインドネシア領、コタ・キナバルの街に接してブルネイ国となっています。旅行を申し込んでからビックリしたのは、行きも帰りも一度本土のマレーシアのクアラルンプール空港から入・出国することでした。

１．お正月をマレーシアのボルネオ島コタ・キナバルで

今回のボルネオ島へは、次男の参加は都合が悪くなり長男との三人での旅行となりました。平成２３年の年末からお正月を南シナ海ボルネオ島で新年を迎えることにしました。

海外に行く際に、第一話で書いておきましたが、空港までの交通手段が先ず問題になります。それは、鉄道を使うか空港リムジンバスにするか、自動車で成田まで行き空港パーキングに駐車しておくかの選択です。それぞれに利点もあれば欠点もあります。今回は、事前に成田空港近くの駐車場を予約しておいたので、長

男に自動車を運転させていくことにしました。出発日が３１日午後ということもあったせいか、自宅から首都高速、東関東自動車道経由して1時間１５分ほどで成田の駐車場まで行くことができました。自動車を用いたのにはもう一つ理由がありました。東京は冬なのに、目的地の天候はほぼ常夏です。服装が全く違っているので、服装の荷物を多くしたくなかったため、車だとほぼ車内を温かくしておけば夏の服装のままで身軽に出かけていくことを考えてのことでした。

さて、今回の旅行の目的は、昨年テレビで見た（ＴＶ局名や番組名は明確に覚えていませんが、確かＢＳ・ＮＨＫのグレートサミットであったような記憶）ボルネオ島のキナバル山を数泊しながら登頂する番組を見て、登山とまでは行かないまでも、あの素晴らしい山容を一目見たかったこと、もうひとつは観光に適したところがあまりないだろうと予想して、海に面したリゾートホテルでのんびりと読書をしたかった、ということです。

2．クアラルンプール（KL）経由でコタ・キナバル（KK）へ

今回は、成田―クアラルンプール（ＫＬ）経由コタ・キナバルまでマレーシア航空の利用となりました。ツアーではなく今回も個人旅行の申し込みでした。成田からＫＬまで距離５，７２１km、所要時間7時間半でしたのでそれほど苦になりませんでした。ＫＫまでは、フィリピン航空の直行便があるのですが運行曜日に左右されるので今回はＫＬ経由となりました。

珍しく？定刻通り出発したマレーシア航空は、機内サービスの良いという点でシンガポール航空などとともに人気のある航空会社だと聞いていました。機内でのサービスですが、要するにエコノミー・クラスはどの航空会社でも同じで、狭い窮屈な席と、なんとなく食べさせられているという食事の感想です。マレーシア航空のサービスは割と高評価でしたので期待していましたが、きっとサービスの良さという調査は、ファーストクラスやビジネスクラスを調査対象にした結果だと思うと、少しひがんでみてしまいました。機内でのキャビン・アテンダント（ＣＡ）の皆さんは、忙しく動き回っておられましたが、エコノミー席はほとんどスルーしていました。客席数に応じて、ＣＡさんの数は決まっているのでしょうが、客層はファーストクラスやビジネスクラスの客層とは違って多種多様、したがって１００％の満足いくサービスなど心がけていてもまずは無理な話だと思います。路線によっても違うのでしょうが、目的地について最後尾から搭乗口（降り口）まで機内を歩いて行くと、床や座席の上の乱雑さは目を覆わんばかりだ。

３．クアラルンプール空港

ＫＬ空港に到着して、国際線からＫＫへの国内線への乗り継ぎとなりましたが、旅行前の下調べではスムーズに行くことになっていましたが、実際となるとそううまくいかないものです。ましてや、初めてのＫＬ空港であるし、シンガポール空港と同じく大きな空港と聞いていたのですが、夜の7時過ぎでもありフロアーには係員はほとんどおらず、また案内掲示板も所々にしかなく、どちらに行ったらよいかよくわかりません。一応案内掲示板に沿って進んだのですが、結局たどり着いたのは入国審査所であったものの、通過するとＫＬ市内に行くところに出てしまいました。やっと、係員を捕まえて国内線乗り場を教えてもらうことができました。教えられた通り、1階からエレベーターで3階に行き、国内線乗り場への案内板に沿って歩いていくと、どういう訳か小さな入国審査のカウンターのあるのが見えました。出国時の後からわかったことですが、そこが国際線からの乗り継ぎの際の入国審査カウンターであることがわかりました。日本は、空港利用税が高いが、空港内では係員や係員が多く配置されているし、案内板もきっちりと必要箇所には書かれており、親切で優秀な空港だと思います。

なお、税関の手続きでは荷物はそのままＫＫまでスルーなので煩わしさはありませんでした。乗り継ぎの際は、搭乗前に預けたスーツケースは目的地までスルーなのか、途中引き取り再検査されるのかよく聞いておいた方が良いでしょう。かつて会社員時代カナダへの出張のさいにバンクーバー空港で乗り継いだ時、自分のスーツケース一個だけが回転台でクルクル回っているのをラウンジから見つけたときは真っ青になった経験があるので、つい慎重になってしまいます。乗り継ぎがある場合には、乗り継ぎ空港で荷物の受け取りがあるかどうか確認をすることが大切です。

帰国の際のＫＬ空港では入国の時のようなドジなことはなく、スムーズに出国手続きはできましたが、違うことで時間を要してしまいました。先ずは、出国手続きの係員のチンタラぶり。男性係員の制服をみてもわかる、日本人のようにキチンとボタンをかけていない。一見してこういう人間のする事はいい加減です。身なりは、その人の性格・性質を表すとはよく言うものだ。また、職業意識も伺えます。キチンとした身なりをしている職業人は、する事も言う事もキチンとしている。そういう点で、同じ職業を比較すると一目瞭然です。日本人のキチンとした身なりは、職業意識の高さを示すものとして誇っていいものだと思います。出国の手続きをする人で長蛇の列にもかかわらず、係員は男性女性各1名の2名のみで、やや人数が少なくなってからもう1名が、最初からそのあたりをうろうろしていた女性が加わりました。それならもっと早くから3名体制でやれ！　日本の空港だと、並んでいる人数をみて係員が増員されるだろうに……。私たち家族は、結構早くから並んでいましたが、手続きをテキパキとこなすわけでもなく、別のデスク上の電話が鳴るや男性係員は長蛇の列などお構いなしに電話口に出てニヤニヤと5分以上も話していました。イヤハヤというか、こういうところでも職業意識のなさを感じてしまった次第です。利用客としては高い施設利用税を払っているのだ！

やっと、出国検査をおえて、さてトラムに乗って国際線ターミナルへ移動と思いきやトラムのホームのスピーカーからはメンテナンスで動いていないのでバスで移動せよとのこと、幸いに日本語アナウンスもありましたが、下手な日本語で言っているのでよくわかりません。その上、トラムはさっき国際線ターミナルに向けて発車していったではないか！　ホーム上で日本人らしき男性に声をかけると、空港係員はトラムでいけと言っていたとか……。全くわからん！　そうこうしているうちに、飛行機の出発時間が迫ってきました。このホーム上で待っている人たちは、どうも同じ飛行機に乗りあわせる人のようだ。心配そうに、向こうのターミナルから来る折り返しのトラムを今か今かと、待っていました。トラムに乗ったのが、飛行機の出発10分前でした走り出すのは、日本人乗客ばかりでした。航空会社の係員も国際線乗り場のところにいただけで、トラムの乗り場にはいませんでした。

成田空港では施設使用料などが徴収されていますが、サービスの面ではわが国は世界一だろうと思います。出発間際でまだ機内に乗り込んで来ない客を探して、見つけたら一緒になって走って搭乗口まで案内してくれる空港はないだろう。過剰サービスだという声もあるが、サービスの面では他のどの国の空港よりも飛びぬけて良いといえます。航空会社のサービスランク付けもいいけど、空港内のサービスや施設のランク付けも必要です。

4. コタ・キナバルの街

コタ・キナバル（ＫＫ）空港は、国際空港といっても小さな空港です。小さいと言っても国際空港だから免税店もあるし、ターミナルも空港敷地も広々としていました。なんといっても南国の様子を呈しています。南国に来たという実感がしました。

さて、日本人にはなじみの薄いと思われるコタ・キナバル＝Kota Kinabaluという地名の由来を紹介しておきます。ＫＫは、マレーシア・サバ州の州都で政治経済の中心地であり、マリンリゾートや世界遺産のキナバル山への登山口にもなっていて、東マレーシア（ボルネオ島）で最大の都市でも人口は約７万

KK市内の青空市場

人強です。１８９９年にイギリス領北ボルネオの貿易港として建設されました。第2次世界大戦末期にオーストラリア軍と日本軍との激戦地となった、といいます。しかし、今はその面影をみることはありませんでした。

コタ・キナバルという名は、サバ州にそびえ立つ東南アジアの最高峰であるキナバル山にその由来があります。キナバル山とは、「祖先の霊が眠る山」という意味だそうです（ＨＩＳ旅行社のガイドさんに聞きました）。コタは「街」の意味なので、コタ・キナバルは、キナバルの街という意味になります。また、街には中国人が多く住んでいるといわれ、香港といろいろな面で関係が深いとも言われています。街の中や山間部でもマレー語と英語に加えて中国語も多く見受けられます。『天主教会』と中国語で書かれたキリスト教会と二つのモスクに代表されるイスラム教徒が多いようです。また、種族によって信仰している宗教がはっきりしており、キリスト教からイスラム教への改宗は容易ですが、その逆は難しいとのことでした。

空港からＨＩＳ旅行社の送迎バス、といっても日本でいう商店が商品運搬用に用いているワンボックス・タイプの9ないし１０人乗りのワゴン車でした。滞在中の観光は2回ともこのバスでしたが、乗り心地はいたって悪いです。なお、今回はツアーではなく個人旅行の形でフライトとホテルのみが決まっている旅行です。

空港からホテルまで約３０分かかりました。ほぼ夜中のドライブで１２月３

市内のモスク

1日深夜のニューイヤー・カウントダウンも終わった後なので、道路は比較的空いていました。最高時速制限は90㎞、もちろんスピードオーバーのほぼ100㎞以上で走っていたと思われます。街中のダウンタウンを通り過ぎて、道路を北上しホテルのゲートに到着しました。広大なリゾートホテルなのでセキュリティーのためゲートが設けられチェックを受けました。

5. ネクサス・リゾート&スパ@カランブナイ：ボルネオの伝統美をいかした建築と豊かな自然環境の海辺のホテル

大晦日に到着し、真夜中のホテルチェック・イン（1月1日）は、私たち家族を含め2組だけでした。明日以降の予定の確認やオプショナルツアーの打ち合わせをしていたら小1時間かかってしまいました。ホテルのフロントから部屋までは、小雨が降っていたせいもあってゴルフカートのような車で送ってくれました。一通りの部屋の説明をしてくれてドライバーが出て行くと、すぐにHIS旅行社の係の人から電話があり、部屋のアメニティが3人分そろっているか？と聞いてきました。こちらのホテルでは、3人同室でも備品類が人数分そろってないことが多いそうで、必ずフロントに電話をするトラブルがあるそうです。幸い、ほとんど揃っていましたが、電話を切った後にクローゼットの中をあけてみるとやはりバスローブが2人分しかありませんでした。めんどうだったのでフロントに電話しなかったのですが、後で考えるとキチンとそろえてもらっておいた方が良かったのでは、と思いました。なぜなら、バスローブはバスルームのアメニティと違って持ち帰ることはできないのですが、後からホテルから一着持ち帰ったのか？といわれて不当請求されるおそれがないのかなとふと思ったのです。それから、3人の予約でしたがベッドは大型のツインベッドと少し大きめのソファーベッドでした。

そうこうしているうちに、緊張感もとけ、疲れも出てきたせいか、どうでもいいから早く寝たいという睡魔におそわれてきて、三人とも深い眠りに入り、ぐっすり朝まで寝入ってしまいました。

翌朝、鳥の鳴き声で目が覚めました。私は、飛び起きて、早速目の前の海岸まで出て行きました。部屋の前の海の景色は、南シナ海です。少し高い波、透き通った海、白い砂浜、ホテルのプライベートビーチが続いていました。砂浜は、細かい砂と貝殻や珊瑚の破片、鳥の足行、様々な生き物の証をみることができました。

街からずっと離れたリゾートホテルなので街中まで朝食を食べに行くとなると、ホテルのシャトルバスで15~20分かけて出かけていかなければなりません。ホテル内で過ごしたい時などは、時間的にもったいないので朝食付きはありがたい話です。

ネクサス・リゾート＆スパの前

朝食時にとても気分を悪くしたことを書いておきます。ホテルの朝食は、レストランでのビュッエ・スタイルでした。レストランでのお気に入りは、目の前でコックさんが卵料理を出してくれることです。オムレツ、目玉焼き、スクランブルエッグなどリクエストに応じて、各種の卵料理に具材も好みに合わせて入れてくれます。私は2人分のオムレツを注文して、別の料理を取り皿にのせて戻ってくると、東洋人女性客が私の前にさっときてお皿を差し出し、自分の皿にそのできたてのオムレツを乗せろと皿を差し出したのでした。私がそれは私がオーダーしたものだというと、その人は私が先に皿を差し出したのだから自分がもらえるのだ、と主張するのでした。私は、それは私がオーダーしたので出来上がるまでほかの料理をとりに行っていたのであり、出来上がるのを見て戻ってきたのだ！と主張しました。コックさんは、私がオーダーしたのだからこの人のものだと言って私の方の皿にのせてくれました。皆さんはどちらが正しいと思いますか？欧米人なら決してこの人のような主張はしないでしょうね。まあ、私の非は一時的にその場を離れたことでしょうか？

ここで思ったことは、ファイティング・イングリッシュ（喧嘩するための英語ではありません）の大切さ！喧嘩ではないですが、自分の主張ははっきりと伝えることの大切さです。その時文法がどうのこうの、時制は何か？やwhichかthatのどちらを使うのか？など考える余裕はありません!! 相手がこう出てきたとき、自分はどう対応するかを英語頭にして、それを素早く判断する——判断力の勝負です!!

その他にリゾートホテルなので、広大なホテル内にはジム、スクオウシュ、テニス、ビーチバレー、ミニサッカー、ゴルフクラブ、スパ等もありホテルを出ていく必要もなく、充分ホテル内施設を利用して一日を過ごすことができます。

「ネクサス」は快適なホテルだと思いましたが、もっと長期滞在型としてホテルの施設を活用してみたいと思いました。プール、エステ、ジム、ゴルフなどが楽しめそうだし、ラグーンクルーズもあります。また、ホテルが滞在者向けに毎日いろいろなアクティヴィティ・プログラムを用意しており、掲示板に掲載されています。日本人はとかく街に出て行きショッピングや観光に忙しく動いていますが、欧米人のようにゆっくりホテル内で過ごすのもこれからの旅行スタイルとして良いのではないでしょうか。もちろん子供向けのプログラムもあります。

6. 市内観光――タクシーで

KKにきて、是非見たかったのはモスクの内部でした。まず、移動手段ですがホテルと市内のセンターポイントまではホテルのシャトルバスを利用できました。ほぼ1時間に1本あるので便利ですし、ホテルの知り合いとも同乗することができ観光情報を入手できて便利でした。ホテルのフロントで予約、帰りの便のみ有料となります。予約時にバスの時刻表を確認しておくこと、市内での帰りの乗り場を確認しておく必要があります。市内は一方通行でバスの降り場と帰りの乗り場も確認しておかないと乗降場所が異なることがあり要注意です。

市内主要部（ダウンタウン）内は、ほぼ歩いてまわれます。少し離れたところは、やはりタクシー利用でしょう。旅行者には、バスの利用は難しいと思います。私たちも中心部から少し離れたイスラム教のモスクに行くため、タクシーを利用しました。タクシー乗り場に行くと、公認？の案内人がいていくらで行くか交渉しておくことが得策です。タクシー内には運賃メーターがあるものの、作動するかどうかは不明な場合が多いということです。前もって数人にホテルと市内間の料金を聞いておいたのでそれを目安にしました。また独りで乗るのは避けた方が良いと思います。それにこちらは三人いますから、いざという時は何とかなるでしょう！

モスクの見学のためには、タクシーを利用して行くのが便利だということでタクシー乗り場に行き、乗り場の案内人と交渉してタクシーに乗りました。バスの便もありましたが現地語が分からないので利用しませんでした。タクシーの運転手も片言の英語、こちらも片言の英語どうしの方が通じ合えました。運転手は、観光ならモスク以外に丘の上からの景色の良いところまで行って、元の場所まで連れて帰ってあげるから、〇〇MYR（リンギッド）でどうだ？と言われ、それほど高いとも思わなかったので、OKして街中を通り抜け、途中下町のようなところを通り、モスクまで連れて行ってもらい、モスク内を案内してもらいました。運転手は、「あとは自分たちでみてくればいい、俺はここで昼寝しておくから。」と、言ってさっさとモスク内の涼しいところで寝込んでしまいました。その間ゆっくりと初めて見るモスクを見学しました。終わって元の場所に戻ると運転手はもう起きていて、さあ、丘の上の確かシグナルヒルという展望台に行こうと言って、私たちをドライブに連れて行ってくれました。丘の上からは、KKの街並みや港、南シナ海がよく見えましたが、さほど感動しませんでした。無事に出発場所まで戻ってくることができましたが、運転手は良かったか？と聞いてきたので、満足いったと答えると、笑顔でグッド・バイと言って去っていきました。

ホテルに戻ってから、このストーリーを旅行社の人に話すと、タクシー運賃も良心的だったし、老年の運転手だったから良かった、と言われました。まあ、こちらもそう高くない料金と思ったし、三人いるからいざとなっても大丈夫だろうと思っていました。

7．リバークルーズ

KKには、いくつものリバークルーズツアーがあります。クルーズといっても立派な客船ではありません。少人数しか乗ることができない小さなボートですが、いちおう屋根にはシートがかかっています。ホテルから約2時間国道？を南下して行きます。明るいうちに一度船に乗り動・植物を観察し、船着き場に戻って簡単な食事をしてから再度乗船して、夕方からのクルーズに行きます。夕方のジャングルクルーズでは、ボルネオ島でしか見られないテングザルなどの野生動物に出会えました。夜になり、1本の木に蛍が群生する「ホタルツリー」を鑑賞します。無数の光が瞬く幻想的な風景は息をのむ美しさです。蛍が止まる樹は決まっているようです。

8．キナバル山のキナバル自然公園とポーリン温泉

ホテルで予約したツアー会社の専用バス（ワンボックスカー）に私たち家

リバークルーズで見た手長サル

族だけを乗せて、２時間ほどのドライブで公園の管理事務所に到着しました。土産店もあり観光地らしくなっています。

目的地のポーリン温泉は、キナバル山の中腹あたりにありました。キナバル山は標高４，０９５ｍあり、マレー諸島の最高峰であり、花崗岩や結晶片岩からなっています。山頂はコケ以外の植物は生育しませんが、山腹には熱帯雨林が発達しています。キナバル山を中心に国立自然公園は、２０００年に世界遺産の自然遺産に登録されています。この中には、熱帯植物園やポーリン温泉があり、日本でも紹介されています。

キナバル山は、死者の霊が帰る場所として聖霊の住む山であると考えられ、地元の人からは崇められています。また、マレー語でキナ：Kinaは「中国」、baluは「寡婦」を意味し、帰国した中国人の夫を偲び、中国を遠望しようと山に登って再び帰らなかった先住民の妻の伝説があります。また「ポーリン」とは、カダザンドゥスン族の言葉で「竹」の意味。庭園風に整備された施設内には、入浴料が有料の屋内個室風呂と入浴料が無料の露天風呂がありました。露天風呂も複数の小さな浴槽に分かれていました。一つのグループに一つの浴槽が使用できるようになっていました。使用前に自分で温泉と水の混合割合を調整して浸かるようになっており、浴室は脱衣室兼用で簡便なものでしかありません。日本でいう家族風呂のようなもので、がらんとしており温泉に浸かるだけの温泉施設です。

9. 首狩り族

以下の話は、検証したものではなく現地のガイドさんにお聞きした話をできるだけ忠実に書き記したものであることを最初にお断りしておきます。決してお話を疑うものではありませんが、民族に関する問題であり、それは誇り、伝統などにかかわることであり、間違っていればその尊厳を傷つけることになるからです。本来ならば、きちんと検証し確認してからここに記述すべきテーマだと思うからであり、一個人からお聞きしたことをそのまま多くの人の眼にすることは慎まなければなりませんが、記憶のあるうちに記しておきたかったので、あえて書き残しておきたいと思いました。今回の旅行で最大の収穫と言えば、首狩り族にかかわる現地会社のガイドさんから伺ったお話です。これまで私は、首狩り族を恐ろしく、人間を刺殺する部族とばかり思っていました。しかし、そうではなく先祖をいつまでも身近に思い、先祖や家族の霊を大切にする部族であることを知ることができました。

彼らの家を訪ねると、土間に――日本でいうところの台所――のようなところの天井近くの壁際に先祖のシャレコウベをならべていました。これはかまどの煙が天井に上がっていきシャレコウベを通ってまた下に降りてくることで先祖と今を生きる自分たちとが一体になれるというのでした。

私たちは、自分たちと異なった風習をもつこと、持っていることに対して野蛮だという感覚を抱きがちですが、野蛮の反対の文明と野蛮の境界はどこにあるのでしょうか？　文明人と称する人たちは自分たちが優位でありたいと思い込み、いわゆる異なることに対して野蛮と思い込みがちですが、決してそうではなく、異文化としてそれを認める必要があると感じました。先祖の霊を大切にし、今を生きる自分たちとつながっていたい、見守っていてもらいたい、何かしらの教示を得たいと思うことは、どのような民族であれ持っていることでしょう。それが地域や民族や国によって形が変わって表れているだけに事なのでしょう。私にとって、今回の旅行でお聞きしたこの話は最大の収穫でした。

私にとって、今回の旅行でお聞きしたこの話は最大の収穫でした。

キナバル山を望む

ボルネオ島について

ボルネオ島は英語ではBorneo、インドネシア語ではPulau Kalimantanからカリマンタン島とも呼ばれています。

マレーシア・インドネシア・ブルネイ、この3か国の領土で成り立っています。世界で最も多くの国の領地がある島となっています。マレーシア領は、コタ・キナバルのあるサバ州とサラワク州からなり大部分が南シナ海に面しています。面積は約72．5万㎢で日本の国土の1．9倍もの大きさで、世界の島の中では、グリーンランド島、ニューギニア島に次ぐ、面積第3位の島です。

ここは、アルプス・ヒマラヤ造山帯と環太平洋造山帯の交点にあたる地域に位置し、全体的に山岳地形からなっています。1億年ほど現在の位置から動いておらず、そのために温暖な気候を保つ事が出来たのでしょう。この島の熱帯雨林は世界最古の熱帯雨林と考えられています。最高峰は島中央を貫くイラン山脈の北東部（南には赤道が走っている）、マレーシア・サバ州に位置するキナバル山で、標高は4，095mあります。気候は熱帯気候であり、降雨量は年平均4，000㎜で、熱帯雨林が発達しています。雨季は10月から3月頃ですが、サバ州ではキナバル山の影響で年の前半はあまり雨が降らないとのことです。

一見すると緑豊かな土地ですが、高温多湿で雨が多い土地であるために落ち葉がすぐに腐り、腐葉土は雨に流され地上に堆積できず、落ち葉の直ぐ下は粘土質の土であるため、イチジク以外の果実は数年に一度しか実らないという、果実に乏しい森となっています。それでも、お店でココナッツを注文すると、おおきなココナッツの表面をナタでバッサリ切り落としストローをつけてくれました。三人で飲み切れないくらい豊富な果実水が含まれていました。

イスラム教の国

はじめてのイスラム教徒（ムスリム）の国にきた。アメリカの政治学者サミュエル・ハンティントンの『文明の衝突』を読むまでは、正直あまりイスラム教に関心はありませんでした。あまり評判の良くないこの書では冷戦が終わった現代世界（１９９６年）においては、特に文明と文明が接する断層線（地質学的意味ではない）での紛争が激化しやすいと指摘していました。原題は『The Clash of Civilizations and the Remaking of World Order』にあるように文明論というより冷戦期において脅威とされていた共産主義勢力の次に出現した最も深刻な脅威は、主要な文明間における相互作用によって引き起こされる世界秩序に関する論文であると思う。本文の大部分はイスラム圏、ロシアについてであり、他の地域に関しては付けたし程度にみえました。疎な程度の本でしたが、イスラムについての関心が少し芽生えて、実際にイスラムの国に行ってみたいと思いはじめたきっかけとなりました。いきなり本丸とは思い、日本から近くてあまり宗教色の強くない所ということとリゾート地であることからボルネオ島のコタ・キナバルを選びましだ。初めてのイスラム教県内の街の見学で、興味津々でした。街の中心部にはタクシー乗り場があり、そこから乗車すると所謂ぼったくりはないと教えられていました。タクシーに乗車すると、「モスクまで行ってください。」と告げましたが、タクシーメーターは半分壊れていて多分機能していなかったのだろう。一瞬これはアブナイと思いましたが、老運転手は片言の英語で運賃を告げましたが、モスクと市内を見渡せる丘の上まで案内して戻ってくるまで送るというので、相場だったようなので行ってくれと言って乗車しました。

マレーシア国サバ州の州都といっても街の中心部だけが賑わいを見せていましたが、少し外れると川の上に木材だけで組み立てた家屋が鈴なりにならんでおり、そこを離れるとそれまでの街の様子とは一転して立派なモスクが建てられていました。その変わりようには目を見張るものがあります。日本の寺社と違って建物そのものは大きいのですが内部はがらんとしていて殺風景な様子で、質素そのものという感じです。前もってモスク内での服装や行動に関する注意は受けていましたが、手や体を洗う場所があり、また服装の規律も厳しかったです。中は涼しく、お祈りを終えた人が昼寝をしていました。

モスクの見学後は、丘の上の展望台から町並みと南シナ海を見渡すことができます。街の中心部からホテルに向かう道路沿いはこれから発展していくという新しい街づくりの息吹が感じられました。これからまだまだ発展する街だな、というのが感想です。

第三話　ハワイ観光の定石：オアフ島 ― 一周ドライブ

2012（平成24）年4月

はじめての海外旅行はハワイ、ホノルルというのが常套のようになっています。今回のハワイへの旅行は、3回目になります。今回は、次男を連れてのハワイ行ですが、オアフ島をドライブするために運転手をしてもらうために次男を同行させました。ハワイにはいわゆる観光を目的にした四つの大きな島があります。そのうち、ホノルルがあるのがオアフ島、一番大きな島が火山島のハワイ島、そのほかにカウアイ島、ベスト・アイランドと呼ばれているマウイ島が日本からの観光で訪れる観光客が多い島ベスト4です。

今回は久しぶりにオアフ島を一周すること、ダイヤモンドヘッドの山に登ることでした。

4月から5月という絶好の日程で連休を利用した三人での旅行となりました。まだ、この時は飛行機でエコノミー・クラスでもさほど苦になりませんでした。全行程五泊六日で自由行動は三日あるので、全島一周するという最初の計画は充分達成できるはずでした。

利用航空会社は大韓航空でホノルルに到着すると、パスポートコントロール（イミグレーション）まで通路を延々と歩かされました。でも空港内のビルの周囲は、ハワイを十分感じさせてくれる雰囲気があります。ホテルは、ワイキキ海岸にある「シェラトン・ワイキキホテル」でした。もう建設後何年経っているのでしょう、壁と床に隙間があったりドアの一部は色がはげ落ちていたりしていて老朽化というか、シェラトン系といえ一流とはいえない内装になってしまっています。ワイキキ海岸のホテルは、どこもこんなものなのかもしれません。

ホノルルは久しぶりですが、ホノルル空港、ホテルのあるワイキキビーチまでの道、なんか懐かしいという気持ちがするくらいでしかありませんでした。今回は、ワイキキビーチ、真珠湾、ポリネシアンセンターなどは除外し、前2回と違ったコースを考えていました。しかし、次男は初めてだし彼の希望も取り入れてあげないと運転を快くしてくれないだろうと思い、ワイキキ海岸や「アラモアナセンター」にも行くことにしました。

1．ダイヤモンドヘッド

ワイキキビーチからダイヤモンドヘッドの登山口までは、公営バスが運行しています。今回は、私ひとりでダイヤモンドヘッドの山頂まで行くことにしました。ダイヤモンドヘッドの意味は、ハワイ先住民の「マグロの額」という意味のハワイ語の「レアヒ」(Lē'ahi)＝「マグロの額」に由来するといわれ、山の標高は、232mと低い。かつては要塞となっていたそうですが、ダイヤモンドヘッドの頂上までの道やトンネルは、この際作られた資材運搬等の登山

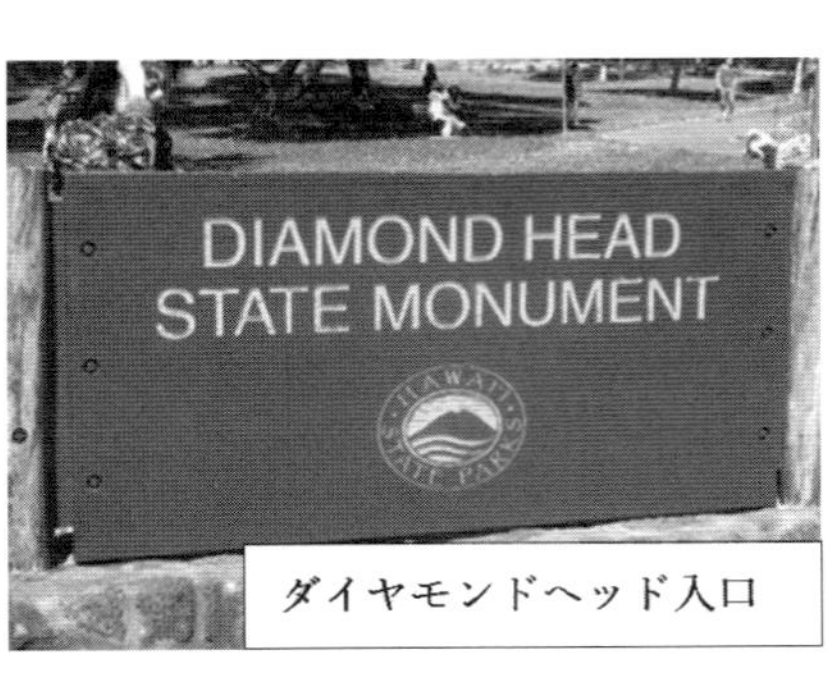

ダイヤモンドヘッド入口

道を利用したものであり、掲示板でその様子が書き記されています。また、別にダイヤモンドヘッドの名前の由来は、登山者が頂上付近の岩石中の方解石の結晶がキラキラ光るのをみて、ダイヤモンドと間違えて、頂上（ヘッド）で見たダイヤモンドということから名づけられたともいわれています。

ここでも原住民の言葉よりも後からきた英語名が優先されていますね。こうしてみるとダイヤモンドヘッドというのは山の名前というより、オアフ島の東の山脈であるコオラウ山脈の南東部にある火山地形という感じですね。火口の内側の駐車場から山頂へは約1kmの道のりであり、往復1時間から2時間程度です。登山路は未舗装であり、狭くて急な階段やトンネルがあるため、スニーカーや登山靴が必要です。大勢の登山客――上る人下ってくる人――とあいさつを交わしながら、「まだ頂上までどのくらいありますか？」という上る人と「もう少しで頂上ですよ」と、元気づけてくれる人があいさつ代わりに言葉を交わしながら頂上にたどり着きます。途中の景色もさながら、頂上からは360度の展望です。西の方にはホノルルの街並み、ワイキキ海岸とカピオラニ公園、東にはハワイ・カイと紺碧の海、北は山脈、南は遠くまで続く太平洋の雄大さといろいろ感じることができます。

2. オアフ島一周ドライブ

早朝にワイキキ海岸のホテル内にあるレンタカー会社に行きレンタカーを調達し、すぐに東に向かって出発しました。次男は、アメリカ国内での自動車の運転は初めてでしたが、さすが若者ですぐに左ハンドル、右側通行、交差点での左折から右レーンに入るのもスムーズでした。ドライブルートは、ワイキキ海岸—63号線—72号線—ハワイ・カイ—ワイマナロ・ビーチ—830号線—カウェラ・ベイ（北端）—ノースビーチのハレイワ—99号線—ドール農園—ワイパフー（西海岸へ）—ナナクリーマカハ—（逆コースで）—ホノルル（ワイキキ海岸）へ。

東海岸には、ワイキキに次ぐ高級別荘地の開発が進み静かな町があります。さらに進むと映画『ジュラシックパーク』の撮影場所になったところが観光地になっていました。ノースショアーは、波が高くサーフィンの絶好の場所として人気があります。次に訪れたのがドール農園でここは、パイナップルの缶詰で有名です。ドライブ中の主な見どころを挙げておきます。

①『ジュラシックパーク』：映画が撮影されたハワイの島の一つの場所が東海岸沿いにあり、公園になっている。

②ノースショアー：ハレイワ（Haleiwa）は、北部のワイメア湾の西方に位置し、「ノースショア」と呼ばれるオアフ島北部海岸部において最大の人口をもつエリアで多数のサーファーが集まっています。オアフ島において最も波が強い場所として知られ、サーフィンの名所としても有名です。

③ノースショアからホノルルの市内に向かう途中に「ドール・プランテーション」という観光農園があり、日本でもパイナップルの缶詰でおなじみです。農園内は見学ができ、採れたてパイナップルを絞ったジュースは美味！

ワイキキ海岸を望む

④西海岸：H2ハイウェイを南下してワイピオから右折してH1ハイウェイを西海岸に向かいます。途中ナナクリのハイウェイ沿いにハワイ出身の外国人初の横綱となった小錦関の豪邸があります。ハワイでも日本と同じように過疎集落があり、ショッピングセンターの周囲には閉店している店が多くあり、ひっそりとしていました。左手に太平洋をみながら、北上します。ドライブの最終地点としていた海岸に着きました。今回もう少し遠くまで、舗装道路が切れるまで行ってみようということでさらに進んでみました。やはり少し先で道路の舗装が切れており、砂利道になってしまい細くなっていました。歩いて行けばもう少し先まで行けたようでしたが、夕刻になってきてホノルル市内での渋滞を考えて引き返すことにしました。あとで聞いた話ですが、その先は軍隊の基地用地になっているから行かなくてよかったですよ、と言われました。

結局、オアフ島は東海岸から北海岸、中央部を抜けて西海岸の一部までで、グアム島でのドライブの時のようにぐるりと一周することはできませんでした。レンタカーの返却後は、港から出発するディナークルーズに乗船してディナーを食べながらショーを見て、また海からワイキキ海岸やダイヤモンドヘッドを見るのも一興です。

とにかくホノルル市内には見どころ、食べどころ、たくさんありますので、そういうところは旅行ガイドブックにお任せします。十分に前調べしておくことが大切です。

ハワイの地誌

ハワイ諸島の島々は、海底火山によって造られました。現在ハワイ島がある地点には、太平洋プレートよりも深いところにマントルの活動によるホットスポットと呼ばれるマグマ溜まりが太古から存在していました。これはマントルが一定の場所に存在し続け、直上の海底に向けてマグマの上昇を繰り返すためキラウエア溶岩のような噴火活動を引き起こすことになります。太平洋プレートは太平洋の中央海嶺である東太平洋海膨から日本列島・千島列島の方へ向けて移動し続けているため、プレートの移動に連れて位置がずれて活動が停止した火山島が北西へ向けて列をなしているのがわかります。北西に移動するにつれ、海底に沈みこんでいきました。将来的に（数億年？数十億年？後）ハワイは日本に近づいてくると考えても良いかもしれません。

ハワイ諸島は島々が隔絶しているために、人類が活動を始める以前の生命体は、風（wind）、波（waves）、翼（wings、鳥、昆虫など）の３つの〝w〟で運ばれたと言われている。この地理的隔絶や環境の多様性（標高や熱帯気候）によってさまざまな植物と動物の固有種を生んできたのです。ハワイには多くの絶滅危惧種が存在している貴重な場所でもあります。

雑感

ハワイ、オアフ島は日本人にとって観光の聖地のようなところ。海外旅行の第一歩はハワイ、それもホノルル・ワイキキ海岸というのが定石のようなもの。私達も新婚旅行でハワイでした。その際、ハワイ島にも立ち寄りましたが、その後火山の爆発などがあり観光に制限がありましたが、今は平穏になっているようです。また、成田からハワイ島のコナまで直行便があるということで、火山の噴火や溶岩流の流れた様子の見学や、まだ達成していない満天の星空観察などでハワイ島を訪れたいと思っています。

ハワイにはオアフ島やハワイ島などのほかにも魅力的な島々が多数あります。ホノルルだけがハワイではありません。各自の目的に適した島を探してそこに行くことをお勧めします。

ここでは、見どころいっぱいのハワイ諸島についてはガイドブックがたくさん出版されていますので、詳しくはそちらにお任せすることにして、旅行した記録にとどめておきました。

なお、1970年代後半以降には日本人の海外旅行の定番となったハワイ旅行ですが、当初は高嶺の花であり1964年（昭和39年）4月1日の海外旅行が自由化となって1週間後に出発した7泊9日の戦後初ツアーの費用は364千円（大卒の初任給約2万円の頃）だったそうです。

第四話　フィリピン：セブ島 ― 南シナ海に浮かぶ自然豊かな島

2012（平成24）年12月

平成25年の新年を迎えるためにフィリピンのセブ島に家族四人で滞在しました。四人家族揃っての旅行は、平成22年にオーストラリアのケアンズへの旅行以来です。

今回セブ島を選んだのは、フィットネスクラブに通っていた時に私がそこで知り合ったフィリピン人から「セブ島は良いところですよ。」と、いう話を聞いていたので是非訪れたいと思っていたこと、四人揃って行くにはシーズン中の旅行費用としては手頃と感じていた点でした。実は、今回セブ島旅行を選んだことの理由は別に二つあります。一つは、ボルネオ島で首狩り族の伝説を聞いたことが大変心に残ったことで、セブ島にも原住民の伝説があることを期待していました。そして、知人から聞いたことは、セブ島は年金受給者にとって生活しやすいといわれていたので、そのことを確かめようと思ったことでした。フィリピンは親日？というか好日？的と思っていたし、日本からも近いという条件的にも良いと思っていました。成田からフィリピン航空を利用すると、セブ島まで直行便を利用すると約5時間で行けるというのも魅力でした。

今回の旅行先のセブ島というのは、本当はマクタン島のことでセブ島そのものとは橋でつながっています。空港もマクタン・セブ国際空港と呼ばれ、小さなマクタン島にあります。マクタン島は、サンゴ礁に囲まれ、マリンスポーツを楽しめます。空港からホテルまで送迎の車が来てくれていて、まずはセブ市内観光に向かいます。

1. セブ島の観光

セブでのホテルは、セブ地区本島のセブ島ではなく、セブ市の沖合数キロにある橋で結ばれているマクタン島の「インペリアル・パレスウォーター・パーク&スパ（現・ジェイパーク・アイランド・リゾート&ウォーターパーク）」です。また、この地区は治安が良くないのか、車でホテルに入る前には、入り口にある専用の検問所で車内のチェックから車体の底までミラーで検査されます。また、訪問者か宿泊者かもチェックされます。徒歩の場合は、比較的自由に出入りできました。

名前の通りリゾートホテルなのでホテル内で十分過ごすこともできます。冬ですが少し寒さを我慢すれば、屋外プールも使用できます。ホテルの部屋のベランダからも南シナ海を望むこともできます。ホテル内のシーサイドレストランは、安くて味も良かったのでお気に入りでした。ホテルの広大な敷地内にカジノ、フィットネス・センター、スパ、それに屋外プール、流れるプール、ウオータースライダー、レストランなどが点在しておりホテル内で過ごすのに飽きることはありません。また、リゾートホテルなので、ホテルの中で過ごす時間を多くなるように計画しました。

セブ島の観光といっても小さな島の中、観光名所もそう多くはありません。ホテルのフロントでセブ島の観光やいろいろなツアーの予約もできます。タクシーによる家族のみのオプショナルツアーとしては、サン・ペドロ要塞、サント・ニーニョ教会、道教のお寺とけっこう見学するところは多くありました。そのあとは、夕暮れから夜にかけてトップス山の展望台に出かけました。他の見どころとしては、マゼラン記念碑やマゼラン・クロスといったマゼランが来航したときの記念公園がありますが、こちらには行きませんでした。

夕食付きだったので四人で食事をとり、その後タクシードライバーはトップスという標高600mほどの小高い丘に連れて行ってくれました。そこからの夜景はセブの町を一望できましたが、時折霧が立ち込め全容が見えたのは一瞬でした。セブ島の夜景といえば、ここトップスだそうです。日中にはセブ市内はもちろん、マクタン島やボホール島まで見渡すことができるそうです。

道教の寺院

①サン・ペドロ要塞

スペインの統治時代（16世紀末〜19世紀末）に建造された、フィリピンで最古といわれる要塞跡が比較的よく保存されています。ここは、外敵の侵入を防ぐために1565年に建築されたということです。今あるのはサンゴ石でできています。要塞といっても内部は簡単なもので、軍事施設だったとは思えませんでした。

②サント・ニーニョ教会

サン・ペドロ要塞から歩いて10分位のところにある1565年に建てられたフィリピンで最古といわれる教会です。『奇跡を呼ぶ聖像』といわれるサント・ニーニョ（幼きイエス）像が祀られています。見学を終えて外に出ると、小さな女児が私の次男の傍にやってきてずっと一緒に歩き回っていました。帰りのバスの乗り場まできて、一緒にバスに乗りたいという仕種までしていたので、ツアーの人からは一緒に日本に連れて帰ったらいい、などと冷やかされていました。この女児の本当のところは何だったのか？　言葉も通じないのに、どこか通じ合うものがあったのか？

サント・ニーニョ教会の正面

③ショッピングセンター

セブ島にも大規模なショッピングセンターがあります。そこで、新鮮なココナッツの頭部を少し切り取ってジュースをストローで飲むのも醍醐味でした。

④食事

お正月ということもありホテルの庭にあるレストランに行くことにしました。午後に予約を入れると、予約時間前になるとカートでお迎えに来てくれました。ホテル内ですので歩いて行ったところですぐの距離、なぜカートに乗るの？と思いましたが、これもサービスのうちだとか。

セブ島でもお正月なのでホテルの外のレストランや食堂は、休業なので仕方ありませんでした。お正月明けにはホテルの外の食堂に入りましたが、地元の家族が大宴会を開いていて私たち四人へのサービスは後回し、一人分ずつのメニューの提供で一人が食べ終わるころに次の一人分が提供されるという、3倍の時間がかかってしまいました。少しばかりのクレームを言っても、店の主人が謝るだけでスピードアップにつながりませんでした。ホテルのレストランが恨めしく思いました。

2. ホテル内のアクティヴィティ

ホテルはMLクエソン・ナショナル・ハイウェイ沿いのラプ・ラプ・シティの海に面し、その名の通りホテル内でウオーター・スポーツに適しており、流れるプール、波のあるプール、ウオータースライダーなど大人でもホテル内で十分時間を費やすことができます。海に面していましたが、海岸にでることはありませんでした。

ホテルから離れた海岸でのシュノーケリングツアーが、盛り込まれていましたので4日目に参加しました。プライベートビーチのところまで林の中を車で連れていかれましたが、海岸まで無事に連れて行ってくれるのか少々不安でした。海岸から少し沖合までボートで連れていかれ、そこで勝手に各自自由に海中に入れということでしたが、私は一人ボートに残りました。なぜって？　海に入っている間にボートが勝手に現場を離れて行って置き去りにされるのではないかと不安でしたので……。

３１日の大晦日にはホテル内の庭園でカウントダウン・パーティーが繰り広げられ、０時前から参加者が一斉に秒読みをします。花火も打ち上げられました。どの国でも一月一日を迎えるときには、心躍るものがあるのでしょう。カウントダウンの際の声には、一年間の憂さ晴らしと新年を迎える喜びが交差し、一段と声も大きくなるようです。

COLUMN

セブ島を離れる

帰国の際出発便が遅れ、空港出発待合室で3時間以上も待たされました。待合室では飲み物も食べ物もなく、ひたすらじっと搭乗のアナウンスを待たされていたのでしたが、やっと係員が来て飲み物とサンドイッチの配布が始まりました。係員は、搭乗券と引き換えですとアナウンスしたのですが、見ていると係員に見せるだけで配布済みのサインをするわけでもない、ただ見せるだけです。私は、今まで長時間何もアナウンスもなく突然飲み物を配布する、ということで一安心したものの、あまりにも事務的だったのでわざと搭乗券なしで飲み物等四人分を取りに行ったら、案の定搭乗券を見せろ、というので、ここにいる者は全員搭乗券をもっていなければならないので、その必要はないだろうと、食ってかかりました。さっさと飲み物をよこせと詰め寄りました。まあ、しなくてもいい喧嘩でしたが……。自分の主張を英語でどれだけ通じるか試してみようと意地悪した次第です。係員さんごめんなさいネ。

セブ島を離れる際には、当初の二つの目的——現地の伝説と年金受給者にとって住みやすいかどうか——については、すっかり忘れていました。帰りの飛行機の中では、ホテルでのんびりした休暇を過ごせたという満足感だけが残っていました。

第五話　ドバイ：世界一がいっぱいある近代都市 ― 砂漠と高層ビル群

２０１３（平成２５）年４月

ドバイを語る時、注意しなければならないのはこの記事を書いたのは２０１３（平成２５）年の４月であるということです。この日付はとても大事でこの時点での世界一で、この『地星誌』が出版される頃にはさらに世界一が、この地には生まれているだろうことが予測されているからです。

中東を選んだ理由は、ドバイは当時砂漠の中で近代化が進められ、急速な都市化が砂漠の中に出来つつあったことで興味があったからでした。中東――アラビアというのは『千夜一夜物語』に代表されるイスラム世界における童話、それに童謡『月の砂漠』（実際は千葉県の砂浜が舞台）で月夜に砂漠の中を行く隊商のイメージがあり、夢の世界のような独特のイメージを抱いていたところです。アラビアの砂漠でラクダに乗り、東の空から上がる日の出を見てみたかったからでした。

利用した航空会社は、エティハド航空で成田からは同じアラブ首長国連邦（ＵＡＥ）のアブダビ空港まで、そこからは陸路バスでドバイに入りました。ドバイにも空港はありましたが、当時大規模な国際空港を建設中でした。直行便はエミレーツ航空がドバイまで飛んでいます。ドバイは、ＵＡＥを構成する首長国の一つでドバイ首長国の首都としてアラビア半島のペルシャ湾の沿岸に位置し、ＵＡＥ第２の中心都市で国際都市でもあります。人口は約２５０万人。中東屈指の世界都市並びに金融センターであり、２１世紀に入ってから多くの超高層ビルや巨大ショッピングモールを含む大型プロジェクトが建設されるなど、世界的な観光都市・金融都市となっています。

今回は、ツアー旅行ではなく家族だけでの旅行ですが、ＨＩＳ旅行社で販売している〝ＣＩＡＯ ＰＲＥＳＳＯ〟という個人やグループ向けのツアーで飛行機、ホテル、好みのオプショナルツアーにのみ参加するというものです。旅行日数は５日間ですが、１日延泊できるというフレキシブルさ・自由性があるのが良い点です。延泊したのは会社員時代の駐在事務所の方々と会うためでした。内容は、ＵＡＥの二大首長国のアブダビへの一日観光とドバイ首長国において四つの世界一――５つ星ホテル「ブルジュ・アル・アラブ（アラブの塔）」の見学、世界一の高層建築の８２９ｍ、１８９階建て「ブルジュ（バージュ）・ハリファ」に上ること、世界一の規模の「ドバイ・モール」、世界最大の噴水ショーが見ものという「ドバイ・ファウンテン」それに、砂漠での四ＷＤによるサファリ乗車等その内容は豊富です。その他にも、ドバイ水族館のアクリルパネルの水槽、世界最長約５２㎞の無人メトロライン、世界最大の屋内スキーリゾートなどがウリになっています。

1．アラブ首長国連邦の首都――アブダビ

アブダビ国際空港へは、成田空港を夜出発し、直行便で約12時間を要して早朝5時に到着しました。成田からは途中、オレンジ色に光る道路灯が眼に入り上海の町の大きさにビックリ、そしてひと眠りしたころにはヒマラヤ山脈の上空を飛んでいました。

アブダビ市は、ペルシャ湾（アラビア湾）にある島を含むアラブ首長国連邦の首都です。着後市内の観光で、壮麗な白亜のモスクである「シェイク・ザイード・グランド・モスク」（内部を見学したかった）、ダウ造船所、ホテルの「エミレーツ・パレス」の外観をバスの車窓からみて、昔の暮らしを再現したヘリテージ・ビレッジなどを見学しました。イスラム世界そのものを知るというよりも世界一といわれるものへの関心、砂漠の世界などがさらに興味と関心の的となってきました。しかし、実際行ってみると近代化が進み、人々の生活は西洋となんら変わることはなく、実際行ってみると近代化が進み、人々の生活は西洋となんら変わることはなく、人々は日々の生活を営んでいるように見えました。

アブダビの地は、石油・天然ガス資源開発企業にとっては聖地でもあります。サウジアラビア国へはなかなか入国できませんが（2019年9月観光ビザが解禁）、アブダビやカタールへは入国しやすいし、アブダビ市は、石油開発ビジネスにとって最重要な都市でもあります。市内観光の際には、日本の石油開発企業が入居しているビルを車窓から見ることもできました。

2．進化する近未来リゾート地でもあるドバイ

ドバイは、砂漠の上にできた近未来都市を想像させてくれます。「砂上の楼閣」とは、見た目は立派だが使い物にならないような見掛け倒しのものや、移ろいやすいものの例えとして使われています。しかし、ドバイは砂漠の上にできた都市ですが、決して崩れやすい脆いものではないでしょう。「楼閣」とは高くそびえ立つ立派な建物のことです。高層の建築物群は、基礎がしっかりしていれば崩れやすくはありません。ドバイの街並みがどのようにして建設されたかは私には知る由もありませんが、少なくとも地震がなければそれほど簡単には崩れないでしょう。まさしく、堂々とした「砂上の楼閣」です。

2－1．歴史的建造物の保存地区（オールドタウン）

クリーク（creek：水路）やドバイ博物館などがあり、ドバイの歴史を知ることができます。博物館の見学の後は、ドバイ・オールド・スークを通ってクリークをダウ船と呼ばれる渡し船で対岸のディラ・オールド・スークやさらにゴールド・スークなどを見るコースがあります。今回はこのうちのゴールド・スークに行きました。その名前の通り、金色に輝く多数の装飾品が世界一とギネスブックに掲載されたオールド・ゴールド・スークの店頭に並んでいます。先進国だとそれこそ警備員がいて厳重に監視されていますが、ここではそれみよがしに通路側のガラスウインドーに並べられており、どうぞ見てくださいと

ゴールド・スーク

言わんばかりです。スーク（souk, suq：野外市場）には、多種多量の香辛料から、日常品をはじめお土産屋さんがたくさん並んでいます。お店の中や特に現地の人達を撮影する際は、十分に注意する必要があります。話しかけるのは歓迎のようですが……。

2-2. ドバイ市内

まさしくドバイは近代都市です。オイルマネーによる発展で急成長し、今なお発展途上のエリアになっています。2010年に完成した世界一の高層ビルの「ブルジュ・ハリファ」をはじめとしてドバイの目玉となるものがたくさんあり、一日では見て回り切れません。1200店もあるという世界最大級のショッピングモールの「ドバイ・モール」とその中には、水族館やアイススケートリンクがあり、また「紀伊國屋書店」がテナントとして入っており私が2018年に翻訳を手掛けた『THE GREAT SCIENTSITS』（翻訳『世界を変えた科学者たち』悠光堂）をそこで購入しました。ちょうど、アメリカの若手男性歌手のジャスティン・ビーバーがモールに来ており若い女性たちがヤンヤンの大サギをしていました（どこの国でも同じですね）。ドバイ・モールから人造湖に架かる橋を渡ったところにあるショッピングモールの中には、伝統的なアラブ式デザインの建物のなかにある「スーク・アル・バハール」には、お土産にしたいものがたくさんあります。このようにドバイの繁栄を象徴する見どころが多数あります。

また、夕方から夜にかけての人造池での「ファウンテン・ショー」は見もので多くの人が集まりますが、見物場所はたくさんありどこからでも自由にみることができました。この人造池の周りには有名なデザイナーによるホテルをはじめ、多くの高層ビルの中には高級ホテルが多数存在しています。

2-3. リゾート地の高級ホテル

ドバイ・ダウンタウンから南へメトロでジュメイラ・ビーチに行くと、あの奇抜なフォルムの70階建ての「ブルジュ・アル・アラブ・ジュメイラ」ホテルが海岸に威容を誇って建っているのが見えます。白砂の海岸と周辺は高級住宅街のムードを漂わせています。白砂の美しい海岸で4月でも水着で遊ぶ親子や観光客、とても静かな観光地でした。

ドバイ・メトロのレッドラインに乗って南にあるナヒール駅まで行き、そこでパーム・ジュメイラ・モノレールに乗り、あの有名なパーム・ツリーの形をした埋め立て地に建てられた高級別荘地やホテル、ショッピングモールなどのある終点のアトランティス・アクア・ベンチャーまで行きます。途中、車窓に見えるまだ一部しか完成していないパーム・ジュメイラの住宅地が左右にみることができます。終点駅で降りるとそこもやはり高級感あふれるホテルの「ホテル・アトランティス」があり、そこかしこに警備員がいてすんなりとは中に入れないようになっています。

2-4. 砂漠へ

ドバイではいろいろ楽しむ場所や行きたいところはありますが、楽しみにしていた一つにデザート・サファリでの砂漠体験です。ドバイ観光の定番ともいえる大自然を感じることのできる広大な砂漠（砂漠の名前はわかりません）で四WDの自動車で駆け巡ります。アップダウンの所をわざと選んで走るので、あるときは大空のみ、ある時は砂のみを見るという激しい上下運動を繰り返し、車に弱い人にはお勧めできません。まるでジェットコースターのようです。まず車酔いすること間違いなし！

ホテルにツアー会社の車が迎えに来てくれます。市内から東へ三〇分ほどかけて砂漠に向かいます。舗装された道路からオフロードに入り、スタックされないようにタイヤの空気圧を調整して、少し陽が陰った頃からいよいよ本格的な砂漠に入っていきました。ラクダで乗り入れないで自動車で行くところが近代化されたドバイの砂漠行かと感心？　荒涼たるフルデザート（砂だけの砂漠）にはきれいな風紋がアチコチにみることができます。スリルはあったもののあまり快適でなかったドライブの後は、キャメル・ファームと言われるラクダの放牧場？に行きラクダに乗ることができます。このファームでは、ほかのツアーの人たちが大勢集まってきて、ステージを囲んで食事をしながら、ベリーダンスやマジックショー、民族舞踊などを鑑賞します。終わった後はまた四WDに乗ってホテルまで送ってくれます。サファリの後は放牧場の周りを一周するだけですが、「月の砂漠を／はるばると／……」、と揺られるほど楽しむことはできませんでしたが、砂漠で一応ラクダに乗る体験はできました。

4WDでの砂漠のドライブ

3．世界一がたくさんあるドバイ……未来都市を目指して

ドバイはアラブ首長国連邦を構成するドバイ首長国の中の大都市で、豪華なショッピング・モールや最先

端の建築物、活気あふれるナイトスポットで知られています。林立する超高層ビルの中でもひときわ目立つのが、高さ８２９ｍの「ブルジュ・ハリファ」です。その足元には、音楽に合わせた光と噴水のショーを楽しめるドバイ ファウンテンがあります。一方、市内で運行されているドバイ・メトロは、日本とトルコのジョイント・ベンチャーで建設されたということです。

世界一のスポットを回ることは、ドバイならではのスポットを巡ることになります。短い日数ですべてを回ることは不可能ですが、どこも訪れてみたいところばかりです。

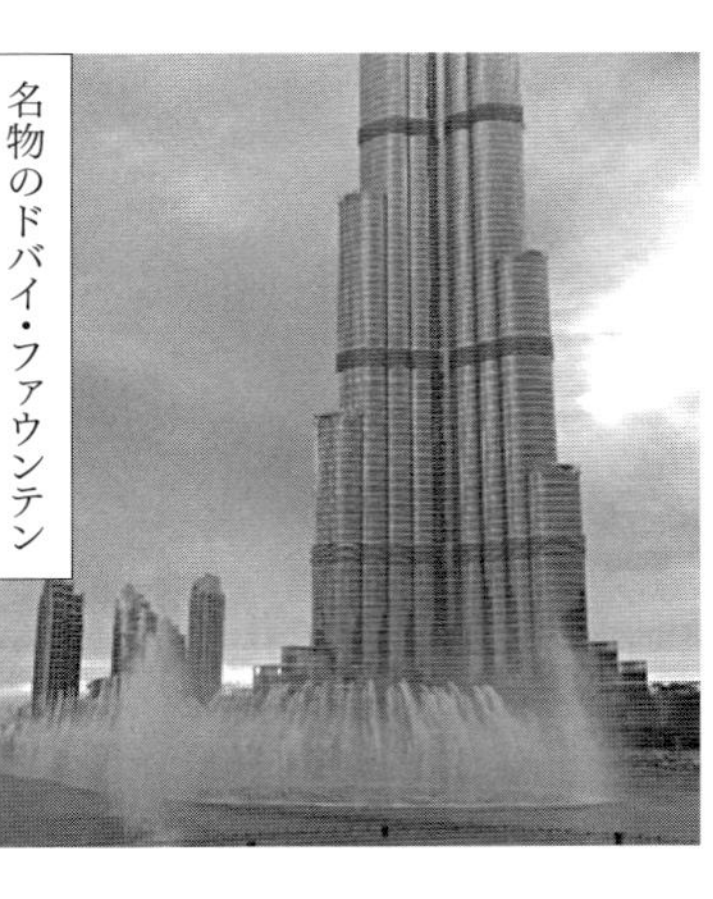
名物のドバイ・ファウンテン

①高さ世界一の高層ビルのブルジュ・ハリファ
②世界最大の１５０ｍの高さの噴水ショーを見ることができるドバイ・ファウンテン
③東京ドーム２８個分の広さをもつ世界一のショッピングモールの ドバイ・モール
④大きさ世界一の水槽があるドバイ水族館
⑤幅９３ｍの世界一の額縁のドバイフレーム
⑥世界最大の7万2千㎡の庭園のミラクルガーデン
⑦宇宙からも見ることができる世界一大きい人工島のパーム・ジュメイラ
⑧世界最長のジップライン
⑨世界最大の屋内スキー場といわれるスキー・ドバイ

⑩世界一長い無人鉄道ドバイ・メトロ
⑪世界一高い「ゲボラホテル」（地上75階、356m）
⑫世界初の5つ星（7つ星とも）ホテルの「ブルジュ・アル・アラブ」

ほかにも見どころはたくさんあります。（最近ではダイビングができる深いプールができました。）どれも半日から一日を要します。ドバイでは時間とお金がたくさん必要です！

COLUMN

旅先での忘れ物と東洋人のマナー

私は今回の旅行ではじめて、忘れ物をしてしまいました。勤めていた会社の現地駐在員の方とともに、よく利用されるというレストランで夕食を共にした夜でした。現地の珍しい食事をしながら、勤務していた時に同じ仕事をしていた時などの話に夢中になり、時を忘れてしまっていました。

車でホテルまで送っていただいて明日の用意をしようと準備をしていたら、カメラを忘れてきたことに気がついたのです。すぐに駐在員の方の自宅に電話すると、彼は明日早朝からゴルフだということで彼がとりに行くことができないということでした。しかし、彼はすぐにレストランに電話を入れてくれて、忘れ物があることを確認してくれました。その後に宿泊していたホテルのフロントに連絡を入れてくれて、明日ホテルの車でレストランまで行ってくれるという約束までしてくれました。明朝、レストランの開店時間をめがけてお店に行くと、店員さんは「すぐに気がつけばよかったのだが……。」と言って謝ってくださいましたが、忘れたこちらが悪いのでしょうがありません。通常、ツアーで忘れ物をすると、捜索料金を取られることになっているし、ましてや日本に帰ってからでは多額の請求がなされるのが普通です。今回はホテルに車代を払っただけで済んでよかったのです。カメラより、中に入っているSDカードにはこれまでの海外旅行の際の撮影写真が入っていたので、そちらの方がなくなることの方が惜しかったのです。

そんなわけで、それまでずぼらをしていた写真の整理を帰国後きちんとパソコンに入れ、フォールダーをつくって整理する習慣をつけるようにしました。

ドバイはさすが石油で繁栄した大都会であり近代化された大都市でした。砂漠の中に立つ摩天楼！　ニューヨークのそれとは違ったきちんと整備された美しい街並み、日中は暑くてとても外は歩けません。外を歩いているのは私たち家族だけのこともありました。タクシーに乗らず我慢して暑さの中を歩いてビルの中に入った時の冷房のありがたさ!!　それに、どこもかしこもきれいの一言、ゴミや空き缶などありません。メトロの中も静かで、いろいろな国の観光客や働きに来ている労働者たちでごった返していても、整然としている様子は感心しました。車内のマナーもよく、飲食している人はいませんし、居眠りも禁止です。さすが規律が厳しいイスラム教の国という感じです。労働者たちでごった返していても、整然としている様子は感心しました。車内のマナーもよく、飲食している人はいませんし、居眠りも禁止です。さすが規律が厳しいイスラム教の国という感じです。

・旅先でのマナー

ホテルのロビーで私たちがツアーのバスを待っているとき、暇そうなホテルのスタッフが近づいてきて「チャイニーズ?」と聞かれましたが、「ノー、ジャパニーズ」というと、急に親近感が出たのか「私は日本人が好きです。」と話しかけられいろいろ話をしているうちに「なぜ、日本人が好きなのですか?」と聞くと「日本人は礼儀正しく、ホテル内のマナーもきちんと守るからだ!」と答えてくれました。そばにいたのは、テーブルに足を乗せ、ワイワイ・ガヤガヤと大きな声で話している東洋人の集団がいました。マア、日本人でも団体になると同じようにマナーが悪い集団を時々見かけます。東洋人?の悪い癖で集団になるとあたり気にせず、マナーが悪くなるという集団心理なのでしょうか?

外国に行くと現地の人からは、日本人、中国人、韓国人の区別がほとんどつかないようです。先ずは「チャイニーズ?」と聞かれます。三か国語も同じように聞こえるのでしょうか? かつて日本人旅行客もマナーの悪さで定評があったようですが、これは西洋のマナーを理解していなかった人が多かったせいかもしれませんが、今はだいぶ違ってきています。以前は「旅の恥は掻き捨て」と言われていましたが、決してそんなことはありません。旅先でのマナーの良し悪しは後世まで受け継がれていきますよ!!

第六話　ロシア：世界遺産と藝術を巡る旅 ― サンクト・ペテルブルクとモスクワ

２０１３（平成２５）年８月

今回選んだ旅行は、ロシアの大都市に見られる世界遺産を訪ねることでした。目的はロシア内の世界遺産で、特にサンクト・ペテルブルク市内のエルミタージュ美術館やモスクワ市内の観光に興味を持っていたので、この機会にロシアの現状をみたいことで参加しました。サンクト・ペテルブルクまでの飛行機所要時間が１０時間余ということなのでエコノミー・クラスを避けて、日本航空（ＪＡＬ）のプレミアムエコノミー・クラス（プレエコ）で行けるコースを選択しました。成田からモスクワまで直行便で所要時間は、往路約１０時間、復路は約9時間３０分。モスクワからサンクト・ペテルブルクまでは、国内線で移動することになります。ツアーによっては、サンクト・ペテルブルクからモスクワまでは鉄道を利用するコースもあります。

阪急交通社主催のツアーには初参加でしたが、小学生のころ遠足でしおりが配られましたが、今回『旅行日程表』が送られてきたことにはビックリ！　ますます期待感が高まりました。注意書きや、行程などがきちんと書かれており、帰国後の写真整理などに助かりました。

1. 日本航空プレミアムクラスの利用

やはり私には、日本の航空会社の利用となるとどことなく安心感があります。搭乗待合室から見る尾翼の赤いツルのマークはやはり安心感とともに、これから旅行に出かけるという気力が芽生えるから不思議です。機内に乗り込み、シートに座ったそのときからキャビンアテンダント（CA）さんの笑顔から「オモテナシ」の心が伝わってきます。このおもてなしは、もはや立派な和製英語です。サービスでもホスピタリティーでもない、わが国独自のおもてなしで英語には訳すことはできない言葉だと思います。プレミアムクラスでも、チケットのClassの欄には〝Y〟と印刷されています。シート番号で見分けられ、JALのプレエコは、シートがエコノミー席よりも少しゆったりしていることくらいで、機内食やアメニティは特別良いものがあるわけではありません。ほとんどの航空会社のプレエコも同様のようです。

2. サンクト・ペテルブルク

モスクワ空港に到着後、国内便でサンクト・ペテルブルクに向かいました。モスクワ空港では、入国審査が厳しいかと思っていましたが意外とすんなりと通過できたのにやや驚き！　サンクト・ペテルブルクは、私が学生時代のソ連ではレニングラードとよんでいました。バルト海東部のフィンランド湾最東端に面したロシア西部の都市でレニングラード州の州都であり、この街はかつて沼沢地だったようですが、1712年に帝政ロシアの首都がモスクワから移されてからは、発展を続け今では開放的で文化・藝術の町となっています。１９１７年までロシア帝国の首都であり続けました。現在では、藝術と文化の都市として美しく広々とした街という印象を受けました。

２－１．エカテリーナ宮殿

この宮殿は、サンクト・ペテルブルクの郊外で南へ約３５kmにあるプーシキの避暑地ツァールスコエ・セロー（皇帝の村の意）に存在する、ロシア帝国時代のロココ建築の建物です。朝早く開門前にバスで到着、一番乗りでした。そのせいか内部の見学もスムーズでした。宮殿の名前は、ピョートル大帝の妃であった、第２代ロシア皇帝エカテリーナ１世（在位：１７２５年－２７年）に由来するとのことです。とりわけ「琥珀の間」が有名です。１７５２年にバロック式建築に、エカテリーナ２世の時代にクラシック様式に改装されたそうです。

建物中央の階段から上がって二つの天使の彫像、続いて大広間、ここは１７９１年大黒屋光太夫がエカテリーナ２世に拝謁した間だそうです。食堂や肖像画の間を通って琥珀の間に続きます。ここは写真撮影禁止になっていました。ここを抜けるといろいろな間・部屋があります。建物の中はガイドさんとともに歩きますが、外に出ると少しの自由時間があり公園や池などよく整備された

エカテリーナ宮殿

美しい庭園があります。宮殿とは別にキャメロン・ギャラリーと呼ばれる常設展示室もあります。

2-2. エルミタージュ美術館

サンクト・ペテルブルク市内では団体ツアーだったので、どの施設も入場券を購入するために行列に並んだりすることもなく、開館と同時に入場することができました。ツアーのメリットです！　世界遺産の「エルミタージュ美術館」はサンクト・ペテルブルク市内にあり、2015年にあたり創立250年に世界三大美術館の一つに挙げられました。

エルミタージュ美術館は、冬宮殿（ロマノフ王朝時代の王宮）、小エルミタージュ、旧エルミタージュ、新エルミタージュ、エルミタージュ劇場の5つの建物からなり、全て廊下でつながっています。この美術館は、18世紀後半にエカテリーナ女帝が住んでいたところだけあって、それ自体一見の価値があります。彼女は、夫で無能だったといわれる皇帝をクーデターで倒し自ら女帝の座に就いたのですが、ロシアを世界の大国にするため策略をめぐらし、特に教育と文化に力を注ぐことに尽力したといわれた女帝だったそうです。美術館の収蔵作品は、ルネッサンス期の作品からマチス等の近代のものまで、全部見るのに一日ではとても無理な膨大な数のコレクションがあるといわれています。

美術館には、世界でも名高い美術品のコレクション約350万点以上が所蔵されているそうです。古代から現代に至るまでの藝術の歴史をたどることがで

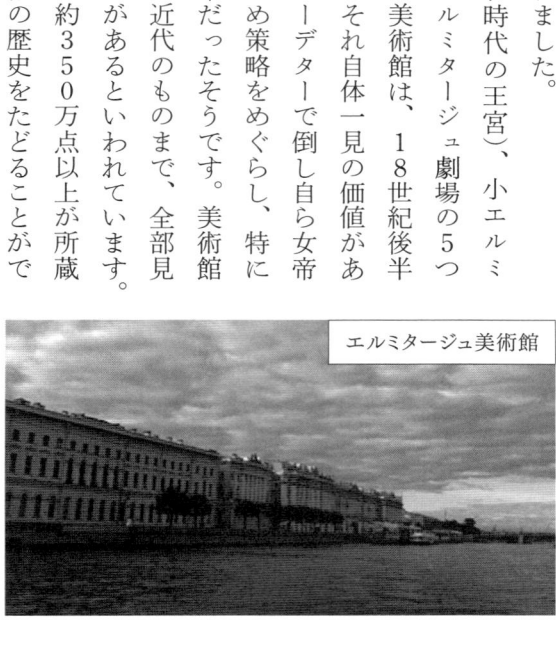

エルミタージュ美術館

きます。美術館は四つの宮殿と一つの劇場とからなり見事な均整と調和を保っており、外観もパステル・ブルーの鮮やかに彩られています。その外観と色彩にも目を見張り、壮麗になった宮殿とその内部を飾る美術品に目を奪われたひと時でした。

館内ツアーの締めくくりは、夕食をとった後に併設されている劇場でロシア民族舞踊などのショーを見ることができました。今回の旅行では、館内をめぐるために約六時間半の自由時間があったのでゆっくりと館内を見ることができたと思っていましたが、その広さ・大きさから、また展示数の多さからも全部見て回ると、時間はあっという間が過ぎてしまいました。

2-3. ピョートル大帝の夏の宮殿（ペテルゴフ宮殿）

「ペテルゴフ宮殿」は、ロシアを代表する宮殿と噴水庭園の宮殿の庭園は、サンクト・ペトルブルクの郊外にあり、バスで移動です。フランスの「ヴェルサイユ宮殿」がモデルとされている宮殿の前に広がる庭園、150を超える噴水からなる庭園は、「上の宮殿」と「下の宮殿」に分かれており、上の宮殿の噴水は煌びやかな彫像たちが彩を添え、下の宮殿はフィンランド湾に向けてまっすぐに伸びた水路が、公園の中央を走っています。まさに水の藝術の宮殿といえます。湾を挟んだ向こうにはフィンランド、ヘルシンキを望むことができます。

2-4. リバークルーズ

市内にはネヴァ川とよばれ小ネヴァ川と大ネヴァ川がY字状になって流れていますが、そのほかにも3本の運河があります。このうちのネフスキー大通りからモルカ運河の中を「エルミタージュ美術館」と劇場の間を抜けてネヴァ川に出て、ザヤーチィ島にある「ペトロバウロスク要塞」とそこに係留されているロシア革命の合図を告げたという巡洋艦「オーロラ号」を船上から眺めることができます。再び運河に入り「ミハイル宮殿」を見ることができます。

その他の市内観光は、ロシア正教の荘厳な「聖イサク寺院」、「青銅の騎士像」、ロシアの詩人の「プーシキンの家」、「血の上の救世主教会」、オペラとバレェの専門劇場である「マリンスキー劇場」などがあげられます。また、「エルミタージュ美術館」の川に面したところにある遊覧船乗り場を中心に宮殿河岸通りは夜景が素晴らしい。バレエや音楽を中心にした藝術巡り、歴史を中心にした市内巡り、食べ歩きをメインにしたグルメ巡り等サンクト・ペテルブルクは魅力溢れる都市でした。

3. 黄金の環

モスクワ北東部に楕円を描いて点在する古い都市を結んだ地域を「黄金の環」とよんでいて、ロシア人にとって「心の故郷」ともいわれています。ただ、なぜ「黄金の環」というのかは、ガイドさんに聞くのを忘れてしまいました。ここには、世界遺産に登録されている宗教関係の建物があります。牧歌的な風景とロシア正教会の塔が輝く様子から来ているようです……。この中で、スーズダリ、ウラジミール、セルギエフ・

ポサードの三つの町を訪れました。ホテルはスーズダリの町の中、カーメンカ川に面した「ＧＴＫツアーセンター・リザリト」という大きなホテルで２泊しましたが、ホテル内部の設備は良好というにはほど遠いものでした。ホテルに到着後にホテル周辺を散策し、一般家庭の庭先や川べりを歩きましたが、とても静かで落ち着いた町並みは、すぐにでも馴染みやすい土地だと感じました。

３－１．スーズダリ：豊かな田園風景

スーズダリは、モスクワからＭ－７号線を北東へ約２２３㎞のところにある、のどかな田園風景の中に修道院が数多くある町です。町の中にはクレムリンやレーニン像のある赤の広場と名付けられた場所があり、さながら小モスクワのようです。今の人口は約１万人だそうですが、１２世紀から公国の首都でもあったことで栄えたとのことです。この町では、木造建築群と農民生活博物館を見学、サンクト・ペテルブルクとは違った、なぜかほっとする町並みをみることができました。

「スパソ・エフフィミエフ修道院」では、鐘楼内でベルコンサートを聞かせてくれました。そこは、町の中を流れるカーメンカ川の高台に城壁で囲まれた修道院でした。木造建築群と農民生活博物館では、かつての農民の生活をみることができました。どこの国でも農民の生活は同じようだと感じました。１８～１９世紀につくられた風車がよくマッチしていました。民族衣装を着た人もいてロシアの民話の世界のようでもあり、温かみを感じる場所でした。

３－２．ウラジミール：シベリア鉄道の駅

ウラジミールの町は、スーズダリの南約５０kmのモスクワ寄りの町です。人口約３６万人の古い都で、１１０８年にウラジミール・モノマフ公がクリャジマ川の河畔の丘に都を定めたのが始まりとされています。この町に入るには黄金の門という今は歴史博物館になっている門を通り抜け、まっすぐな道を進むとプーシキン広場があります。その先に石灰岩でできた「ウスペンスキー（永眠という意味）大聖堂」には天才イコン画家のアンドレイ・ルブリョフが描いたダ・ヴィンチのものとは異なる『最後の審判』が天井に残っています。修道院の小高い丘からは、シベリア鉄道の線路と駅をみることができます。

３－３．セルギエフ・ポサード：ロシア正教の地として栄えた町

スーズダリからモスクワ方向へバスで約１８０km南へ下って行きます。ここでは「トロイツェ・セルギエフ大修道院」の見学です。ここは、男性の修道士が三百人ほどいるということです。１５８４年にイワン雷帝の姪によって建てられ、金色の屋根の「トロイツキー聖堂博物館」が見どころです。

訪れた三つの町はいずれもロシアの昔日の姿を見るようで、カソリック教会とはまた異なった趣のロシア正教の聖堂の美しさはまた格別のものでした。また、町中もお花が飾られていたりして、落ち着いた昔の町という感じです。郊外の

人々も一見のんびりとした人懐っこく、停車していたバスまで蜂蜜を売りに来た商人は品切れになると、ワゴンをそのまま置いて自宅までわざわざ取りに帰ってくれました。

4．モスクワ市内

モスクワは、小さな村からはじまりロシア大公国の首都になり、一時はサンクト・ペテルブルクに首都の座を譲るも、1917年10月（新暦11月）に起こったロシア革命後、再びソ連時代の首都を経てロシア連邦の首都となりました。「クレムリン宮殿」や「赤の広場」をはじめ歴史的な建造物や美術館、博物館などもあり、見どころは多数あります。モスクワ市内観光は、約1日半かけました。「クレムリン宮殿」と「赤の広場」その周辺、「グム百貨店」、「ノヴォデヴィッチ修道院」、アルバート通り、「モスクワ大学」などです。ツアーから離れて「宇宙飛行士祈念博物館」を訪れました。

ホテルは、市内の北部にある「イリス・コングレス」で都心の喧騒から離れた穴場的なところにあります。快適さと閑静な立地で安心して宿泊できるホテルでした。

4-1．クレムリン宮殿

クレムリンとは「城塞」という意味で、ロシアの中の多くの建造物でも最大でかつ有名なものの一つです。内部には、大クレムリン宮殿やさまざまな時代の宮殿や聖堂、「レーニン廟」や「武器庫」、一度も鳴らされたことのない世界最大級の鐘などがあります。なかでも16世紀半ばに武器の製作と保管するための「武器庫」は目を見張るものがあり、一見の価値があると思います。武器庫やダイヤモンド庫の内部は厳重になっています。特にダイヤモンド庫は入場料が高いためパスしてしまう人もいますが、宝石類だけでなく、玉座、王冠、宮廷馬車などの展示がありました。宮殿内の聖堂のうちでも「ウスペンスキー大聖堂」が有名で、ロシア帝国時代の国教大聖堂としてロシア皇帝が戴冠式に臨んだ場所です。今回は、厳かな式典が行われるということで内部に入ることはできませんでした。ロシア革命の際これらの展示品は焼き払われてしまったかと思っていましたが、整然と保存されていたのに感心しました。クレムリンの中では、カメラや傘等の持ち込みが禁止されていますので要注意です。クレムリンの中では、「武器庫」や「ダイヤモンド庫」の内部、「ウスペンスキー大聖堂」の外観などを見学できましたが、警備が厳しくて大統領府には近づけませんでした。

クレムリンに入る前には門兵さんが銃を抱えてじっと入場者を見張っていますが、決して怖くなく記念写真のモデルさんにもなってくれます。クレムリンにはプーチン大統領はあまり来ないということで、予想以上にオープンなのには驚きました。観光ルートとは別に政府関係の庁舎も並んでいます。クレムリンの中は広くてよく整備されていました。きっと以前は、簡単に入れなかった場所なのだったのでしょう。平和になったことがこんなに開放的になるのだと思うと、今ある姿はありがたいことです。

クレムリン宮殿（左）と聖ワシリー寺院(右)

クレムリン宮殿には朝早くに行きましたが、すでに見学者が入場券の購入のため長蛇の列が出きていましたが、そこはツアーの良いところで、事前に地元の事務所を通じて入場券を購入してあったので並ぶこともなく、すぐに入場できたことはラッキーでした。8月の暑い時期に長時間炎天下で並ぶのは大変です。並んでいる人達には悪いのですが、長蛇の列を横目にスイスイと入場できたことはありがたかったです。

4-2.「赤の広場」周辺

クレムリンに隣接して「赤の広場」、「聖ワシリー寺院」、「国立歴史博物館」や二つの「大聖堂」があります。また、赤の広場のそばには「クルム百貨店」というロシア最大のデパートがあります。

「赤の広場」の「赤い」は現代ロシア語で古代スラヴ語では「美しい」という意味だそうで、クレムリンや「聖ワシリー寺院」などの形式と良くマッチし本当の「美しさ」を感じさせてくれました。「聖ワシリー寺院」は、正式には「ボクロフスキー聖堂」と呼ばれ、ロシア国内でもっとも有名な聖堂であるともいわれています。この寺院は、イワン雷帝によって1560年に戦勝記念として建てられたとのことです。色合い、建築方法といい目を見張るものです。聖ワシリー寺院と呼ばれるのはイワン雷帝に大きな影響をおよぼした、というワシリー修道士の名前に由来しています。

4-3.「トレチャコフ美術館」

モスクワ市内には、いくつかの美術館がありますがその中の一つである「トレチャコフ美術館」を自由時間に見学しました。今回は地下鉄トレチャコフスキー駅近くにある本館を見学しました。「トレチャコフ美術館」には、ロシア美術の超一流の作品のコレクションで満ち溢れています。この美術館は、モスクワの豪商トレチャコフ氏がロシア国内の画家の作品を収集し、1874年に自宅横に建物を建ててさらに私財を投じ収集を重ね、1901年に展示室を開いたことに始まるそうです。ただ残念なことにロシア美術につい全く無知な私にとって、画家と作品がどうしても馴染めず、帰国してからも思い出すことができませんでした。やはり学校教育での旧ソ連時代を除くヨーロッパ中心の教育のせいなのか？と思いました。

ほかに日本人に馴染みのある美術館に「プーシキン美術館」があります。ツアー参加者のある女性は、「プーシキン美術館」を訪問し感動して戻ってこられましたが、日本人観光客がほとんどいなかったということでした。「プーシキン美術館」には、いわゆる教科書に出てきたヨーロッパを代表するレンブラントやルソー、ドガ、モネなどの作品があると聞かされました。もし、再度モスクワを訪れることがあれば最初に行ってみたい美術館としておきましょう。

4-4. アルバート通り、雀（すずめ）が丘、モスクワ大学

クレムリンの西側に南西に伸びる歩行者天国のアルバート通りがあります。この通りには、スターバックス・コーヒー店やハードロック・カフェ等欧米のお店もあり賑わっています。ここは昔から藝術家たちに愛されてきた場所といわれ、きれいな石畳の両側に喫茶店やお土産店が並んでいて観光客や地元の人たちがそぞろ歩きで楽しんでいます。ロシア外務省のあたりまで散歩できます。

雀が丘は、モスクワ南西部に広がる丘陵地帯で、モスクワ市街を見渡せる丘です。ここには展望台があるのでそこで市街地を眺望することができます。眼下にはモスクワ川が蛇行して迫ってきます。反対側をみる

と「モスクワ大学」の管理棟の高さ236mの建物、左右対称に見える幅450mもあるという巨大な建物が目に飛び込んできます。ロシア最大の最高学府といわれ、秀才が集う大学といわれています。時間があれば大学構内に入りたかったです。

4-5．「国立宇宙飛行士記念博物館」

午後の時間に自由行動が認められ、私は妻と二人で「宇宙飛行士記念博物館」に行きました。ツアーの人たちと別行動をとるということで、ツアー添乗員さんから「別行動中の事故のある際には自己責任」でと一筆書かされました。

地下鉄6号線に乗り、エデンハ駅で降りるとすぐ巨大なモニュメントが目に飛び込んできます。このモニュメントは、空に向かってロケットが飛んでいくように空高くに向かってそびえていました。モニュメント自体は1964年に建てられたそうですが、ユーリイ・ガガーリン氏が地星の軌道を周回した日から20周年にあたる1981年4月に開館したそうです。宇宙開発は国力の誇示のためであったので旧ソ連時代の宇宙に関する情報・展示にかぎられていたようですが、今は最近の各国の様子もわかるようになっています。日本人初の女性宇宙飛行士向井千秋さんの写真も展示されていました。

博物館の外では広場を中心に別の催し物が開催されており、そ

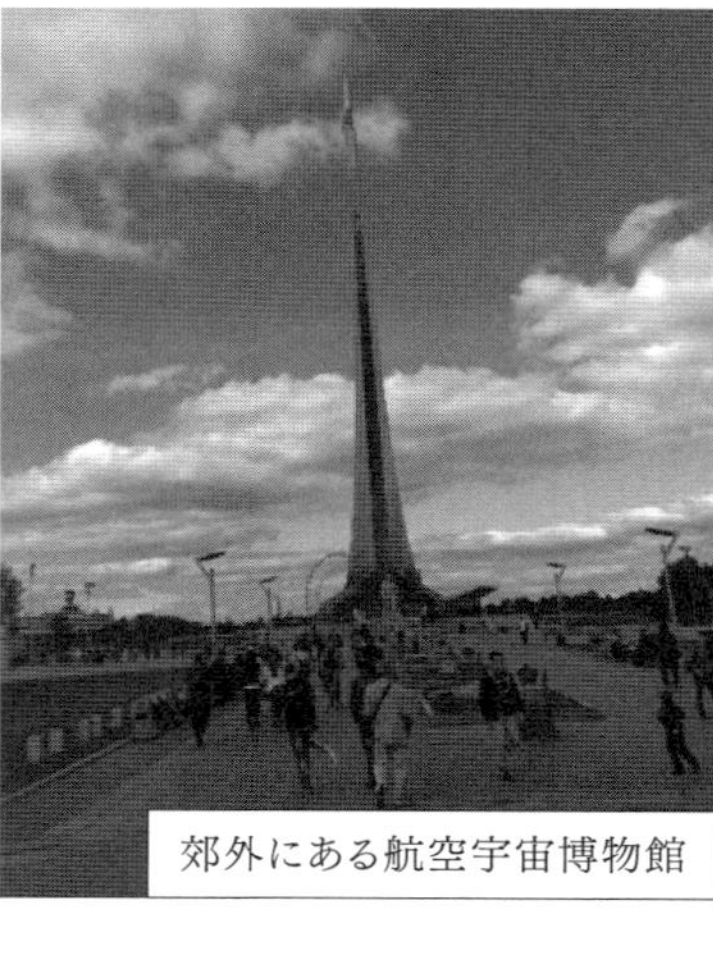

郊外にある航空宇宙博物館

ちらは大変な人で賑わっていました。幸いそのためか博物館の中はガラガラで、見学するのには余裕がありました。ホテルから博物館へは地下鉄の乗り換えなどありましたが、モスクワの人たちはとても親切で地下鉄の乗り換え時にはわざわざ連れて行ってくれるなど、また英語も分かりやすい英語で案内してくれました。

中年以上の方よりも若い人やビジネスマン風の男性に問いかけるのが比較的良いような気がしました。

COLUMN

ロシアという大国で……

サンクト・ペテルブルクとモスクワ、これがかつての共産主義国家の大都会だった、とは思えない都市でした。モスクワでは、「マクドナルド」店や「スターバックス」、それに「丸亀製麺」さん等世界のどこにでもあるお店がちゃんとあります。

どの都市、町に行っても人懐こく、親切で私たち観光客に接してくれました。モスクワで地下鉄の車内で乗り換えについて会社員に尋ねると親切に乗り換えホームまでつれて行ってくださって、間違わずにこっちに行く電車に乗るのですよ、と教えてくれました。また、道路を歩いているときにも英語で尋ねると、やさしくゆっくりとした口調で教えて下さいました。会社員や青年たちには英語が十分通じます。しかし、ある美術館でのこと、カタログの有無を尋ねるために中年以上と思われるレジの女性に英語で話しかけると「イングリッシュ、ノー」と怒鳴られました。英語が通じなかったのは、この一回だけでした。私の英語が下手だったのかな？

また、スーズダリの町に宿泊した際、自由時間にホテルの周辺を散策しました。流れる川はどこの国も同じです。滔々と流れ、夕陽にきらきら光っていました。ゴミなど浮いていません。橋を渡り行き交う人たちは皆明るく、軽く会釈してくれます。民家が並ぶところでは、自動車を洗車する人、庭の草木を手入れしている人、子供たち、どこの国でも見られる光景でした。そこには、貧しさや豊かさとは関係なく人々が暮らしています。一般の人たちは、それぞれに生活していました。こういう生活が守られていくことが必要なのだな、と感じました。

サンクト・ペテルブルクやモモスクワも観光旅行で行くと、限られた場所を駆け足の状態で見て回ることになります。機会があれば再度訪れたい街です。それぞれに見どころはたくさんあり、あるいは焦点を絞ってバレエや音楽鑑賞、寺院巡り、歴史・史跡巡り、美術館や博物館を訪ねるあるいは食べ歩きなどと、いろいろな楽しみ方ができると思います。

ロシアという国について、どれだけ知っているのだろうか？　どれだけ学校で学習してきただろうか？　ヨーロッパからアジアまで広大な面積を占め、ヨーロッパでもなくアジアでもない。ロシア・ヨーロッパ域にスラヴ系民族がやってきたのは、およそ紀元前8世紀頃といわれ日本では縄文時代のころで、周辺の民族との抗争を繰り返しながら徐々に勢力を拡大していきました。10世紀末にギリシャ正教を国教とし、ギリシャ文字をもとにキリル文字が導入されました。17世紀、日本では江戸時代の初めころ、ロマノフ王朝が誕生したころからロシアのヨーロッパ化が進み、後半にはオホーツク海沿岸まで進出してきたと言われる。私は、帝政ロシア、ロシア革命以後のレーニン・スターリン時代の社会主義国家の旧ソビエト連邦（ソビエト社会主義共和国連邦）について学んだ程度でした。ソフホーズ（国営農場）・コルホーズ（集団農場）という用語は今では死語になっているでしょうけど、社会主義・共産主義の代表であったと思います。東西冷戦を経てソ連が崩壊したことで急速に資本主義化していきました。その基礎になったのが、豊富な地下資源と国家の威信をかけた宇宙開発であったと言えるのではないでしょうか。

このようなうわべだけのことでこの国を語ることは不可能ですが、政治・社会・経済制度の複雑な経緯とは別に藝術・科学・美術等文化の面では欧米に決して劣ることはなく、民衆の力は力強いものがその底流にあったことは確かだと言えます。

学校での学習が欧米中心であり、このようなロシアを含めイスラム国家やアフリカなどについて、私たちはあまりにも知らなさすぎる感じがして仕方ありません。このモヤモヤした気持ちは、何時になったら解消するのでしょうか。

もし、可能ならもっとロシアについて知るためもう一度、ロシアという国を訪れたいと思いました。

第七話　トルコ：古代遺跡と東西文化の交差するエキゾチックな国

２０１４（平成２６）年４月

今回は、ＨＩＳ旅行社の〝初夢フェア〟「トルコ航空で行く現地7泊の9日間の楽々ツアー」、という触れ込みのツアーに参加しました。ツアーそのものがトルコ航空のコンフォートクラスに搭乗というのもウリでした。このクラスは、通常のプレミアムエコノミー・クラス（プレエコ）相当です。

搭乗前は、プレエコとは呼ばず、独自の名称を用いていたのでそれ相当に期待していたのですが……。席に着いて、座席の上に置いてあるアメニティや前の座席にあるボックスの中の機内誌などを早速チェックしましたが、残念なことに機内誌は前の客の読んだ後のそのままで交換していない、読書灯は電球が切れて点灯しないなど、少しがっかりしてしまいました。機内誌は読まないので交換を申し出しませんでしたが、読書灯はこれから機内の照明が落ちてから読書をしたいので、電球の交換をお願いしましたが、交換球はないといって断られました。それなら座席を代わってもいいかと尋ねると、ほかに予約客がいなければいいのだが、といわれたが残念なことに、あとからチケットをもった客が着席しました。

搭乗時からこんな状況だったので食事も期待しませんでした。おいしくもなくまずくも無く、この程度かと思ってあきらめました。まあ、エコノミー席はもっと悲惨なのだったろうな、と思いつつ……。成田からイスタンブールまでのフライトもたいした揺れもなく、適度に睡眠をとって無事イスタンブールの国際空港のアタテュルク空港に夕方になって到着しました。

トルコは東ヨーロッパと西アジアにまたがる国で、古代ギリシャ、ペルシャ帝国、古代ローマ帝国、ビザンティン帝国、オスマン帝国とそれぞれの時代の文化的な色彩が強く残っています。ボスポラス海峡に面した国際都市であるイスタンブールには、この街を象徴する「アヤソフィア（博物館）」があり、高くそびえるドームと内部ではキリスト教のモザイク画が見られます。この都市には他にも、17世紀に建てられた壮大で象徴的な「ブルーモスク」は1460年頃に建てられ、またかつてスルタン（王様）が居城していた「トプカプ宮殿」などがあります。

到着した夜は、空港から少し離れた海沿いの町のホテル泊りとなりました。翌朝は、バスでマルマラ海とエーゲ海を結ぶ町まで行き、フェリーで海峡を渡り港町チャナッカレに着きます。そこから南下して約30分で「トロイ遺跡」の小さな入り口の看板を見つけました。この入り口はわかりにくく、うっかり見逃すと行き過ぎてしまいます。台地の上を通って行くと遺跡がありました。

1．歴史遺産：二つの古代遺跡

1-1．世界文化遺産のトロイ遺跡

今回の旅行の目的の一つが、シュリーマンが書いた『古代への情熱』の遺跡発掘の舞台となったことで有

名な「トロイ遺跡」の見学でした。ここが「トロイ遺跡」だといわれても周りには何もありません。チケットを買って遺跡公園の中に入ると、右手にいかにも作り物の木馬がおかれています。このトロイ遺跡は、ホメーロスの長編叙事詩『イーリアス』の舞台となった場所で、「トロイの木馬伝説」でも有名です。

いくつかの城壁の跡の間を通り抜けて、階段を上がると見晴らしのよい丘の上に出ます。バスで通ってきた道は、平らな丘の上を走ってきたことがよく分かります。数キロ先にエーゲ海が見えますが、古代には城壁の近くまで海がきていたという。写真はシュリーマンが最初に遺跡を見つけた場所で、多くの財宝がここで発掘されたといわれています。

この地は、古代のエーゲ海交易の中心地だったのでした。「トロイ遺跡」では、紀元前3000年ごろに始まる初期青銅器時代から、紀元前350～400年頃のローマ時代までの9層にわたり積み重なる都市の遺構が発見されました。シュリーマンが多くの財宝を発掘したものは、トロイ戦争より1000年以上も古い時代のものと判明。彼が発掘したのは、紀元前2600～2300年ごろの第2層だったようです。トロイ戦争が史実として、その遺構が推定されたのは、紀元前1300～1200年ごろの第7層といわれています。しかし、考古学の知識がなかったシュリーマンはやみくもに発掘したため、第7層の遺構は大部分がそこなわれ考証が困難になってしまいました。彼は、発掘したものはドイツに持ちかえってしまいました。彼は考古学者ではなく、財宝目当て発掘業者だったようです。収集品は、ロシアのサンクト・ペテルブルクの美術館

幾重にも重なる遺跡の地層

にあると言われています。

結局、遺跡そのものは城壁の遺構しかなく、台地から見る平地――かつては海が迫っていたといわれる景色を見るだけで、当初の期待のものはありませんでした。博物館もありましたが、遺構の石柱が多く展示されているのが中心であまり興味を注ぐものはありませんでした。ガイドさんのお話では、皆さん期待外れだとおっしゃいますとのこと！　むしろ次に行くエフェソス遺跡の方が見応えがあるということで、そちらに期待することにしました。

Ⅰ-2.「エフェソス遺跡」

エフェソスは、紀元前2世紀第1期地中海時代に栄華を極めたローマ、アテネに次ぐ古代都市国家であり港湾都市でした。現在は海岸から離れています。現在のイズミル県のセルチュク近郊小村アヤソルクの一部に位置しています。現在は、遺跡が残っているのみですが、保存状態はトロイ遺跡よりも大規模で数々の建物の跡がよく残っています。２０１５年に世界遺産リストに登録されました。

エフェソスはヘレニズム文化の都市として栄えましたが、紀元前2世紀に共和政ローマの支配下に入り、小アジアの西半分を占める古代ローマ時代のアシア属州の首府とされました。その後、古代ローマ帝国の東地中海交易の中心となり政治経済の中心地となっていきました。現在残

アレキサンドリア、ベルガモと並ぶ世界三大図書館の一つセルシウス図書館の跡地

る「アルテミス神殿」の遺構は、ローマ時代に建てられたもので、巨大な図書館と劇場を備えていました。8世紀に至りアラブ人の攻撃をたびたび受けたことから、東ローマ帝国はエフェソスを放棄しました。古代ローマ時代をエフェソスで見ることが出来ました。

観光用に整備された通りに沿って神殿や浴場跡、体育館跡、劇場跡などの世界最大級の大規模な古代都市遺跡の他に、少し離れた所には「アルテミス神殿」の遺跡、考古学博物館などもあり、トルコの重要な観光地の一つになっています。ガイドさんの言われた通り、確かに「トロイ遺跡」よりも大規模で保存状況もよく、多くの観光客で賑わっていました。考古学博物館や聖母マリアが余生を過ごした家などがあるということでしたが、訪ねる時間はありませんでした。暑い日差しの中、見学するところが多く短い時間での観光に少々不満が残りました。感想としては、トロイ遺跡よりもこちらの「エフェソス遺跡」に時間を割いた方がよかったと思いました。

2．自然遺産

2-1．カッパドキア

古代の地理においてはラテン語のCappadociaは、「美しい馬の地」を意味するペルシャ語のKatpatukに由来し、トルコ語ではKapadokya、ギリシャ語の*Καππαδοκία*は、小アジア（現代のトルコ）の広大な内陸地域を指していました。トルコの中央アナトリアの歴史的地域、あるいはアンカラの南東にあるアナトリア高原の火山によってできた大地をさしているとのことです。およそ300万年前に火山の大噴火によって堆積した火山灰と溶岩が、長い年月をかけて浸食を受け、その浸食の受け方の違いでこのような奇岩群となったようです。

この地はトルコ中央部の山岳地帯で、紀元前15～前12世紀にはヒッタイト王国の中心地でした。中世の洞窟修道院が多く残ることでも有名で、ギョレメ国立公園と一帯の「カッパドキア洞窟群」は、1985年世界遺産（自然と文化の複合）に登録されています。

カッパドキアでは、熱気球に乗って空から奇岩群をみることができます。早朝に、気球のフライト事務所に集合し、気球乗り場にミニバスで移動します。付近には、ほかの気球遊覧をする会社の気球がいくつもありました。空が明るくなってきて、いよいよフライトすることになりました。操縦士は一人です。明け方の空には、もう多くの気球が舞い上がっていました。ツアーの中で気球に搭乗したのは私たちだけでした。というのも、旅行前に熱気球の墜落事故があったため敬遠されたようです。私たちは、オーストラリアのケアンズで経験していたので恐怖感はありませんでした。空からのカッパドキアの風景は格別なものでした。約一時間のフライトのあとに地上に降りて、同乗者とシャンパンで乾杯してホテルまで送迎してくれます。気になったのは、搭乗前に安全指導がなかったことですが、気球の場合、落下したらどう

熱気球に乗ってカッパドキア上空から

にもならないので、やってもやらなくても同じなのかな？

2-2.「パムッカレ」

「パムッカレ」は地名であり、トルコ西部・デニズリ県にあるユネスコの世界遺産（複合遺産）の登録名にもなっています。パムッカレとは、トルコ語で「綿の宮殿」という意味で昔からこのあたりが良質の綿花の一大生産地であることによるとのことです。パムッカレは、石灰華段丘からなる丘陵地の名前であり、この地が栄えたのは2世紀頃、ヒエラポリスというローマ帝国の都市が存在していたといわれています。ここは、石灰岩台地で窪地をつくりリムで縁取られた窪地に水が溜まりプールのようになっています。

ここは、私が学生時代鹿児島県の沖永良部島の洞窟探検に行ったとき、その一つに水蓮洞という同じ構造の石灰洞穴がありましたが、それと同じで、ただここは野外にあるのが珍しいです。二酸化炭素を含む弱酸性の雨水が台地を作っている石灰岩中に浸透し、炭酸カルシウムを溶かし地下水となり、その地下水が地熱で温められて地表に湧き出て温泉となり、その温水中から炭酸カルシウム（石灰）が沈殿して、純白の棚田のような景観を作り出したものです。

3. 街全体が世界遺産の「サフランボル市街」に宿泊

トルコの首都はアンカラですが、今回は内陸部で宿泊したコンヤから北上して、アンカラ市内の外周を通る高速を通って世界文化遺産になっているサフランボルの町に向かいました。そこは黒海から100km離れた場所に位置し、トルコの首都アンカラからおよそ北へ200kmのところに位置しています。町の歴史は11世紀に遡る古い町並みです。1994年、ユネスコ世界遺産に「サフランボル市街」の名で登録されました。街の名前の由来は、香料サフランの集積地として発展した歴史にあり、古い建築物が数多くあります。

世界遺産になっているため、旧市街地には大きな観光客用のホテルがなく、旧民家を少し改造した、ホテルという名には程遠いものでした。旅行者のパンフレットではプチホテルと書かれていました。民宿のような民家は、2階建てで数部屋あるものの、ベッドが二つある部屋は3部屋ほどであとはベッド一つしかなく、夫婦連れでもベッド一つの部屋を割り当てられることになり、くじ引きで部屋を決めることになりました。

夕食後に夜はホテル？の近くを散歩しましたが、モスクから夜のお祈りが、街中のスピーカーから大きな音量で流れてきたのにはビックリです。朝もこの声で目が覚めました。以前は、人間の声だったそうですが今ではテープのところもあるとか……。

街中には、「ハマム」という伝統的なトルコの蒸し風呂——古代ローマ時代の公衆浴場が起源とされている——が多数あります。入場料はマチマチで入浴料のみからサービス次第で料金がことなり、それにチップも必要なようです。

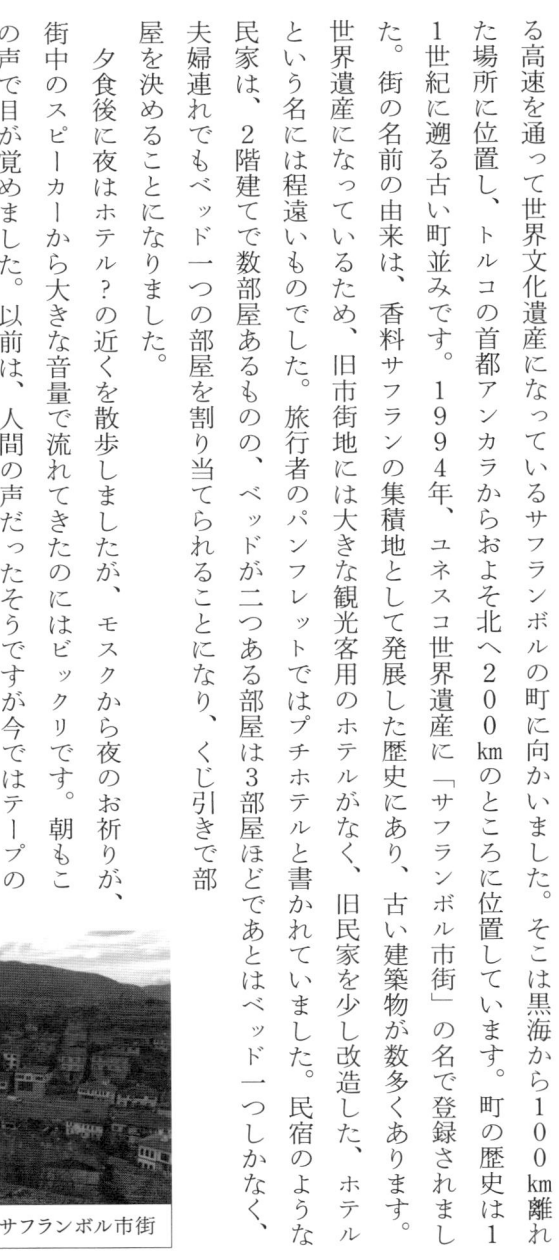

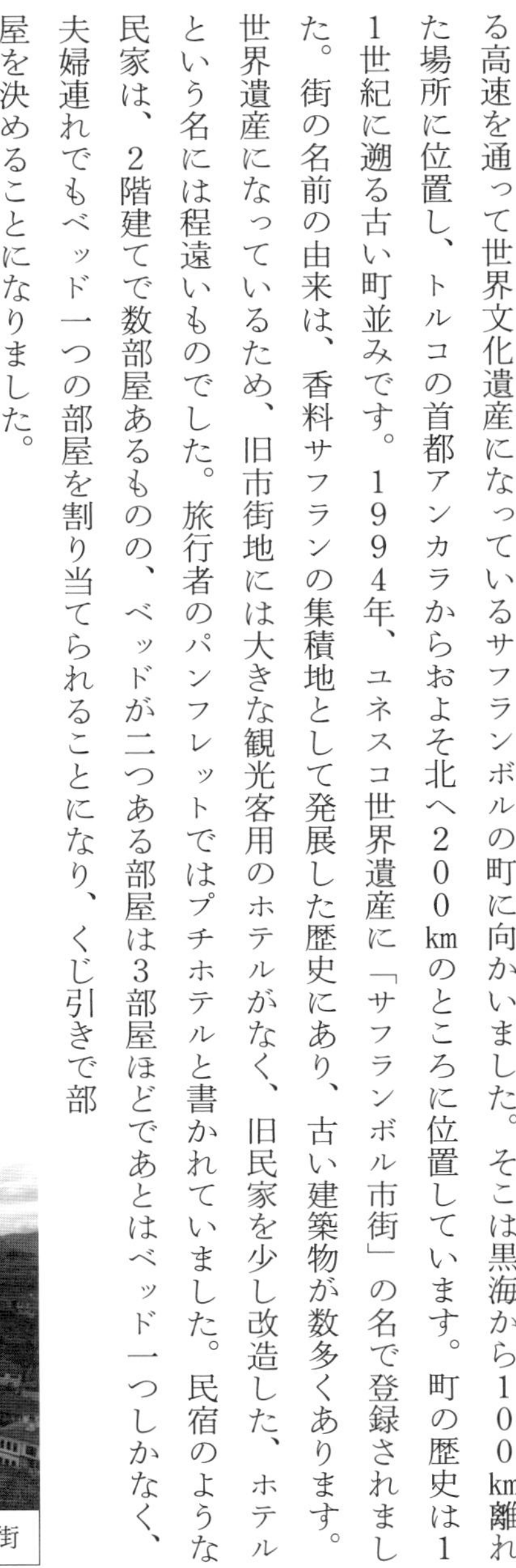
サフランボル市街

4. 再び東西両文化が交差するイスタンブールへ

翌朝サフランボルを出発して、イスタンブールへとバスの旅は続きました。道路も良くバスの揺れが心地よく感じました。

イスタンブールの人口は1，400万人以上を擁し、バルカン半島では最大でヨーロッパでも最大規模の都市圏で、トルコ北西部に位置し、マルマラ海と黒海を結ぶボスポラス海峡を挟んで大陸間に跨った都市です。市域は、ボスポラス海峡を挟んで東のアジア大陸（アナトリア半島）側と西のヨーロッパ大陸（トラキア地方）の両方に拡がり、西側の市域は湾をはさんで南北に分かれています。2大陸にまたがる大都市であり、アジアの最も西にある都市でもあります。

イスタンブールでは、イスラム文化の象徴となる「ブルーモスク」、ボスポラス海峡にある「乙女の塔（島）」、日本の経済協力で建設された地下鉄など見るもの、食べるもの、いろいろと楽しめる都市です。市内では、海峡にぽつりとある島に「乙女の塔」、アジア側からヨーロッパ大陸を見ることができます。両大陸は四つの橋で結ばれていますが、交通渋滞もあり地下鉄で対岸に渡るのが早いです。地下鉄でアジア大陸側に行き「乙女の塔」を見たのちバスに乗り、ヨーロッパ側の旧市街にいき「トプカプ宮殿」、「グランドバザール」、「ブルーモスク」などを見学しました。また、「アヤソフィア」も見応えがありました。これらの見学のために2日間の旅程でした。しかし、イスタンブール市内は旧・新市街を見たりするととても1日や2日では回れるものではない魅力ある街です。食べものでは、ケバブ、サバサンド、各種スイーツに飲み物はチャイ、を忘れないように。そして。夜はベリーダンスと民族舞踊ショーの観賞と夜景を楽しみました。

4-1. ブルーモスク（正式名：「スルタンアフメット・ジャミィ」）

オスマン帝国を代表する2大モスクのうちのひとつであるブルーモスクは、「アヤソフィア」のちょうど向かいに位置し、内部の壁、天井、柱を覆う模様がほんのり青色を帯びていることからブルーモスクと呼ばれ始めたそうです。外見の大ドーム、6本のミナレット（尖塔）は何とも荘厳な感じがします。〃オスマン建築の傑作〃や〃世界一美しいモスク〃とも呼ばれており、イスタンブール観光の目玉となっています。内部の装飾は、イズニック・タイルが約2万枚以上敷き詰められていると言います。また、ステンドグラスも外からの光を受け輝いていました。天井は球形でシンプルながらとても美しいものです。オスマン帝国のスルタンであったアフメット1世の命で1609年に建設が始まり7年後の1616年に完成しました。イスラム教の寺院のモスクとしてメッカ以外は、通常四本までしか尖塔を立てられないことになっているそうですが、建設を指示したスルタンのアフメット1世が「アルトゥン（黄金）の塔を作れ」と言ったのを「アルトゥ（6）の塔」と勘違いしたことから、こんなにミナレットが立ってしまったのだそうです。ミナレットが六本あるモスクは、ここだけとのことです。モスク内は絨毯が敷かれており、この絨毯を汚さないためにモスクに入る時は靴を脱がなければなりません。

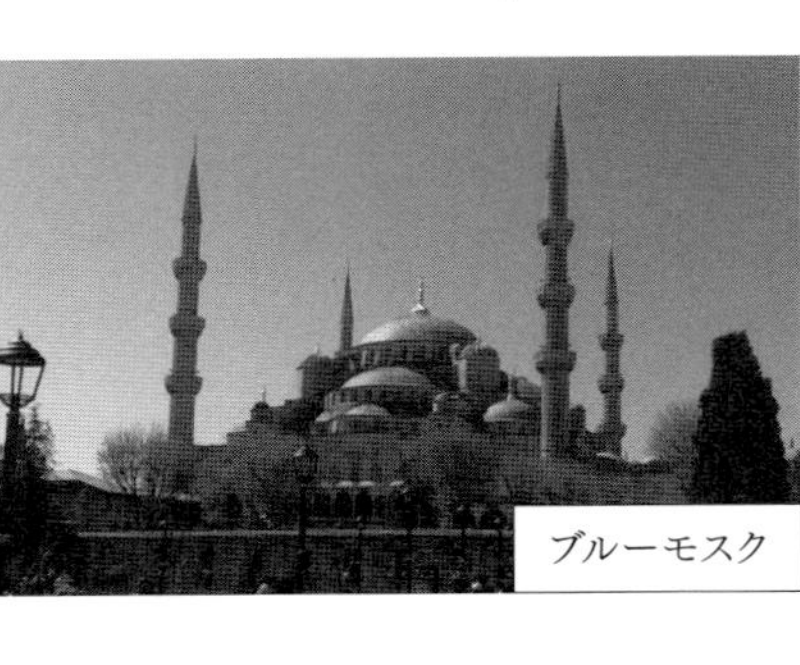
ブルーモスク

4-2. グランドバザール

旧市街にある五つの門に囲まれたバザールは、いくつもの小さな路地に多数の小さな店舗が密集しイスラムの都市の情緒あふれる巨大なバザールです。初めての人がいったん入り込むと、迷路のようなおよそ200m四方のバザール内では慣れないと迷子になると思われるほどです。15世紀に建設された、東西交易の中心地として様々な商品が取引されていました。魅惑のトルコ土産を探すには絶好の場所ですが、置いてある商品の目利き、値段の交渉術、それにスリや置き引きなどにも注意しなければなりません。なるべくなら現地の案内人や観光ガイドさんと一緒に歩くのが安全で、買い物の際の価格交渉もしてもらえるでしょう。

4-3.「トプカプ宮殿」

「トプカプ宮殿」は、オスマン帝国の時代の歴代の君主の居城で、15世紀中頃から19世紀中頃までの約370年間オスマン帝国のスルタン＝君主達とその家族が居住した宮殿です。イスタンブール旧市街のある半島の先端部分に位置し、三方をボスポラス海峡とマルマラ海、金角湾に囲まれた丘の市街にあります。

表敬の門を通り抜けると、右手に第1庭園、左手に第2庭園があり、第2庭園の先にはハレム（宮廷の女性たちの居住区）があります、さらに進むと第3庭園、第4庭園が続きます。この宮殿の見ものは、歴代スルタンの宝飾品や食器、玉座等を四つの部屋に分けて展示してある宝物殿です。ここでかつてのオスマン帝国の栄光をみることができます。もう一つは、バグダットの「コシュキュ」といわれる1638年にムラト4世がバグダッド征服を記念して建てられた東屋です。中央におかれたフランスのルイ14世から送られたという「マンガル」という火鉢や聖堂の暖炉などがあります。また、1640年につくられた天蓋付きのバルコニーからの金角湾の眺望は素晴らしいものでした。入園後、自由時間が与えられ宮殿の中を自由に散策でき、素晴らしい美術品や庭園鑑賞に十分な時間がありました。

4-4.「アヤソフィア」(旧博物館)

「アヤソフィア」とは、360年に建立のキリスト教聖堂で、焼失と十字軍の来襲による略奪、モスクへの改修など、長い歴史の中でキリスト教とイスラム教、ビザンティン帝国とオスマン帝国と同居する変遷を繰り返し、現在では美術館になっています。外見は、4本のミナレットとドーム状の屋根が特徴です。皇帝の門をくぐって外楼から堂内に入り、内陣や後陣を見学。内陣では直径31m、高さ56mの世界最大級の幾何学模様が施された大ドーム、後陣では、建設当初はキリスト教の祭壇で、イスラム教になってからはミフラーブという礼拝用の壁窪(礼拝堂内部の正面の壁にある窪み状野設備)があり、半円状のモザイク画＊3は必見です。訪れたときは、内側の改修工事で足場が組み立てられていて、全面を見ることはできませんでした。

その後は、北側の石畳みのスロープから2階の回廊にあるギャラリーへいくと、ビザンティン藝術の最高峰といわれる有名なモザイク画があります。お土産用に小さくしたモザイク画などが、売られているので是非記念にあるいはお土産にされるといいと思います。

＊3 モザイク画は、小片を寄せあわせ埋め込んで、絵(図像)や模様を表す装飾美術の技法。モザイク画は大理石やタイルなどが用いられ、色の濃淡やはめ込む角度で立体感を表現しているそうです。変色しないことが魅力です。例、アヤソフィアにある、キリストと11世紀の東ローマ皇帝コンスタンティノスⅨ世夫妻のモザイク画など。これに対して、フレスコ画(第九話 3寄港地観光③等参照)とは、壁に漆喰を塗りその漆喰がまだ「フレスコ(新鮮)」である状態で、つまり生乾きの間に水または石灰水で溶いた顔料で描く。やり直しが効かないため、高度な計画と技術力を必要とする。逆に、一旦乾くと水に浸けても滲まないことで保存に適した方法だった。例、ラファエロ作『アテナイの学堂』など。

COLUMN

トルコから学んだこと

９日間のトルコを巡った旅は都市間の移動だけで2，５００㎞におよびました。効率よく観光地を回るために国内便を用いるツアーもありましたが、バスを使うと荷物の持ち運びが楽だし、目的地まで周りの景色を楽しむこともできます。効率だけでは味わえない良さもあります。たいていの場合バスの中では前日からの疲れもたまっていき、移動中はぐっすり眠り込んでしまう人が多かったです。もったいない話ではあると思いますが、疲れと睡魔にはなかなか勝てません。

トルコ旅行では、他のツアーとちがってお土産屋さんに立ち寄る機会が多かったです。革製品のファッションルームの見学やレザーコートの販売、トルコ石観賞、絨毯工房と販売、タジンの陶器工場、スーパーマーケットなどに立ち寄りました。中には特別な部屋に閉じ込められ？日本でのテレビショッピングの販売員のような口調の語りの独特な雰囲気になり、ついつい買ってしまうような場合があるようです。私たちもついその口調に乗せられて？調度品を購入しました。本当にそれだけの価値があるかどうかの目利きができませんので、価値があるかどうか？　今でもわかりません。添乗員さんにはトルコ経済に貢献したと思って下さいといわれ、何となく納得してしまいましたが……。

イスタンブールでは、ボラポラス海峡の地下に東のアジアと西のヨーロッパを結ぶ長さ約１，

５１０m、幅員３０．８mある第2ボスポラス大橋が、日本企業も参加して１９８８年に（第１の橋はイギリスにより架けられた）完成しました。また、海峡横断地下鉄道が日本の政府開発資金援助によって２０１３年に完成したことをガイドさんに聞き、両工事とも難工事をよく完成させたものとその建築技術に思いをはせました。これはドバイでの鉄道建設でも日本の技術力の高さが評判になったことを思い出しました。同じ東アジアの国から技術提供（資金提供もしたかもしれませんが）した某国の「自分の国がやってやったぞ！」という宣伝に比べてなんと謙虚なことか!!

日本とトルコは、１８９０年に和歌山県沖でオスマン帝国の軍艦エルトゥール号が遭難した際に救助した時以来深い関係を保ち、これが日本とトルコとの友好関係の始まりと言われています。また１９８５年、イラン・イラク戦争が本格化したさい、イラン在留の日本人を救援すべくトルコ政府は日本大使館の要請を受けて、イランの首都テヘランまで救援機を送り込み、日本人を優先して救助しました。近年では、両国とも大地震にみまわれた際には、相互に救援・援助活動が行われたことは記憶に新しいことです。

第八話　スイス：山岳列車で巡る名峰と氷河 ― 山と湖と鉄道の国

２０１４（平成２６）年６月

このツアーは、ＨＩＳ旅行社の特別企画ということでこの時期で参加費用もひとり７０万円超といわれましたが、３か月前申し込みと６５歳以上には割引があって７０万円ほどでした。当時としては、私にとっては破格の出費でした。他の旅行会社の参加費に比べて高かったのですが、それだけ期待もできると思い、とにかく奮発して参加することにしました。平成２６年６月２３日から7月１日の期間はスイスにとっては春から初夏といったところで、まだ山々には雪が十分残っており、雪山と高山植物がみられると期待できると胸弾みました。ホテル、観光、食事（マアマアよかった）ともに合格点を付けることができました。

１．出発前に成田山新勝寺参詣

成田空港の出発が午前１０時２５分、第1旅客ターミナルビルの南ウィングでの集合が7時５５分と早かったので、早朝自宅を車で出るのが苦痛であったので、前日に成田空港周辺のホテルに前泊することにしました。それに今まで成田空港から出発していているし、これからも海外旅行に行くことにしていたので旅行の安全を祈願しておくことも必要と思い、成田山新勝寺に参拝しておこうと思いました。

さて新勝寺の総門をくぐって仁王門までくると、天井？から赤い大提灯がぶら下がっていたのにはびっくりした。中央の「魚がし」の文字が大きく目立つ大提灯は、魚河岸講の奉納によるということです。そこにはいくつもの国宝重要文化財がありますが、私は国指定の重要文化財になっていませんが聖徳太子堂が気に入りました。建物の色鮮やかさには目を見張るばかりのものでした。夕方の人の気配の少ない境内は、静まり返っていたし、やはり静寂は寺社にふさわしい、と感じました。

2. スイス航空

翌日、ホテルの駐車場に車を駐車したままにして、ホテルの送迎バスで空港まで送っていただくことができ、便利さを感じました。2時間前に空港カウンターに着き、構内の電子掲示板を見てガックリ！　なんと出発は到着便の遅延で2時間遅れとのこと。これでは今朝に家を出てきても十分に間に合ったではないですか！　スイス航空は、スターアライアンス・グループに入っており、離発着に関しては定時運行が比較的よく守られているはずだと思っていたのですが……。そういえば、皇太子殿下（現・徳仁天皇）が日本とスイスとの国交樹立150周年記念式典でスイスを訪問されており、ちょうど帰国される日にあたったようでした。スイス国内の空港での日本行きの機材はすべて遅れたのかしら？と勘繰ってしまいました。事実は調べていないので解らずじまいです……。しぶしぶ旅行社のカウンター前で添乗員さんが顔見せするまでボヤキ顔で待っていると、ようやく集合時間になり添乗員さんの説明で、「飛行機の出発が遅れたので一人千円分のクーポン券がチェック・イン・カウンターで配られます。」といわれたものの、ぼやきながら出鼻をくじかれたということで……。

さて今回のスイス航空の利用にあたって、帰りの便の機内食には特別食をお願いしました。別に体調が悪いわけではないのですがネットで検索するとその豊富さにびっくりし、体験してみようと思っただけでした。食材は宗教の制約による食材、ベジタリアン向け、健康による食事制限がある人向けなどがあります。豊富なメニューが準備されていれば安心して飛行機にのれるので、楽しみの食事も待ち遠しくなりますね。ただ食事の回数は2回ですが、ちゃんとした食事は往復の便とも各一回でもう一回は軽食でした。

ほかには、座席の前にあるビデオ番組などのエンターテイメントに日本語番組がないのは不親切ではないでしょうか？　日本発着の航空会社はぜひ日本語番組、ゲームなども含め多数常時備えておいて欲しいものです。機内で食事以外の楽しみはないのだし、せめて、せめての時間つぶしに！　前後左右の狭い空間に荷物のように押し込まれても、ただひたすら我慢するより仕方ないのだ!!

3．チューリッヒ空港で乗り継ぎジュネーヴ空港へ、そしてシャモニーの街へ

どういう理由か説明がなく、成田空港の出発が大変遅れたため、チューリッヒ空港に着いたときは、当初

の予定の乗継便に搭乗できませんでした。日本人が多かったし、我慢強い日本人は遅れに対する不満が出たような気配はありませんでした。

チューリッヒ空港から乗り継いでジュネーヴ空港までは、同じスイス航空の複数の便があり、ストレスなくジュネーヴ行の飛行機に乗れました。ジュネーヴ空港には夜遅く到着したので、すぐに荷物を引き取ると（入管手続きはチューリッヒ空港で済）、税関を通りバスでフランス領シャモニーの街にあるホテルに向かいました。フランスとの国境越えもEU加盟国なので、域内はスムーズで問題なく通過できます。外は真っ暗なので、フランスの景色を楽しむことはできませんでした。

シャモニーは、フランス領内でありモンブランへの登山口でもあり、リゾート地にもなっています。冬はスキーに、夏は登山口としてにぎわいます。日中の路上ではパラソルの下でコーヒーを飲んだりする人でにぎわうのでしょう。のどかでもあり、街の中心地は小さいですがお花で埋まっておりきれいな、すっきりした街並みが心地良い感じがしました。

ホテルは、深夜に着いたため外観はよくわからなかったのですが、部屋はこぢんまりとして山小屋風でした。ベランダもあり、朝になると外の空気も気持ちよく感じられました。木々を吹き抜ける風のさわやかな音と鳥の声がよく聞こえてくる、なんと心地の良いことか。

モンブランを間近に見ることができる「エギー・デュ・ミディ展望台」に行くためのロープウエー乗り場まではホテルからは徒歩で行けます。お昼過ぎには下の街に戻ってこられたので、時間的な余裕は十分にありシャモニーの街のなかを散策し、モンブランを切り開いた先人の像を見物し、道路を飾るきれいな花々で目を楽しませてくれました。

4．四大名峰と世界遺産の氷河へ

今回のツアーでいう四大名峰のモンブラン（フランス）、ユングフラウヨッホ、アイガー、モンテローザの一連の山々、マッターホルン、ヴェルニナ・アルプスを間近に見ようというものです。世界遺産になっているアレッチ氷河とゴルナ氷河を見に行きます。

モンブランの登山口のシャモニーの街（1，035m）は、地質時代の第四紀にできた氷河期のU字谷に沿って北東から南西に伸びたシャモニー渓谷にあります。有名観光地だけあってロープウエーも大型、乗車定員も多くなっています。ツアーのため切符を購入のために並ぶ必要もなく、スムーズに乗車できました。

モンブラン（標高4，807．81m、ちなみに富士山は、3，776m）は、花崗岩よりなるアルプス最高峰ですが、まだこの時期は冬山、もちろん登山するためにここに来たわけではありません。モンブランを間近に見るために、麓のシャモニーからロープウエーで「エギー・デュ・ミディ展望台」（3，842m）まであがります。途中駅でロープウエーを乗り換えます。

終点駅からエレベーターで最上階に上がると360度の大展望が開けるのですが、今回は雪が降り、瞬間にモンブランの頂が見ることができました。カメラを向けるとまた瞬時に雲に覆われてしまいました。最近、山肌をくりぬいて空中に張り出した長方形の高さ3m、張り出し部1m、横幅2mくらいの強化ガラス？でつくられた展望台が空中に飛び出しています。監視員が2名いて記念写真もサービス？で撮ってくれます。もちろん天気が良ければモンブランが前面に見え、足元はきっと何メートル？も下まで地獄のような谷を見ることになるのでしょう。

帰りは自由に麓のロープウエー駅に戻ることになっていたので、帰りは少し早目に下山して途中駅でいったん駅の外に出ました。ここから登山のためのコースがいくつかあるようで、冬の登山装備で数人ずつのグループが登山をするための準備をしていました。この途中駅では、雲もはれてシャモニーの街や赤い針峰群と呼ばれるエギーユ・ルージュ（シャモニーの北側）の山々がよく見えました。

エギー・デュ・ミディ展望台

三日目に**ユングフラウ三山**と呼ばれる**ユングフラウヨッホ**（標高4，158m）、**メンヒ**（標高4，000m）、**アイガー**（標高3，970m）北壁の三連山を見ることになります。

麓のインターラーケン・オスト駅（標高567m）からユングフラウ鉄道でグリンデルワルト駅（標高1，056m）まで登山電車で行きそこで1泊し、翌朝同駅からクライネシャディック駅で（標高2，061m）乗り換えてユングフラウヨッホ駅までのぼります。クライネシャディックの山岳ホテル（「シャイデック・ホテル」）に泊まり、早朝5時に早起きして朝日に輝く山々が見られるか？　標高3，571mにある「スフィンクス展望台」からユングフラウ三山を望むことになります。また、この展望台の眼下にはアルプス最大、最長で世界遺産になっている「アレッチ氷河」を見ることもできます。展望台の地下には、氷の洞窟トンネル、氷河博物館があり氷像の造形などがあります。展望台の売店にも品ぞろえが豊富で充実しています。

朝五時に目を覚まし、いち早く部屋の窓を開けると目の前にユングフラウの山が見えました。まだ暗く少し寒い感じがしましたが、外が明るくなるのを見ながら素早く身支度をして、少し明るくなって足元もたしかになってきたので外に出ると、すでに宿泊客の多くがカメラを持ち絶好の撮影ポイントを探し当てようと動きまわっていました。このホテルの宿泊客はそれほど多くないので場所とりは比較的容易でした。ゆっくりと朝陽がユングフラウの山々を照らし出し始め、雪で覆われた山頂が城からピンク色、オレンジ色と変わり始めると歓声が上がりました。この一瞬を待っていました!!

残念なことに朝早かったためでしょうか、それとも4，000m以上の高地だったせいか少し頭痛がしてきました（軽い高山病）。でもそれよりも、朝陽を浴びて山頂の自然の色の移り変わり、雪山の白から朝陽を受けて、ピンク色から赤色と変化する光景にすっかり我を忘れてしまいました。そしてなによりもアイガーの切り立った北壁の様子も圧巻でした。

五日目には**マッターホルン**（標高4，487m）を望むゴルナーグラート（標高3，130m）にある「クルムホテル・ゴルナーグラート」に宿泊です。ここは麓の観光拠点であるツエルマットからゴルナーグラート鉄道でゆっくりと上っていきます。麓で見えていた独立峰のマッターホルンが、やがて眼前に大きくそびえているのが見られます。マッターホルンに近づいたと思うと遠ざかったりしながら進む途中の景色も見応えがありますが、30分があっという間でした。終点の「ゴルナーグラート展望台」の魅力は、なんといっても360度に広がる超パノラマ風景です。上を見ればマッターホルンがそびえ、眼下には「ゴルナ氷

ユングフラウの朝焼け

の女王」と称されているそうです。

河」が迫ってきています。頂上に雪がある姿はひときわ美しく、天を貫くような気品ある姿から「アルプス

ヴェルニナ・アルプスには、氷河と3，000m級の険しい山並みと、サンモリッツからイタリア方面へヴェルニナ線で40分、そこからロープウエーで上がったところに「ディアボレッツァ展望台」があります。ここからは、最高峰4，049mのピッツ・ヴェルニナなど、3，000m級の険しい山並みが続くヴェルニナ・アルプスを見に行きます。ピッツ・ヴェルニナ、ピッツ・ズイッポ、コルヴァッチなどの山々が連なっています。

展望台からは、目の前の雄大な「ペルス氷河」が広がる絶景を望むことができ、その壮大な景観を楽しみにしていたのですが、残念ながらロープウエーに乗ったとたんに雲行きがおかしくなり遠くまで望むことはできなくなりました。それでも展望台についたときは、少し晴れてきて眼下にペルス氷河の一部やピッツ・ヴェルニナ山をかすかに見ることができました。下車駅からさらに列車に乗るとすぐに、ラゴ・ビアンコ湖という大きくてきれいなせき止め湖（?）を右手に見ることができました。

朝焼けのマッターホルン

5. スイス国内の鉄道の旅

スイス国内は鉄道網が発達していて、スイス国鉄と私鉄を利用した旅行が便利といわれています。道路事情はよいのですが、夏のバケーション・シーズンはヨーロッパ各地から自家用車・キャンピングカーが国外から入ってくるし、ドイツからイタリアに抜ける際の通過国になって渋滞がしばしば起こるとのことです。そういう点でも、鉄道が発達していることは旅行者にとっては時間の読みができてプランを立てやすいと思われます。しかも、日本と同じで利用したどの列車でも比較的運行時間は正確です。

今回の旅行では、モントレー～ツバイジンメン間のパノラマ特急の1等車、インターラーケン・オスト～ブリエンツ（約20分）、ツエルマット～サンモリッツ間の氷河特急の1等車でこの途中のトゥージスからは世界遺産になっているアルブラ線の区間になっています。サンモリッツ～ベルニナ・ディアポレッツァ経由でイタリアのティラノ間を往復する世界遺産ヴェルニナ急行の1等車と合わせて四路線に乗車しました。

パノラマ特急は、〈GOLDEN PASS LINE〉と呼ばれ、モントレーからツバイジンメン間を乗車しました。この特急はモントレー～ルツェルン間を走っています。車両は黄金色と白で、ちょうど以前の小田急の旧ロマンスカーに似ています。乗車したのは最後部の展望車でした。残念ながら最後部だったので、景色はすべて後ろ（?）に飛んでいくのが惜しかったです。

乗車駅のモントレー駅のあるこの街はモントレー湖畔にある高級リゾート地で、湖畔にはホテルや城跡（お城といっても昔は湖を通る船のから通行税を徴収するための関所の役割をしていた）や高級ブランド店の通りなどがあり、お花が満開の湖畔の公園もきれいに整備されていました。

氷河特急は、〈GLACIER EXPRESS〉とよばれており、アルブラ線はツエルマットからクールを経由してここで折り返し進行方向が逆になり、サンモリッツまでの所要時間約2時間を車窓から左右にアルプスの山が迫ってスイスならではの景観を楽しめます。世界遺産にもなっているランドバッサー橋を通過するのが見応えがあります。特急列車といっても山間部や峠を上り下りしていくため（最高地点はオーバーラルフ峠の2，033m、最低地点は604mと高低差は1，400m以上）平均時速約34kmと、世界で一番遅い特急列車といわれています。車両は天井までガラス張りで上空までよく見渡せるパノラマ車両になっています。一両の車体には赤地に白文字で“GLACIER EXPRESS”と書かれており、その他の車両は白で塗られています。また、車内もゆったりしていて十分列車旅行を楽しめます。しかも、一等車では昼食付きでランチセットが提供されます。また、バー車両も連結しているので二等に乗車していてもバーラウンジでアルコール類が楽しめます。

ツエルマット駅は名峰マッターホルンの入り口で、ここから登山鉄道のゴルナグラード鉄道に乗り換えることになります。終着駅のゴルナグラード駅にはホテルが一つしかないため、このゴルナグラード駅近くのホテルに宿泊するケースが多いようです。麓にあたるツエルマット駅周辺にはこぢんまりとしたホテルがたくさんあるようです。良い点は、日本人が多く行く橋から見るマッターホルンもそれなりに見どころとなっています。

もうひとつ世界遺産のループ橋を通過する**ヴェルニナ急行**が有名です。この鉄道は、百年余の歴史を有し、途中の雄大なアルプス山脈を車窓から眺めながらアルプス山脈を駆け抜けていきます。サンモリッツからイタリアのティラノに向かう途中のディアボレッツァで下車し展望台までゴンドラでのぼり、ヴェルニナ・アルプスを眺望することができます。列車は、氷河特急とそん色なく快適でした。イタリアに入る前にループ橋をわたりますが、ループしているので進行方向左右のどちらに座っていても橋を通過する様子を見ることができます。スイスからイタリアに入る際も車窓の風景もほとんど変わりなく、いつの間に国境を通過したの？という感じでした。サンモリッツ駅には、箱根登山鉄道との姉妹関係にありホームに提携鉄道の木版が掲示されています。

登山鉄道として面白いのは、グリンデルワルト→ユングフラウヨッホ（約2時間）、クライネシャイデック→グルンド（約30分）、ツエルマット～ゴルナグラート（約50分）でしたが、それぞれゆったりと快適な車輌でした。また、車窓から眺める景色は私を眠くさせることはなく、変化に富んだ山々、川、道路、民家、田園風景は飽きることはありませんでした。少しユニークだった登山電車は、**ブリエンツ・ロートホルン鉄道**（蒸気機関車）と呼ばれており麓のブリエンツ駅からロートホルンの展望台駅まで行くことができます。途中の車窓からの展望は大きく開けており、ブリエンツ湖も時折見ることができます。山頂駅は2，244mに位置しています。この鉄道は、スイスで唯一の蒸気機関車による営業で1892年に開通した歴史ある鉄道だそうです。終点での山岳レストランでのおいしいランチと展望台からの眺望は、飽くことがありませんでした。

6．スイスのホテル

スイスのホテルといえば、山岳ホテルというイメージです。ここでは、フランスのシャモニーに宿泊したホテルを除いて、宿泊した五つのホテルを紹介しておきます。勿論、都市のなかにもたくさんの有名なホテルがあるようですが、今回の宿泊では都市型ホテルは、利用しませんでした。ただサンモリッツのホテルは、リゾート地のホテルで都市型と言えるかもしれません。（サンモリッツの5つ星ホテルとしては「バドラッツパレス・ホテル」をはじめ、高級リゾートホテルはありますので念のため！）

・HOTEL SCHWEIZERHOF（ホテル・シュバイツァーホフ）【グリンデルワルト】

ユングフラウへの登山口駅の近くにある山小屋風のホテルで、ホテルの入り口から玄関までは小さな庭がありきれいな花が咲いていました。バスで到着した夕方には小雨だったのですが、翌日のユングフラウへ行く際には晴れ渡っていました。

さて、到着した日の夕食がついていなかったので駅周辺まで出かけましたが、レストランも少なく、閉店時間も早いとのことで探すのも面倒だったのでホテルに戻って夕食をとりました。聞くところによれば、スイスは市内にはレストランや食堂はあまりなく、むしろ市民の人たちもホテルのレストランに行くそうです。価格はそれほど高くはないので安心して食べることができます。特に、そう感じたのはサンモリッツでした。高級リゾート地でしたが、市内にはほとんどレストランはありませんでしたが、結構ホテル内のレストランが満員でしたし、価格も日本のホテルのようにそれほど高くもありませんでした。

・SCHEIDEGG HOTEL（シャイデック・ホテル）【クライネ・シャイデック】

山の麓のインターラーケン（567m）の街からは、グリンデルワルト（1，061m）を経由して、標高2，061mに建つ歴史と伝統のあるホテルです。入館すると靴を脱ぎ上履きに履き替えさせられます。私たちが宿泊したときはちょうどサッカーの試合があるということで、必要な人員を残して山を下りてしまいました。ホテルは地上4階、地下（？）2階の木造のつくりでしたが、ホテル内は格式を感じました。部屋の内部は、広さは十分でしたが、木造のせいか階上の部屋の足音が時々聞こえてきました。ホテルの外から帰ってくると、室内履きに履き替えるようにと注意を受けたことでした。多分冬に濡れたままでホテル内に入られると汚れるからなのでしょう。

・HOTEL ART FURRER（ホテル・アート・フラー）【リーダーアルプ】

ブリエンツからバスでグリムゼル峠とフルカ峠を越えてメーレルへ行き、そこからホテルのあるリーダーアルプ（Riederalp Mitte）へロープウエーに乗ります。世界遺産「アレッチ氷河」を見に行くのでロープウエーの途中駅のアート・フラー駅まで行き、ホテルまで歩きます。荷物は、ホテルで運んでくれるので手ぶらでお散歩気分です。ホテルの部屋に入るまではどうせ山小屋だろうしと、期待をしていなかったのですが、部屋に案内されるとびっくり！　まさにリゾート地の高級リゾートホテル感がいっぱい。広さ、清潔感、設備など二〇〇％と言いたい。添乗員さんの話では、ホテル側から日本人のツアー客なので特別にオープ

アレッチ氷河

ンしてくださったとのことでした。こういうところで数週間や一ヵ月滞在し、周辺を散策したり、遠出したりするのが本当のバケーションなのだろうなと思いました。明日はもう出発しなければならなかったのは残念!!

外からこの建物を見ると、木造のロッジで、それほど高級感はないのですが、中と外では大違いというところでした。夕食は旧館でしたが、ここでこそ本格的なスイス料理が食べたかったです。朝食は木造のすっきりしたシンプルなレストランでのビュフエスタイルでした。変化にとんだ一泊でした。そしてさらにゴンドラで終点の「モースフルー展望台」（2，333m）まで行くと、眼下にはユングフラウヨッホ展望台とは逆方向から「アレッチ氷河」が見えました。

・KULM HOTEL GORNERGRAT（クルムホテル・ゴルナグラート）【ゴルナグラート】

マッターホルンを目の前にして、3，100m（実際の標高は3，089m）にある最高のロケーションにあるホテルです。登山電車終点の駅にある唯一のホテルです。麓のツエルマットの駅の標高が1，620mなので1，500m差をゆっくりと登山電車は上がっていきます。ここに泊まることができるだけでも最高なのに、午後到着して日中のマッターホルンを見て、朝焼けのオレンジ色に輝くマッターホルンを見ることができ、他に何もいらないという贅沢でした。部屋は小さいですが山小屋風ですので仕方ありません。ただ残念だったのは満点の星空を期待したのですが、観ることはできませんでした。朝早く外に出ると、リスのような小動物がエサ台に群がっているのを見ることができました。これは、野生性を失わないように餌ではなく、塩分を補給するようにということで、塩っけのあるものを置いてやっているとのことでした。翌日の午前中にはホテルから小ハイキングがあり、地元のガイドさんとともに高山植物や池に映る逆さマッターホルンなどを見ることができました。

・CRYSTAL HOTEL（クリスタル・ホテル）【サンモリッツ】

ここもスイスのリゾート地で、スキーをはじめとするウィンタースポーツのメッカとしても有名で、冬季オリンピックも二回開催されています。サンモリッツ湖は冬には氷が張るので、氷上の競馬があるとのことです。特に、鉄道駅の少し上にあるドルフ地区は有名ブランド店が立ち並んでいます。また、グレッシャー・エクスプレスやベルニナ・エクスプレスなど人気の鉄道絶景ルートの発着点にもなっています。ホテルの周辺は、チョコレートのお店やこじんまりした店もあるし、ブランド品の並ぶ高級店へも徒歩圏内にあります。

ホテルは、狭い街中のこともあり大型ホテルとは言えないし、客室はこぢんまりとしていました。高級感はありませんが、部屋の中は清潔で気持ちよい。ここも、一般に街中にはレストランは少なく、街の人たちでもホテルの中のレストランで食事をするのが多いとのこと。夕食まで時間があったので坂を上って教会を見て、変形したユニークなデザインのマンション？を見て歩いて、適当な時間に外のレストランにはいりました。ちょうどランチタイムが終わりディナーまで時間がありましたが、レストランのオーナーは、軽食なら0Kだよと言って、快く招き入れてくれました。

夕食はホテル内のレストランに行きましたが、静かで落ち着いて食事ができました。

スイスで感じたこと

１．スイスの道路

スイスの高速道路は、日本のそれと違って直線区間が長い。スイスの場合は、戦闘機が緊急事態に着陸できるようにしているらしいです（本当かな?）。今回も、長距離のバス旅行でしたが、パトカーも見なかったし、事故や渋滞もありませんでした。運転手はみな運転マナーが良く、街中でもクラクションを鳴らす音も聞くことはなかったし、歩行者を優先するマナーは本当の自動車社会を感じました。その点まだまだ日本は、本当の自動社会からは程遠いと感じました。

サンモリッツの街なかで一つ発見したことを書いておきたいです。商店街では、進入できる車両は決まっており、大きな道路への出・入りは車内からのリモコン操作で道路中央の50㎝くらいのポールを引き込めるようになっており、車が通過したら自動的にせり上がってくるようになっていました。リモコンをもっているのはその地区の住人だけで、その人たちだけが進入できる仕掛けになっていました。生活道路と一般道路とを区別しているようでした。

また、どの国でもそうですが、街の中の道路がきれいです。きれいという意味は、やたら日本の様に道路標識が少ないことです。ほとんどといっていいほどありません。必ずあるのが駐車禁止と速度制限くらいで停止線や道路に白線が引かれているなどはほとんど見かけません。運転者のマナーと良識がいきわたっているのだろうと感心させられます。日本人が見習いたい点は多くあります。日本人には自主的なマナーの順守にはまだまだ足りない気がします。事故を起こしても、「規制がなかったから」、「歩行者が急に飛び出したから」などと第三者に責任を転嫁することばかりです。これも、普段から責任をとるという習慣が身についていないからだと思いました。

勿論、どの町にも路上には、ほとんどゴミなどはありませんでした！

2. 観光バスの運転

日本では、観光バスや長距離バスの事故がしばしばあり、その原因が運転手の過重労働であることが取り上げられます。朝、出発の用意をして各自チェックアウトしてホテルのロビーに早々に集合、添乗員さんからの点呼を受け、バスに全員乗り込んでもなかなかバスが出発しません。添乗員さんに聞くと予定された出発時刻にならないとバスは出られないとのことです。タコメーターがついていて出発、到着時刻が記録され、乗務時間が厳密に決められており、運転手もそれを順守しているとのことでした。厳格!! 労務管理が良くなされているということでしょうね。

第九話　「オアシス・オブ・ザ・シーズ」号で行くカリブ海クルーズ

２０１５（平成２７）年１月

巨大な動くホテル……初のクルージングへ

今回は、念願のクルーズの旅に出かけることになりました。初回は気軽に参加できるカリブ海のカジュアル船を選びました。また、シカゴまでの長旅のため往復の飛行便は、機内でゆっくり睡眠をとりたかったので、日本航空のプレミアムエコノミー・クラス（プレエコ）を利用することにしました。ただ、フロリダのマイアミまでシカゴでの乗り継ぎ便の利用という長い飛行機で少し嫌な予感がしていましたが、いきなり初日から１８時間以上の所要時間でうんざりという状態になっていました。

１．日本航空のプレミアムエコノミー・クラス

ロシア旅行から2度目の日本航空（ＪＡＬ）のプレエコの利用でしたが、やはり日本の航空会社の機内サービスはこまやかで満足のいくものでした。座席は良かったのですが、相変わらず食事はプラスチック製

の容器で少々興ざめでした。感心するのは、機内が暗くなって乗客が寝静まった頃、トイレに立つと使用中になっておりなかなか“vacancy”にならないのでイライラしていました。数分たって中からCA（キャビン・アテンダント）さんが出てきました。代わりに入ると、はたとわかったのですが、先ほどのCAさんはトイレ掃除をしていたようだったことがわかりました。トイレの床に散らかっていた紙切れもなくなり、濡れていた床はきれいにふき取られていました。洗面台もきちんと清掃され、不足していた歯ブラシ類は補充されていました。外国の航空会社は、たいてい到着までには汚くなったままであまり行きたいとは思いません。ついつい我慢することがありますが、JALのCAさんはよく気が利いているというか、サービスに徹していて不快感を起こさせない、気持ちよくフライト中の時間を過ごしてもらおうという心遣いがみえました。

米国入国になる目的地のシカゴの近くになると、CAさんが座席を回って「本日はご搭乗ありがとうございました。……またお目にかかれることを……お気をつけてご旅行を……」という趣旨の声がけをしていました。こういうきめの細かいサービス、心のこもった目に見えないところへの気配りがいわゆる日本的なお・・・・もてなしの心というものだと思います。外国人には過剰と思われるかもしれない。しかし、こういう心配りができることが、日本の航空会社のサービスというものだろう。JALが一般的にサービスはよいほうです。これに食事をもう少し考えてくれたら申し分なくエコノミー・クラス部門のアワード候補にしてあげたいと思います。日本の自国贔屓ではなく、ましてやJALの依怙贔屓をしているわけではないのですが……。外国人もJALのサービスの良さを理解しているようですが、運賃が高いといいますが。サービスの良さも料金のうちです。それは精神的に、良いサービスを受けている、安全・安心面を買っているようなものです。

安い運賃はそれだけのサービスだということも心がけておいた方が良いでしょう。わが国ももう輸出するものがなくなった、と嘆く前にこのようなサービスというソフトを輸出することも考えるべきときだと思った。さてさて、今回もシカゴからマイアミ行のアメリカン航空の乗継便で4時間以上も遅れたために、シカゴ空港で待たされてしまいました。遅れたお詫びにというのか飲み物とスナックでの利用にと一人12ドルのバウチャー券が配られました。バウチャー券を持って時間がないのでソレッと空港内のお店に駆け込んだのですが、これがなんとフードコート内での使用制限があり、せっかく手にしたバウチャー券でゴディバのチョコレート（25ドル）が買えずにふいになってしまいました。今度はフードコートめがけて一目散、やっと20ドル分（二人分）のスナックとジュースを買い込みました。

大型客船「オアシス・オブ・ザ・シーズ」でカリブ海へ

2. いよいよ乗船からクルージングへ

前泊のマイアミ空港そばのホテルからツアー会社の送迎バスで、市中央部の北郊外のフォート・ロウデー

ル港に停泊している"Oasis of the Sea" ＊4にチェック・インすることになります。なんと、港のビルには人……と同じだけ、いやそれ以上の何倍ものスーツケースの山、5，400人もの乗客のチェック・インですから驚きです。

港での集合場所は広いし、手続き窓口もデッキごとにたくさんあります。セキュリティチェックの後（空港ほど厳しくない）、窓口では乗船客の個人情報やアカウント情報、顔写真まで撮影されました。

キャビンのタイプごとにチェック・インすることになります。キャビンのタイプは、内側から海側やバルコニー付き、シャワーのみからバスタブ付き、広さも約16㎡から27㎡とさまざまで日本の旅行社を通じると4種類で募集していますが、船会社のホームページでは20種類ほどあります。

エントランスデッキでは、スタッフが笑顔で「ようこそ」と迎えてくれます。部屋のあるデッキ（ホテルでいう階数）まで前後に6基ずつあるエレベーターを使っていくのですが、ひっきりなしに上下していてなかなか自分の階に止まってくれません。また、1基くらいが"out of services"になっています。

自分の部屋には、手ぶらで入室OK。間もなくスーツケースを運んできてくれますが、その人（コンシェルジュ）が下船まで部屋の面倒を見てくれます。すでに旅行費用に中にチップが組み込まれていますが、最初にスーツケースを運んでくれて自己紹介されたので、心づけを渡しておくと良いのでは？

＊4 アメリカのロイヤル・カリビアン・インターナショナルが運航するクルーズ客船。2009年12月に就航し、時世界最大のクルーズ客船となった。フロリダ州フォートローダーデールのエバーグレーズ港からカリブ海の航路で運航されている。船内は商業施設、レストラン・バー、エンターテイメント施設、スポーツエリア、アクアシアター、セントラルパーク等が完備されている。全長250m。約225千トン、全長361m、幅約47m、高さ72m、旅客定員5，400名。

①客室（キャビン）

キャビンは、海側のバスタブ付スイートで部屋の広さは十分でしたが、ダブルベッドをツインにしているので、スペースがとられ部屋が少し狭くなった感じです。ベッドそのものは狭くて、寝返りのはげしい人はベッドから落ちるかもしれません。

キャビンには専属のコンシェルジェがついていて、困りごとの対応やレストランの予約などもしてくれます。困ったことが生じたり、なにか頼み事がある時は、まずコンシェルジュに電話することで、たいていのことはすぐに対応してくれて解決します。

部屋に落ち着くなり、ボートドリルといって避難訓練があり、全員参加が義務づけられています。デッキごとに集合場所が決められ、スタッフが一応参加者のチェックをします。

船内での注意事項はたくさんあります。日本国内ではないようなマナーやエチケットがあり、よく読んで理解しておくことが大切です。それと船内は広いです、「シーパス」と呼ばれるカードは船内でのパスポートのようなもの、部屋のドアは似たりよったり、少なくとも自分の部屋のあるデッキの階数だけは覚えておきましょう。

毎日、ニュースレターが船室に届けられますが、びっしりと書かれた英語を見るとうんざりしてテーブルの上になげうっておくのですが、ある日寝る前にそれらを整理していると、なんと船長主催の無料ご招待のディナーがあったのでした。残念！　勿論我々のツアーの添乗員さんが一般向けの「クルーズ・コンパス」（船内新聞）を日本語に訳してダイジェスト版を配布して下さるので船内でのイベントはそれで周知されます。

②エンターテイメント

「オアシス」号の客船の中は、エンターテイメントがいっぱいです。航海中は飽きることがありません。むしろ時間が足りないくらいでした。メインシアターでのショーでは乗船2日目の午後からブロードウェイ・ミュージカル『キャッツ』が2時間40分も上演され鑑賞できました。夜はプロムナードでキャプテン主催の歓迎レセプション・パーティーが1時間あり、クルーたちの仮装パレード、音楽隊の行進と楽しませてくれます。

毎朝配布される船内新聞には、朝7時から夜11時まで船内イベントやエクスカーションの案内がぎっしりと書かれており、どれに参加しようか迷ってしまいます。このほかにアイススケート・ショーやアクアシアター、コメディーライブが四ヶ所のスタジオや劇場などでくりひろげられていますが、複数回上演されますので都合の良い日や時間を自分で決めて予約すればOKです。予約はキャビンのテレビ画面、コンシェルジュ、専用カウンターなどでできます。ツアーの場合は、添乗員さんが全て予約してくれますので問題ないです。どのショーも愉快で、ファミリー向け、フレンドリーでおもてなし精神は充分です。残念ながら英語でのショーですので全部は理解できませんが、雰囲気を味わうだけでも十分楽しめます。出演者との記念写真もできますし、握手も快くしてくれます。

カジノは、本場ラスベガス並みで本格的なカジノゲームが毎夜オープンしています。

③スポーツなどのエリア

ここは、フィットネス・センター、スパやビューティーサロンまでそろっています。ただ、スパは基本料金だけでは済まない場合があり、オプションをつけると多額な料金になる可能性があるそうです。英語に自信のない方は、添乗員さんについて行ってもらい何をしてもらいたいのか、どのサービスは不要なのかを事前にきちんと伝えておく必要があるようです。

フィットネス・センターでは、各種のマシーンがそろっていますので海を見ながらの筋力トレーニング、それに時間が決められていますがインストラクターとともにエアロビクスなどをして楽しめます。私は、海面を船と一緒になって泳いでいるイルカを見ながらのランニングマシーンの利用は楽しいものでした。ジムを利用する人は、トレーニングウエアーやスポーツシューズを持参する必要があります。

朝起きて、朝食前に海風を感じながらプロムナードを2～3周するとお腹も減り朝食がおいしく食べられます。足元のボードには距離が書かれているので何キロ歩いたかがわかります。センターラインが書かれていますので、走るレーンと歩くレーンの交通規則を守りましょう。

その他にも、プールやジャクジー、ロッククライミング壁面、ミニ・ゴルフ、それにスポーツコートではバスケットボール、バレーボール、バドルテニスなどが楽しめますが、順番待ちが大変です。それに卓球、船上サーフィンまでできます。ユニークなのは、25mしかありませんがジップラインでスリリングを味わえます。

④レストラン

船内での楽しみは食事です。特に、朝食は何を食べるか一日のスタートですからその日のスケジュールに合わせてお腹の具合をコントロールしなければなりません。夜は、豪華に食べたいか、好きなものを探すか、スペシャルな夜にするか、いろいろ楽しい悩みがつきません。

「オアシス」号での夕食向けレストランは、11か所あり勿論日本食レストランもありました。ツアーの場合は、すでに利用レストランが確約されており皆さんと食事するのも自由です。日本語メニューもあり、メインは日によって変わります。ドレスコードがあるレストランもあるので注意が必要ですし、予約が必要な場合もあります。無料は四ヶ所ですが、有料でも陸での高級レストランよりも割安になっています。

昼食は、カフェや夕食時のレストラン等九か所が開かれますが、ほとんど無料です。一般に、軽いものが好まれて、アメリカの船らしくハンバーガーレストランが大人気でした。早く食べられるもので、食事を早々に済ませて、早くスポーツコーナーなどに参加しなくては……。

朝食ですが、私はクルーズ船で一度してみたかったことは部屋のデッキで、モーニングサービスを取ることでした。夜のうちにメニューリストに食べたいものの欄にチェックを入れドアのノブにかけておくと指定した時間に、部屋付きのコンシェルジュが持ってきてくれますのでその際は、チップが必要です。海を見ながら、沖行く船を見ながら海風が心地よく、満足いく朝食をとることができました。一日クルージングの日かイベントがない、制約がなく好きな時間に起きて好きな時間に朝食をデッキでとるのは、クルージングならではの醍醐味の一つといえるでしょう。難点は、先に書いたように指定した時間通りに食事できなかったことです。

キャビンのベランダで
海を見ながら朝食

これ以外に七か所のカフェなどで朝7時から11時までの間で朝

食が取れます。ルームサービスは24時間OKです。軽食もよし、ビュッフェスタイルで好きなものをお腹いっぱい食すこともできます。なお3食事以外にも船内のどこかのカフェで軽食を取ることができます。

⑤私たちの「オアシス号」での一日の過ごし方

船内で過ごすにあたり、時間の心配をなさる方が多いと思います。でも心配は全く無用です。まる七日間の船内では私たちは充分に時間を使い、飽きることなく下船の際はまだあれもしたかった、これもしたかったということがたくさんありました。

寄港地でのオプショナルツアーの無い終日クルージングの日が2日間ありましたが、朝早く起きて船内をぐるりと一周できるデッキで2〜3周して、朝食を毎回違うレストランやスナックで好きなものをとり、部屋で一日のスケジュールをチェックしたりして、落ち着いたところで海面より少し上にあたるところにスポーツジムがあり、イルカの泳ぐのをみながらマシーンやインストラクターの指導でフィットネスなどをして汗を流す。シャワーを浴びてすっきりしたところで船内の探検をして各デッキにどんな設備があるかをチェックしたりします。ランチは、上部デッキにあるスナックや喫茶コーナーで軽い食事をとり、部屋に戻ってからは夜のショーなどやイベントをチェックします。午後は、高さ45mにある展望ジャグジーやプールなどを楽しんだり、船内散歩をしたり……。ダンスセミナーやクッキング教室もあります。散歩するには、ヤシの木や樹木のあるソラリウムのソファーですごしたり、セントラルパークの公園を散歩したり、ボードウオークでのんびりショッピング、お気に入りのレストランを探して夕食の場所を探すのも楽しみです。

アクティヴィティは、夜のお愉しみとしてアクアシアターで日本人も出演するウォーターショー、大劇場でのブロードウェイミュージカル、アイスケート・ショー、砂絵のアトラクション、そしてカジノと夜は夜でおおいそがしであっという間に時間がたってしまいます。部屋に戻るとすぐにバスに入り就寝しないと明日の朝から活躍できません!!

3. 寄港地観光（ショアエクスカーション）

今回の寄港地は、ハイチのラバディ、ジャマイカのファルマス、メキシコのコズメル島でした。オプショナルツアーはファルマスでのマーサ・ブレアのいかだ下りと、コズメルではボートで本土のプラヤ・デルカルメンに渡りマヤ文明末期に栄えたトゥルムの遺跡見学に参加しました。各寄港地では、たくさんの有料オプショナルツアーが準備されていています。どれも船会社によるものなので安心できます。出港時間までには港まで送迎してくれます。ツアーの案内は全て英語でおこなわれますし、場合によっては体力を要するもの、年齢制限や身長制限などもありますので、参加申し込みは慎重にすることです。

①ラバディ（ハイチ）

アメリカ大陸発見者の探検家コロンブスが、新大陸発見後にこの地にやってきました。船会社のロイヤル・カリビアン・インターナショナルの専用ビーチで、ここではマリンスポーツが楽しめます。私たちは、

「ドラゴンズ・プレス・フライトライン」と呼ばれるジップラインに参加しました。

先ずは、平地でインストラクターからジップラインの安全講習と平易なフライトの練習をしてから、バスで小高い山まで連れていかれました。そこから一人ずつジップラインで海岸まで降りていきます。海上を渡る当時世界最長790ｍを時速60～80㎞で滑り降りながら、眼下の美しい海とマリンスポーツを楽しむ人を見下ろして滑降する気持ち良さは、何とも言えませんでした。しかし、景色を楽しむ余裕なくあっという間に地上に降りてしまいます。

②ファルマス（ジャマイカ）

マーサ・ブレア川の「いかだ下り」に参加しましたが、ほかに面白そうで人気があったのがドルフィン・エンカウンターとダンズリバー滝登りでした。私たちが参加した「いかだ下り」は、穏やかな川をゆっくりとひとりの船頭さんが歌を歌いながら下っていくものです。長さ10ｍ弱の筏で約5㎞を1時間ほどかけて下っていきます。途中ほかのいかだが見えなくなり私たちだけのいかだになると、急に商売気を出して、おもむろに手編み籠などの工藝品を出してきてあれを買ってくれ、これを買ってくれと言い出します。きっと船頭料だけでは収入が少ないのでしょうね。川の両岸は単純な風景ですが、ゆっくりと時間の経つのも忘れ穏やかな流れを楽しむことができます。

マーサブレア川の筏下り

いかだの乗り場までの途中で、オリンピック100m走の2004年から2016年の4回連続金メダリストだったウサイン・ボルトの通っていた学校の前を通過しました。

③コズメル（メキシコ）

コズメルからテンダーボートに乗り換えて対岸のメキシコ本土のプラヤ・デルカルメンへ渡り、バスに乗り換えて南下してトゥルム遺跡に向かいます。プラヤ・デルカルメンと反対の少し北上すると、いまメキシコの観光地として脚光を浴びているカンクンに行くことができます。青いカリブ海に面して建つ、偉大なマヤ文明の遺跡観光になります。小高い遺跡から海に降りることもできます。遺跡の中は、石で作られた建造物がくずれており、また公園内はいろいろな動物が放し飼い？になっておりイグアナに触れることもできました。

トゥルム遺跡

「トゥルム遺跡」は、13から15世紀に栄えたとされるマヤ文明の遺跡です。ジャングルを出たマヤ人は、塩、カカオ豆、ヒスイなどで貿易をしようと海沿いにこの砦をつくって貿易を始めたと言われています。トゥルムという言葉は、「フェンス」「壁」または「溝」を表し、取り囲む壁は南北に400mほどあり、この砦を侵入者から守っていたという。遺跡には「中央神殿」「フレスコ画（第七話4－4．＊3参照）の宮殿」「降臨する神の神殿」と呼ばれる興味を引く三つの主な建造物があります。

もともとマヤ人達はここを「サマ」（意味は日の出）とよんでいたのですが、

スペイン軍によって占領されてからは、「トゥルム」（意味は砦）と改名されてしまったそうです。

ちょっとしたトラブルとしてはファルマスでの出来事でした、寄港地観光では添乗員さんが同行してくれません。川下りのツアーでは日本人は私たちだけでした。でも後からあとから同じ船の参加者が、ドンドンやってきて乗船順などめちゃくちゃです。ツアーでの添乗員さんがついてきた外国人ツアー客は、お構いなしに先を越して乗船していきます。待合室で待たされていると、ほかの個人客からクレームが出されました。そうするとその人たちは優先的に乗船していきます。私たちもクレームを言ってやっと乗船できました。ここでもファイティング・イングリッシュの必要性を感じました。

4. 初のクルージングを終えて

新年早々の海外旅行、それにシカゴという名高い？大雪の空港（案の定空港は大雪）を経由して常春？のフロリダに行き、そこから再び船に乗り南の島を回る船に乗る！　なんと変化にとんだ旅行になるのか……。当初の計画の気軽に！などという気分ではなくなってきました。でもそれ以上に初めての船旅に心躍りました。

クルーズを終えて当初の期待以上の収穫があったと思います。なんと言っても船旅は楽ですし、大型客船ですのでほとんど揺れも感じません。移動のたびに荷つくりをする必要もなく、部屋に入って廊下まで運ばれてきているスーツケース内の持ち物を、部屋の広いクローゼットやチェストにいれておけばいいのです。念のため貴重品は、デポジットボックスに入れておくことです。

食事も夕食の時以外は自由が利きます。好きな時間に好きなものを好きなだけ食べることができます。必然的に太るようですが、ちゃんとジムもあるしサウナやジャクジーや運動施設もありますし、屋上ではエアロビクスもあります。活発な人、アクティブな人は困ることはありません。夜も就寝前にはシアターでショーを楽しんだり、カジノで楽しんだり、ミニコンサートやダンスの会などもあります。全く飽きることがなく、一日を過ごすことができます。

COLUMN

大型客船によるはじめてのクルージング

はじめてのクルージングには、期待と不安がありました。２４万トンという大型客船はまさに動くホテルと呼ぶにふさわしいものでした。部屋、食事、船内設備等陸上の生活を牛と圧縮したような空間を提供してくれました。しかも、船会社のホスタピリティと格式張らない船内での過ごし方にまずは一安心でした。もっとおどろいたのが、下層階ですがブラジルの高校生の修学旅行生が乗船していたことです。日本でも最近は修学旅行で飛行機は当たり前、海外に行く時代ですから驚くことはなかったのですが……。

クルージングで一番心配した船中での時間の過ごし方ですが、本文中に書いたように船内の設備を使いこなすには、むしろ時間が足りないくらいでした。アメリカのクルージングだったからでしょう、船内はどこも豪華、大型、楽しさが重点などで乗船客を退屈させないことで、工夫されていることに感心しました。

船旅の良いところの一つは、通常のツアーの日本人旅行者だけでなく、いろいろな国の人と触れ合うことができることです。船内のあちこちで気軽に声を掛け合い、フレンドリーになることができました。

第十話　モロッコ：イスラム教文化とキリスト教文化の国

2015（平成27）年5月

今回は、今年（平成２７年）1月末から2月にかけてのカリブ海クルーズを終えてから4ヵ月目の旅行となりました。なぜこの時期を選んだかというと、先ず旅費の問題とモロッコの季節がよさそうだということで先回からは比較的近い日での旅行となりました。今回は、５月２８日から6月7日までの１１日間という少し長い旅行ですが、アフリカの西の国までですから往復に時間がかかります。

モロッコに興味を持ったのは、ドバイの砂漠ではラクダに十分に乗れなかったのでラクダに乗ること（砂漠ではラクダよりも日本製の四ＷＤ自動車に乗っていた方が長かった！）、昔の映画『カサブランカ』の舞台にあるカフェを見たかったこと、青い街：シャウエン、赤土色の町：フェズ、砂漠での夕陽と日の出の鑑賞をすることが目的でした。

なお、今回のモロッコ国内バス旅行の距離数は2，６００km超でした。これはトルコ旅行に並ぶものでした。また、天気は乾季になったばかりでもあり、ほぼ晴れから曇りでしたが、スコールのようなにわか雨にたびたびみまわれました。

1．まずは利用した航空会社から

今回は、久々の羽田空港からの出国となりました。羽田からモロッコまでの航空会社は中東のカタール航空で、機体には紫色の“QATAR”の文字と尾翼にはおなじみのアラビアオリックスの絵柄が目立ちます。カタール航空は、ワン・ワールド・アライアンスのグループで日本航空のマイレージを積算してもらえました。

羽田空港からの国際線の利用は、かつてグアム旅行の際に利用したことがありました。そのときはやはり深夜便でしたが国際線はつけ足しのようで、プレハブ小屋のようなところで待ちあい兼出入国検査をしていました。今回は、新しく国際線ターミナルができ深夜から早朝にかけて国際線が離・着陸ができるようになりました。一見便利になったようですが、深夜や未明に動き回らなければならないので年配者には少し過酷かもしれません。それでも羽田だと空港リムジンバスで、あっという間（夕方で50分）なので成田に比べて海外への旅立ちがグーンと身近に感じられるところです。でも、真夜中発で夜中帰国では自宅からのことを考えると不便な感じです。少し到着が遅れると自宅に帰るのは翌日になるし、結局は航空会社の提供する平和島温泉（モノレールや京急蒲田―空港線）を利用し、そこで旅の疲れをとって仮眠してからの帰宅という事になるのを覚悟しなければなりません。

さてキャリアですが、カタール航空は初めての利用になりますが、日本航空との共同運航便（コードシェアー）になっていました。機内では、旅行者やドーハへ行く中東関係者・旅行者・現地人のような人が多く静かで、一部ちらほらと空席もありました。出発も定刻通りで水平飛行に入ると食事時間となり夜食程度か、と思っていましたがメニュー表も配られ一応夕食並みでした。着陸2時間前には、朝食も提供され味も量もマアマアでした。今回は遠慮してトルコ行きのような特別食を事前に申し込みませんでした。東京（羽田）からドーハまでは3－4－3列のボーイング787型機で、機内は清潔感がありました。また、日本人CAさんも乗っており安心できます。

　食事が終わった後でもCAの方はよく機内巡回をしたり、トイレチェックをしたりとよく動いていました。同じカタール航空でもドーハとカサブランカ間のCAさんとは大違いです。カサブランカ空港に着いて、降りるときに機内を見渡すと（2便とも後方座席だったので機内の後ろから前まで歩く）、座席の上や床のゴミの散乱、紙コップや食べ物の残した後など、さまざまなゴミが見られ乗客のマナーの程度がうかがえます。

　カタールのドーハ空港（ハマッド国際空港）では、入国審査も比較的スムーズでイミグレーションでの管理官の質問もなく、私は質問もされず2分とかからなかったのに、妻は女性管理官に日本語を教えてくれといわれ「こんにちは」や「さようなら」を教えたそうで妻は5分近くもかかりました。入国審査が終わったのでほっとしていると、別の係員にパスポートを見せろといわれ最初のページの顔写真と私の実物顔とを何度も見比べ、「今のほうがいい男」だといってくれたので、私も「ユーはハンサムだね。」と言ってほめてあげると、嬉しそうに握手をしてくれ肩をポンとたたき、「良い旅を！」と、いってくれました。

カタール・ハマッド国際空港

今回のモロッコでは韓国人旅行者を1組空港で見かけただけで、東洋人は観光地では見かけませんでした。おかげで静かでした。添乗員さんの話では、モロッコはヨーロッパ人でも特にドイツ人が、カサブランカやラバトには昔の名残でフランス人旅行者が多いとのことでした。

話をもとにもどして、キャリアについて書いておくと、やはり日本の航空会社は立派です。運賃が高いといってもそれだけ安全面やサービス面では一番です。CAさんもよく働きます。客席にも良く目配りをし、離着陸時には一人ひとりシートベルトを締めているか、ちゃんと見回りしますし、座席上の荷物棚もしっかりチェックします。

2．カサブランカ空港からラバト市内へ

カサブランカ国際空港から専用バスで高速道路を利用して首都ラバトの市内へ、高速道路は有料で、制限速度は時速100kmや80kmの区間が多いようです。カサブランカからラバトへは、バスで1時間半くらいでした。

カサブランカ市内には1930年代の映画『カサブランカ』の舞台になったカフェが残っているということでぜひ見たかったのですが、今は、その場所はなくなっているそうで、残念ながら見ることはできませんでした。日本のテレビでカフェの様子が紹介されていましたが、残念なことに、あの映画の『カサブランカ』に出てくるカフェは、今はもうないとのことでした。せめて、その前だけでもバスで通過したかった

ですが！

カサブランカ市内で最初に目に入った立派な建物、それはやはりモスクでした。旧市街の海岸にあるこのモスクが、「ハッサン2世モスク」です。モロッコ最大、世界で七番目に大きいモスクで、20世紀最高の建築藝術作品のひとつと言われています。モスクの前は大きな広場になっており、正面からモスクの中に入れるようになっています。外国人女性は、顔を出せますがショールのようなもので頭を覆い、手や足の肌を出すことは禁じられています。モスクの建物そのものの高さはさほど高くないですが、必ず塔があってお祈りの時間になるとそこからスピーカーでお祈りの声が流れてきます。目立つのは、多くのモスクでは一般に4本の柱（ミナレット）が立っており、建物は大理石でできていてきれいです。

ラバトは首都ですが、宿泊したホテルもあまり大きくなく、日本でいえばビジネスホテル並みでホテル内のレストランもこじんまりしていました。さほど、感激しなかったホテルだし、翌日は早々にティトゥアンを経て青い街並みで知られているシャウエンに向けて出発したので、街の様子はあまりよくわかりませんでした。ラバトの歴史はローマ時代に植民市が置かれましたが、その後放棄されて本格的な都市としての歴史は、12世紀に始まりイスラム王朝が成立します。しかし、スペインとの戦いなどを経て衰退していき、1912年にモロッコがフランスの保護領となると、その首都がフェズからラバトに移されました。フランス人によって新首都として再開発され、現在のラバト市街の基礎がつくられたそうです。1956年にモロッコが独立し首都はラバトにそのまま置かれ、新旧市街の基礎がつくられたそうです。1956年にモロッコが独立し首都はラバトにそのまま置かれ、新旧が併存する世界遺産の首都として続いています。

3. 青い街並みのシャウエンの街へ

ラバト市内からモロッコ北部の地中海に近い内陸部の世界遺産の街シャウエンへは、一般道を利用して行きます。シャウエンで宿泊するホテルは、町の中心部にある広場にあり便利なところでした。バスは、青い街並みのところまで入っていくことはできず、その手前で下車して、少し緩やかな斜面を歩いて上がっていきます。

泊まるホテルは古い2階建ての建物ですが、街が世界遺産でもあり建て替えもままならないようです。ホテルの客室は、広場に面していなかったので、部屋から向かい側の山腹に点在する民家やミナレットや、夜になると点灯するオレンジ色のランプが美しく幻想的でした。部屋は、小さいながらもベッドが二つあり安心しました。部屋はシャワーのみでお湯はほとんど出ず、排水もあまりよくありません。ホテルの部屋は、あまり期待しない方が良いと思います。

青い街の由来ですが。レンガを積み青いペンキを塗りこみ、さらに上から青を塗りかさねることで青が一層さえています。青い街の美しさは、1回目は夕方、2回目は朝にと同じ街並みを見ましたが、美しさという点では朝がおすすめです。狭い路地を行きかう人も少なく、商店もまだ開いておらず散歩を楽しむのには適していると思います。少し凝った家では1階から上階に行くにしたがって色が鮮やかになっていき、左右の壁の間にツタを這わせて木陰をこしら

青い街―シャウエン

える工夫をしています。お店はどれも小さく、お土産屋さんの多くがアクセサリー、小さなタジン、といったものがならんでいました。

街全体が斜面上につくられていることや、石畳が多いことで歩くのに疲れるので歩きやすい靴が必須条件です。初めてのモロッコの町で猫が多いことにびっくりで、犬の姿はあまり見かけませんでしたが、夕方の街は、たまたまお祭りや結婚式の行列があり、深夜までにぎやかでした。ちなみにこの時期の夜は8時頃まで明るいとのことです。

4. フェズの町へ

翌日は、シャウエンを出て世界遺産の町フェズ（フェスとも）に向かいました。フェズは、モロッコ南部のサハラ砂漠、アトラス山脈と北の地中海との間の都市で、モロッコ西部のカサブランカ、ラバトなどの都市を結ぶ交易路の交差点に位置し、フェズには隊商宿と巡礼者や商人のための小規模の商店が多く建てられています。街の周囲は小高い丘に囲まれています。市内は、メディナとよばれる旧市街、さらにフランスの統治下にあった時の新市街、フェズの外周にはシテ・ポピュレールと呼ばれる新たな住宅地が広がって三つの市街区が区画されています。旧市街東のフェズ川下流の急斜面にはタンネリと呼ばれる川染めの工場があり、モロッコ内で最大の規模を誇っており、見学ができますが独特の臭いがたちこめていて、これになれるまでは時間がかかりそうです。

5．ワルザードの街から砂漠へ

モロッコに到着して4日目フェズの町から南のイフレン、ミデルという町を通過して約445km、7時間ほどかけてエルファードの町まで観光バスでやってきました。エルファードの町からは四WDに乗り換え4～5人ずつ分乗です。とりあえず砂漠のホテルに宿泊するための1泊分だけの身の回りの物だけをもって出発です。町を外れるとすぐに道がなくなり、目標もないところを5台の四WDが先になり後になりして、スピードを出して突き進みます。砂漠といっても土漠なのであまり埃も立ちませんし、自動車がスタックされることもありませんが、揺れはすごいです。揺れからくる車酔いに注意しないと……。砂漠へ……今回の砂漠というより土漠へのツアーはメインの目的でもありました。砂漠でラクダに乗ること、砂漠に沈む夕陽、満天の夜空、砂漠にでる朝陽、楽しみにしていたものですが……1時間ほど土漠を走りオアシスにあるメズルカ、といっても街並みがあるわけでなく……。オアシスの周りにあるオーベルジュ（食事つき民宿という意味だそうですが、日本では伊豆にあるフランス料理を提供してくれるハイカラな民宿）に到着しました。四輪駆動の自動車は三菱自動車とトヨタ自動車製でした。オーベルジュといっても日本のそれとはかなり異なっており、お部屋にはバスタブはなくシャワーのみ、うす暗い部屋ですが、2部屋あって広かったことと、屋上のテラスに出ることができ砂漠を見ることができたのが良かった。

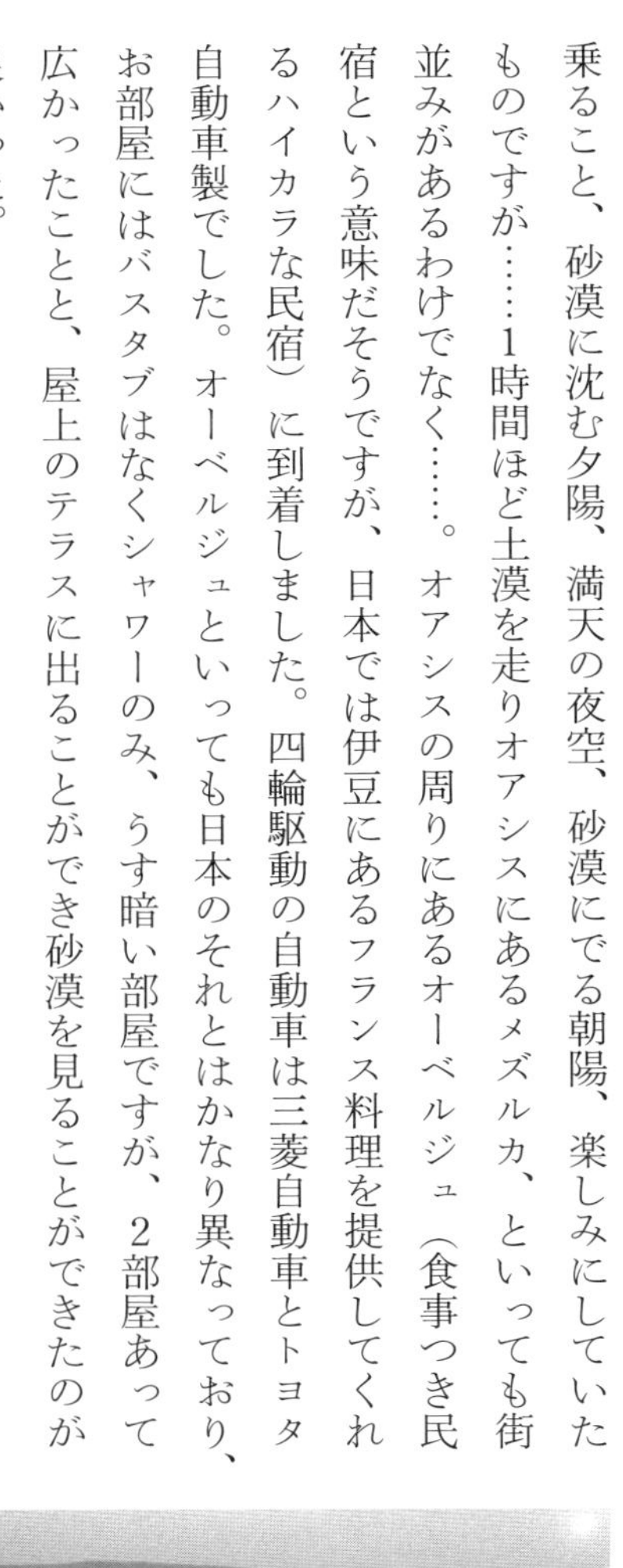
月の砂漠をラクダに乗って

日中の暑さとはうって変わって、夜は涼しく肌寒いくらいになります。期待した夜空には、残念ながらあまり星をみることはできませんでした。やはり現実の自然はままなりません、満月のせいもあり、明るい星はいくつか見えたのですが、今回もまた、満天の星空を見ることもできませんでした。

サハラ砂漠といってもここは、大サハラ砂漠のほんの入り口でしかありません。はるかかなたに広がる大砂漠に沈む夕日を期待していましたが、残念ながらこれも見ることはできませんでした。天気が良いにもかかわらず、沈む夕陽が見えないのはなぜだったのだろうか、理由はいま一つわかりませんでした。

翌早朝4時半に起きてラクダに乗りました。5頭ずつ繋がれたひとこぶラクダが3列になって砂丘をゆっくりと進みました。ラクダはおとなしく、きちんとおひざを折って人間が乗るのを待っています。立ち上がる時と座るときは大きく揺れますが、落とされることはありません。ラクダに乗るときは男乗りしなければなりませんので、股を大きく広げるため最初は足が痛くなります。歩き始めると、ラクダの動きに合わせて前後左右に体がゆれるので前をしっかりと持っていなければなりません。後ろのラクダが私のそばによってきたので頭や顔をさすってやると、気持ちがよいのかより接近してきて私の足に頬を寄せてますます擂り寄せてきました。

砂丘では、テントを張って夜明けを待つ人もいました。また、日の出を鑑賞するラクダの隊列がいくつも見られました。それはまさしく『月の砂漠』の歌詞のような隊列でした。月明かりに照らされ、『月の砂漠』を歌ってみたかったのでこれは充分に叶えられました。ホテルから30分ほどラクダに乗り砂丘の上まで行きました。砂丘の上にシートを敷き東の空から上がる日の出を待ちました。空が明るく白々としてきたとき東の山脈が見えてきました。ガイドさんの話では50㎞ほど先がアルジェリアとの国境だということでできませんでした。明るくなってくると、山にかかる雲が多いのが分かり、残念ながら山の上からの日の出は見ることができませんでした。それでも少し時間がたってから白く光る太陽を見ることができました。参加者の中から「ご来光だ！」といって、思わず柏手を打つ人もいました。

6．世界文化遺産：砂の町「アイト・ベン・ハッドゥ」

エルファードから西へさらにワルザザートを経由して、小1時間ほどのところにある世界遺産「アイト・ベン・ハッドゥ」は、部族長を中心にオアシスにできた集落で町全体が世界遺産になっており、橋を渡っていくと斜面に沿って狭い道に赤土でできた小さな住居からなっています。急な斜面と、そこに建てられた華奢な赤土の建物のために、大雨が降ると押し流されてしまうことがあるそうです。小高い山の頂は、倉庫と見張り台を兼ねたような少し高い建物があります。遠くからの敵の侵入が見渡せる代わりに敵からも丸見えです。高台にある住居には、今ではほとんど人は住んでいませんが、中腹あたりの一般の民家に立ち寄り、住まいの中を見せていただきました。少しばかりの電化製品と小部屋が三つほどありました。麓は、お土産屋さんが数件ある程度でした。

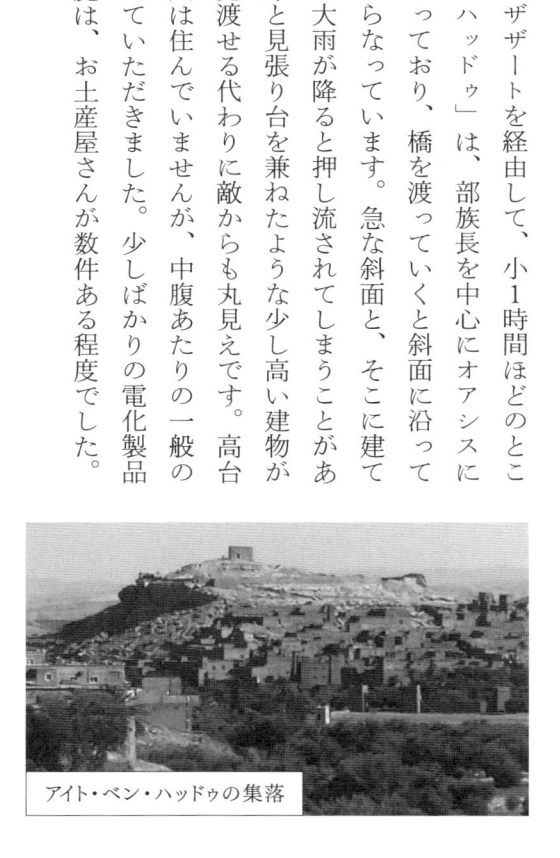

アイト・ベン・ハッドゥの集落

今回の旅行では、モロッコで世界遺産に登録されている9つのうち8箇所を訪れることができました。①ラバト市内にあるモハメッド5世廟、ハッサンの塔、②ティタウィンの町にあるメディナ、ハッサン2世広場、王宮、③ヴォルビスの古代遺跡、④古都メクネスの町にあるマンスール門、ムーレイスマイル廟、⑤フェズ市内、⑥アイト・ベン・ハッドゥの集落、⑦マラケシュ市内のマジョレル庭園、バヒア宮殿、スーク、メディナ、クトゥービア・モスク、ジャマ・エル・フナ広場、⑧アル・ジャジーダ市内の旧市街やポルトガルが一時占拠していた時に建設された貯水槽。残りの一つは、海岸沿いの町のエッサウィラ市内です。エッサウィラには、マラケシュで延泊してでも大西洋の海岸に発達した街で海岸沿いに要塞が残っているのでぜひ行きたかったのですが、延泊すると別途追加の経費がだいぶかかるということで断念しました。世界遺産というものにあまり興味・関心はなかったのですが、例えば、次にあげるマラケシュのように旧市街を温存して新しい市街を建設していくという、昔の歴史を残しつつ新市街地をつくっていくという都市建設は、まず日本には見られない発想に思えました。

7．幻想的なフナ広場のあるマラケシュ

マラケシュでは、なんといっても異国情緒豊かなフナ広場が見ものです。陽が沈む前の明るいうちに狭い路地が伸びた商店街のようなところを散策し、香辛料や食料品やお土産物をのぞいておくことです。路地は狭いが、ロバのような動物や、工事現場で用いられている一輪車のような車にいっぱい荷物を載せてそこの

けそこのけと、通って行くので身をかわすのが大変でした。道を覚えても、左右にさらに路地があり、ちょっと油断してわきの路地に入りこむと元に戻れなくなりそうです。適当に歩いているとなぜか元のところに戻っていたりして……。

広場では、出店や大道藝人（フナ広場で藝?をしている人をそう呼ぶのかどうかはわからない）など、明るいときは広く見えた広場も、陽が落ちると大勢の人でごった返してきます。現地ガイドさん（添乗員さんとは違う）に聞いていたが、写真をむやみにとらない、言葉が十分通じないとボッたくられる、など注意事項を聞いておきましたが、これらはしっかり守らないと、自分自身が危険に陥ることになります。

そういえば、ツアーで一緒になった若い女性が「バザールの中でお店の中にいた現地のご夫人の写真を無断で撮影した」というとんでもない言いがかりをつけられ、怒ったご主人に謝罪をしろとバザール内を1時間ほど追いかけまわされたこともありました。幸い現地ガイドさんが現地の言葉で、そのご主人と長時間にわたって交渉し納得してくれた様子を見ていました。決着の方法は、いきなりチップのようなものを渡してもだめで、相手の言い分を聞くこと、こちらの不注意をわびることなどして、お互い気持ちを通じ合わせてから薄謝を渡して解決したといいました。女性二人はその間観光などの余裕はなく、ただ黙って後ろからしょんぼりとついて行くだけでした。みんなで現地ガイドさんがうまく処理してくれるから、と気遣ってくれていましたが……。日本人は無意識でカメラを向

ジャマ・エル・フナ広場

けてしまうのですが要注意です。たまたま？現地ガイドさんがいて、言葉が通じたから交渉ができたが、いなければどうなっていたことやら……。

さて、フナ広場の様子ですが、なんといっても観光客と地元の人で賑やかであること、食べ物の露店が多く出ていること、大道藝で小銭？を稼ぐ個人やグループなどが入り乱れ、時には遠慮なく小型自動車が通り過ぎていくなど、イヤハヤ大変な人出でした。この広場がなぜ世界遺産なのか、いまひとつ理解できないまで終わりました。しかし、アラブの人やユダヤの人、それに欧米人が入り乱れた多人種の集まりと、そこで繰り広げられる多様な食文化？とサルつかいや蛇つかいの大道藝を一挙に見ることができる一種異様な光景にも見えました。フナ広場には明るい時間に到着し、カフェ・レストランの展望席に座り、生ぬるいジャスミン茶を飲んで午後の広場から夕暮れ時、そして夜の時間までその変化を見ていました。その変化は、それなりにモロッコでの連続した絵画を見ているようでした。しかし、夜まで見ていても、ここで夕食を食べる気がしなかったのですが、幸い？夕食は、広場の出入り口（と言ってもどこからでも広場へは出入りができるのですが……）にある、イタリアレストランでのピッツアだったのでほっとしました。

帰国便までは時間があるので、カサブランカから南にあるアル・ジャジーダに向かいました。ここでは旧市街やポルトガルがやってきたときにつくられたという貯水槽のあと、海岸沿いに建造された砲台が残っている要塞などを見学しました。その後すぐにカサブランカ空港に向かい帰国のための搭乗手続きや出国手続きを慌ただしく済ませ、空港内の免税店などを回りましたが、これと言ったものは見当たりませんでした。

モロッコという国を訪れて

1. ヒマラヤ山脈をみる

6月7日（日）日本時間で17時前になったときに、機内からヒマラヤ山脈の雪に覆われた峰々を見ました。初めてヒマラヤ山脈を高度約11，800メートルもの上空から、雪を深くかぶった山々や蛇行する大河を見下ろすことができました。雲がかかっていて全体を見ることはできませんでしたが、かなり広範囲にわたって雲の切れ目から遠くまで見ることができました。対地速度は時速1，000㎞、東京から5，600㎞、約6時間のところで、外の温度はマイナス44度と座席のフライト情報が出ていました。

ヒマラヤ山脈の上空を通過するのはドバイに行ったときでしたが、時間的に夜遅くであり外の様子を見ることができなかったので今回初めてヒマラヤの山々を見ることができました。感激!!

ヒマラヤ山脈を越えていく渡り鳥がいるといいますが、酸素が少なくても元気よく飛び越えていく動物がいることに感心した次第です。それに比べれば人間は、飛行機のなかで一定の気圧（地上より少々低い気圧）で一定の温度でなければ、この山並みを越えられない、なんとひ弱な存在なのか！

2. イスラム文化

イスラム文化といえばイスラム教の教会＝モスクをすぐに思い浮かべます。ここでは、あえてイスラム文化とし、なんの魂胆もありませんがイスラム文明とは呼ばないでおきます。キリスト教の顔ともいうべき教会は聖堂の高さが高く、ガッチリとつくられており、イスラム教のモスクもガッチリとしており、いずれも荘厳だという感じがしました。

モスクの中は、お祈りの前に身を清めるために体を洗う所が地下にあり、礼拝をする場所が何百人いや千人くらいは入りそうな広さなので人が少ないと少し寒々とします。預言者たるムハンマドの像があるわけでもなく、あまり装飾もされていないのでスッキリする感じです。

私がイスラム文化に関心を持つのは、私たちが学校で教わったのは西洋科学が主要なものでした。でも本当に西洋科学がすべてなのかな？という疑問がありました。現在の日本は明治維新以降多くがヨーロッパの受け入れであり、第二次世界大戦以後はアメリカ中心に進んできました。しかし、科学の起源はペルシャ、アラビア、エジプトと称する地方から起こったものではないのでしょうか。

帰国してからもなお、アラビア科学の歴史に対する関心は絶えてはいません。そのきっかけは平田寛の『科学の起源―古代文化の一側面』（岩波書店、１９７４）の「近代科学の種子や芽が古代のオリエント、ローマ、ギリシャにあった。」、という記述であり、そのためにも科学史をもっと丁寧に学ばなければならないと思い続けていたからでした。

なお、イスラム教に帰依する者（イスラム教徒）は、アラビア語起源の言葉でムスリムとよんでいます。また、日本を含む東アジアの漢字文化圏では、イスラム教は「回教」と呼ばれたことがありました（私も小学校時代は世界の三大宗教を教えられたとき、回教とおぼえた記憶がある）。

3. 食事

旅行に出ると楽しみの一つが、行ったそこでの土地特有の食べ物を食することだといいます。しかし、私くらいの歳になってくると、あまり食事に頓着しなくなります。それよりも楽に行きたいと思うようになるものです。なんせ、外国旅行ではバスの長旅が一日で500㎞くらい走ることもあります。東京―京都・大阪間くらいは平気で走ります。

そうそうここでは、食事のことを書かなければなりません。モロッコ料理といえば、「タジン料理」とよばれるものです。タジンとは、北アフリカ地方の鍋料理で、料理の際に使われる陶製の土鍋のことを指しています。とんがり帽子のような形の蓋が特徴の独特な鍋を使い、羊や鶏の肉と、香辛料をかけた野菜を煮込んだものをさし、蒸し焼きにした料理を指すようだ。旅行中鍋を製作している工場に立ち寄りましたが、鍋そのものを買う人はいませんでした。日本で言う鍋料理に使おうとしても少々重すぎるのです。お土産屋さんでは、タジン鍋の形をした置物を多く見かけました。

モロッコでは飲料水は非常に貴重だったので、食材の持っている水分だけで調理できるタジンは作られたともいわれ、一般的な家庭料理となっているとのことです。高さのある蓋は、かさばる野菜を盛り上げても収めることができ、蒸すことで柔らかくなり、多くの野菜を食べられる。2回たべさせられましたが、野菜タジンと肉タジンの時があり、特に肉の時脂っこさを感じなく、ヘルシーメニューでした。

砂漠のホテルで食べたタジン料理は、ジャガイモやニンジン、玉ねぎなどの野菜と鳥・羊肉を一緒に低温でゆっくりと蒸したものが出されましたが、思ったよりおいしく感じました。ついでに食後にホテルの人たちと一緒に踊った民族舞踊は楽しかった。日本人は、恥ずかしがり屋だというが、意外と日本人だけになると結構地元の人とすぐに打ち解けて、友達の輪をつくれるのはよいことではないでしょうか。

第十一話　アメリカ西海岸：懐かしのサンディエゴを訪れる

２０１５（平成２７）年１２月

２０１５年末から九日間カリフォルニア州最南端の都市サンディエゴから、ネバダ州ラスベガス、ユタ州グランド・キャニオン、ロサンゼルスそしてサンディエゴに戻る旅行に出かけました。したがって、ＨＩＳ旅行社のツアーではなく往復の飛行機便とホテルとレンタカーのみ予約してアメリカ国内をドライブ旅行するということにしました。「第五話ドバイ」と同じ〝ＣＩＡＯ〟という旅行プランで行くことにしました。今回も次男を運転手に雇っての３人での旅行となりました。

今回の旅行の目的は、企業内留学の形でサンディエゴにあるスクリップス海洋研究所（Scripps Institution of Oceanography）に2年間（１９７9年9月から１９８1年8月）過ごした懐かしい街を訪れ、かつての研究所のその後の発展ぶりを見届けたかったこと。その際、二度出かけたグランド・キャニオンを見たかったこと。世界一明るい街と言われているラスベガスはいったいどのくらい明るいのか、その街で年越しのカウントダウンをしてみたかったこと等でした。

成田からサンディエゴまでは日本航空の直行便が運航されています。以前は、ロサンゼルス空港で国内線に乗り継いでいましたが、慣れていればロスから車で南下してもさほど時間的な差はないように思えました。

私がかつて訪れたサンディエゴ空港（1975年頃）は、国際空港と名乗っていましたが、主に隣国へのメキシコ便が多かったように記憶しています。今は、日本から日本航空が毎日運航していますし、国際線も多くなっており、空港ターミナルも整備されています。

市内には、日本企業がかなりの数が進出しているとも聞いています。日本料理店もあり、なんといってもシーフードやメキシコ料理がいい。研究所の周辺の街は比較的安全で、高級住宅街で有名です。私の住んでいたアパートは、海辺でしたが、やはり夏ともなれば人で混雑していたし、大きな道路を隔てた少し離れた街区は夜など少し危ないといわれていました。何よりもこの地がよかったのは、気候が安定していて熱くもなく寒くもなく、常春のような地だったことです。

1．思い出のスクリップス海洋研究所へ

早朝にサンディエゴ空港に着いたので、空港からはレンタカーでまっすぐに向かったのが、市内の北にあるラホラ（La Jolla）の町の海岸にあるスクリップス海洋研究所でした。敷地の南東の角にある研究所入り口の文字に思わず感動し、そのまま正面入り口の方に向かいました。アメリカの大学（ここだけかもしれないが）で良いところの一つは、門がないことで自由に誰でも入れることです。大学という組織に壁を感じないことで、日常生活の中にあるような雰囲気を持っていることだと思います。研究所のあるラホラの街は、西海岸では有名な高級住宅地で南国を感じさせる温暖な気候で、住んでみたいと思わせる街で、今でも気に

入っている街の一つです。

道路から海岸への坂道を降りてすぐに桟橋が見えましたが、私がいたコア倉庫の建物は新しいビルに建て替えられていました。年末でもあり、研究所は静かで教授や学生はほとんど見当たらず、ビジターが所内のカフェテリアにいる程度でした。研究所の敷地は、海岸に沿って南北に長いのですが、あまり遠くにも行けなかったので、当時よく通った範囲だけを見て歩きました。やはり、懐かしさとここで研究できたことの誇りは今も持っています。この研究所は古くからあり、後にカリフォルニア大学サンディエゴ校（ＵＣＳＤ）ができたので、この大学のことを研究所の院生たちは、スクリップス海洋研究所付属の大学とよんでいました。

かつて私がいた場所には、ビルディングが立っており当時の面影はありませんでしたが、海（太平洋）につきだした桟橋は今もありました。この桟橋は昭和天皇が来所されたさいに所長がカートを運転され、陛下を研究所の所属する研究船を桟橋の周りにぐるりと並べて案内されたそうです。主だった研究棟はそのままでしたが、新しくたった研究棟（ここでは研究棟は

スクリップス海洋研究所

研究用桟橋

研究棟(著名な科学者の名前が付されている)

ホールとよんでいる）もあり、様相が少し変わってきていました。

2. グランド・キャニオンへ

サンディエゴを出発し一路ラスベガスに向かいました。ロングドライブです。ラスベガスの宿泊ホテルである「サーカス・サーカス」では年末・年始のハイ・レートの宿泊料金でした。割安なビジネスホテル風の棟に泊まることになりました。

１２月３１日といえば、グランド・キャニオンにはもう雪が降っています。平均標高２，２００ｍもあるうえ、ずいぶんと内陸部にあります。ウイリアムズの街からほぼまっすぐに北上して公園の入り口でone-dayの入園料を払い、車を進めてまずはビジターセンターに行き、公園内部の様子を把握して、主要な見物ポイントを決め、園内バスでその地点まで行き、次の巡回バスが来るまで主にNorth Rim（ＮＲ）側を見ていきます。私たちが一般にはSouth Rim（ＳＲ）からＮＲを見るのですが、ＮＲからＳＲを見るためには、東に向かっていきコロラド川を渡って大きく迂回してＮＲに向かわなければなりません、それだけでも半日や一日くらい要します。以前来たときはＳＲからＮＲに回ってそこにあるホテルをとり翌日ＮＲからＳＲを眺望しましたが、ＳＲから東を回って二泊三泊くらいでＮＲからの景色を見たりするのもまた一興です。

さて、今回ＳＲで驚いたことは、４５年前に来た時と違って公園内の設備が格段に良くなったことです。宿泊できるホテルもあるし（公園の外にはいくつかのホテルやお店がある）、なんといっても西の端の方に円形の強化ガラス？で架けられた橋が架けられ、その橋から真下にコロラド川がながめられるという絶景ポイントができたということです。橋が設置されるにあたって、自然の景観を損なうということで反対があったそうですが当然でしょう。人間は、だんだん刺激の強いことを望むようになる習性があるのかもしれません。私たちはやめました。この橋については賛成しかねるし、アジアの某国からの観光客で一杯だということでしたので余計に行く気にはなりませんでした。

SRに立っていると夕焼けで少しNRの断崖が赤く染まるようになるころになると、冬の風が渓谷の下から北風が吹き始め、陽が落ちるとともに寒さを感じるようになってきたので公園を出ることにした。

グランド・キャニオンはさすが大自然の中にあり、ここだけで一週間は過ごせる場所でもあります。SRだけで三泊四日くらいかけても十分価値があり、そのくらい余裕をもって大自然に身をゆだねて楽しみたいですね。SRを降りていくコースには馬に乗って行ったり、歩いて下りたりするコースがあるし、SRにはヘリポートがあり空中遊覧もできます。アリゾナ州には、アメリカ大西部の雄大な絶景が数多くあるので、ぜひそれらを見に行きたいものです。

グランドキャニオン～North Rimを望む

3. 満天にちかい星空

グランド・キャニオンからラスベガスに帰る途中でした、グランド・キャニオンを午後4時頃に出発して、ラスベガスへの帰る途中のハイウェイに出てウイリアムズという町に立ち寄った頃はもうすでに暗くなっていました。映画『ルート66』でお馴染みのこの町で夕食を食べにレストランに入りましたが、そこは古き良き昔のアメリカの西部劇に出てくるような食堂でした。年末でもあり、家族連れでにぎわっていました。

夕食を食べ終わって、ひたすらアリゾナ州からネバダ州に向かって93号線を走っているとき、ふとしたことで外を見ると星がきれいに瞬いていました。ちょっと路肩に車をとめて空を見上げると満天の星を見ることができました。周囲に家屋があるわけでもなく、また街灯があるわけでもなく、時たま追い越していく自動車の赤いテールランプと対向車のヘッドライトが光るだけで、車が走り去ると漆黒の暗闇になりますが、星の明かりが一層明るく見えます。しばし360度の空を見上げ、ただ感動のため息が出るだけでした。ここでは一応、満天にちかいとしておきましょう。なぜなら、一番見たかった天の河のたくさんの星が出ているのを見られなかったからです。その理由はわかりません。何年振り、いや何十年ぶりに見ることのできた星空でした。残念ながら、流れ星や人工衛星の軌跡を見ることはできませんでしたが、十分に感動できた夜空のページェントでした。10分もいただろうか、気を取り直して現実に戻って、再び93号線をラスベガスに向かいました。Lake Mead から流れ出たコロラド川にかかる州境にある「フーバーダム」のところを通り過ぎると、急に目の前が明るくなって、眠らない街、世界で一番明るい都市と言われるラスベガスの街が見えてきました。

そうだ、もっときれいな星空、もっとたくさんの星を見たくなりました。帰国したら、早速世界でいちばんきれいな星空を見えるところを探して行くぞ！と思った次第です。この時はまだ、ポール・ボガード著の『本当の夜をさがして』（２０１６年、白揚社）の書籍はまだ出版されていませんでした。

4. ラスベガスでの新年カウントダウン

今回の旅行のイベントの一つは、ラスベガス市内のカウントダウンとそれと同時に打ち上げられる花火が見応えがある、といわれていましたので是非見物したかったのです。

さて、カウントダウンに近づくと、メインストリートのサンセット通り（S. Las Vegas Blvd.）は車両が通行止めとなり、大通りは歩行者天国になる。この大通り沿いに有名な、大きなホテルがずらりと並んでいます。明るく赤々と見える巨大な「Trump International Hotel Las Vegas」、模型の火山の噴火が見られる「Mirage Hotel」、北には「Circus Circus Hotel」、南にはショーやボクシングの大会が開かれる「MGM Grand Hotel」、そのほかにも有名人のショーが見られる「Caesars Palace」、「Bellagio Hotel」、「Flamingo Hotel」などカジノを併設した高層かつ巨大なホテル群が競って立っている

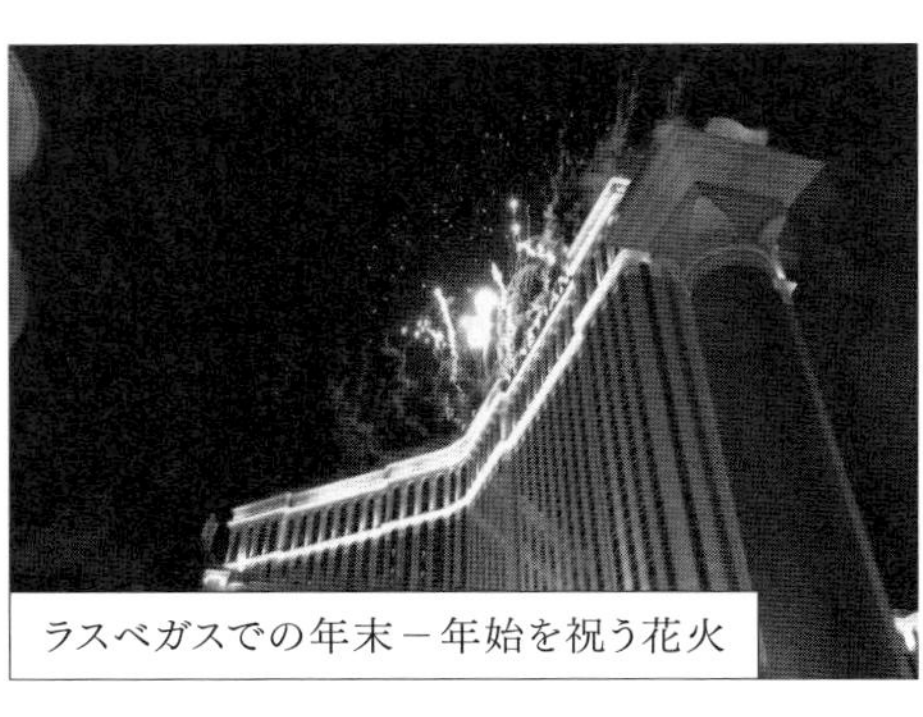

ラスベガスでの年末－年始を祝う花火

姿は壮大です。

３１日深夜のカウントダウンが近づくと、通りに繰り出した人々の口から「ファイブ、フォウー、スリー、ツー、ワン」の掛け声があがりました。そして大通りの北の端のタワーと南端のホテルの屋上から一斉に花火が上がると、「ワァー」という歓声と拍手が聞こえてきました。私は、早々にこれを見届けるとホテルに戻りましたが、不夜城のラスベガスの街はおそらくいつまでも人であふれていたのだろうと思いました。

翌朝、２０１6年1月1日新年の朝早く街に出ましたが深夜の騒ぎはどこに？　清掃する人や車が行きかっていました。昼前には、ふつうの観光地の姿にもどっていました。

5．ロサンゼルスからサンディエゴへ

ラスベガスを出発して一路目的地のロサンゼルス（ＬＡ）市内のハリウッド、サンタモニカ、アナハイムに向かいました。

お正月が明けて、ラスベガスからＬＡに帰る車の列で幹線道路Ｉ－１５号線は早朝から大渋滞です。片側4車線ですがＬＡ方向は大渋滞でした。日本と違って時速４０㎞で走っています。郊外になると片側3車線になりますが、3車線ともに車だらけです。それでも砂漠地帯や車窓から見える景色が何となく渋滞からくる嫌悪感を和らげてくれました。日本と違って防音壁がないので景色が変化するので気休めにはなります。

朝十時頃にラスベガスを出発しましたが、ＬＡに着いた頃はもう真っ暗でした。今日の最終目的地である

ディズニーランドの前のホテルまで長かったこと……。日本と同じなのは突然渋滞が解消して、１００kmにスピードアップします。ＬＡ市内に入るとまた渋滞になってきました。

ハリウッド地区を象徴するボードの“HOLLYWOOD”サイン（１９２３年に建てられたという）は世界的に有名です。晴れた日には４０~５０キロ離れたところからでも見えるという。これを探しに周辺を二回チャレンジしましたが、結局どこにあるかわからず、たどり着くことはできませんでした。この地区には、ＬＡ市内の有名な観光場所が多く、朝から夜遅くまで賑やかです。ハリウッド地区からは、南西に有名なビバリーヒルズ、サンタモニカへと続き、海岸へ出ることができます。途中、「カリフォルニア大学ロサンゼルス校（通称UCLA）」があります。広大な敷地（約１７６ヘクタールで東京ドームの約３６個分以上）、米国を代表する世界的な教育・研究機関であり、５つの学部と7つの専門大学院から構成され、四万人を超える学生が在籍しているといいます。サンタモニカ海岸は、アメリカ西海岸を代表するビーチでここも一日中、一年中賑わっています。日本人も多く、また日本料理店もかなり混雑していました。

ビバリーヒルズのモニュメント

サンディエゴに戻る前にアナハイムに立ち寄り、「ディズニーランド・カリフォルニア」の前にあるホテルに宿泊しました。「マリオット・ホテル」でしたが、各部屋はディズニーのキャラクターが配置されており楽しい部屋になっていました。廊下からは「ディズニーランド」の内部が見えました。ドライバーをしてくれた次男には目の毒だったようですが、行程上から中に入る時間的余裕がなく、入り口まで行っただけで、戻ってきてホテルに止めてあったレンタカーでサンディエゴに向かわなくてはなりませんでした。私は、「ディズニーランド」よりももう少し西にある「ナッツ・ベリー・ファーム」の方が好きでした。そこは、乗り物が楽しめる昔ながらのアメリカの遊園地です。

6．ティファナ：シーザーサラダ発祥のホテルへ

日本人が国境を越えるということは、通常飛行機で海外に行く際にイミグレーションや手荷物検査場を通過する際に「ああ、これから海外に行くのだな！」と、少し感傷的になる時くらいかもしれません。そこには国境線もないし、まだ日本国内にいるような気がします。しかし、地面を歩いて国境を越えるとなると、そこには国を隔てる鉄条網や壁が見え、官憲がいたり、時には軍隊がいたりします。そして、何百人という一般市民が列をなして徒歩で国境を越える姿があります。

この〝国を越える〟ということを現在のヨーロッパのEU加盟国で見てみると、国を越えるのは陸路ではいたって簡単で、あっという間に過ぎてしまいます。バスや列車で何回も国境を越えましたが、国をまたぐという感じは全くありませんでした。検問所もイミグレーションもないからです。むしろ逆に飛行機を利用するときのほうが、国を越えた（席の前のフライトマップを見て）という実感はします。

サンディエゴに暮らしているときは、しばしば国境を通ってメキシコのティファナの街へ出かけたものでした。休暇があるとバハ・カリフォルニア半島をさらに南下してエンセナダやさらに南まで行ったことがありますが、後で地図を調べましたが、半島だけで南北に約1，250kmあります。半島の先端まで行きたかったのですが、往復2，500kmは車で走りっぱなしでは、私のドライビングテクニックで何日かかっただろうか？と思うと、行かないで正解だったかもしれません。その時にドライブで出かけた南は、約80km南下したエンセナダの南まででしたが、ここまで来ると日本人はもちろん来ていないだろうと思ったら、大阪のおばちゃん観光客が2名いたのには驚き、さすが！　ほかにもいるかと思って探しましたが、見当たらなかったのですが……。

さてレンタカーを米国側のショッピングモールに駐車させて歩いて国境を越えましたが、パスポートにポンとスタンプが押されるだけでほとんど問題なくメキシコに越境できました。自動車の場合でも比較的簡単ですが、レンタカーの場合保険が適用されなくなるので米国側に置いていくか、改めてメキシコ国内用の保険に加入するかしないといけません。車で行く場合は必ず保険に加入しておかないと、かなり高い確率でいたずらされたり、窓ガラスを割られて中のものが盗難にあったりするらしいです。

実は、メキシコとの国境でI－5の高速道路のレーンをまちがえてそのまま国境を越えそうになったので、イミグレーションで事情を説明してユー

アメリカ－メキシコ国境、ティファナ市側

ターンしアメリカ側の駐車場に車を入れ徒歩で越境することにしました。その理由は、レンタカーの自動車保険がメキシコでは適用されないことがわかったので車での越境を断念したのでした。ティファナから米国に再入国する際徒歩でイミグレーションを通過することになったのですが、これが待たされること4時間ほどかかりました。なんと午後四時から八時まで並んでいたことになります。アメリカ人の入国は簡単だそうですが、メキシコ人のアメリカ入国は厳しいようでした。私たちは、アメリカ人の父・娘さんの二人連れと会話ができたので退屈しのぎができたこと、年末とはいえここは暖かだったので夜になっても寒さを感じなかったことが幸いでした。

・シーザーサラダ発祥のホテル

国境から徒歩で10分ほどのティファナ（Tijuana）の街のメインストリートであるレボリューショナル通り（Avenida Revolucion）に面したところに、「シーザーズ・ホテル（シーザーズ・プレイス）」があります。そこのオーナーであったイタリア系移民のシーザー・カルディーニさんが始めたのが、シーザーサラダだそうです。レストランでは、若い男のシェフがレタスの一種の葉と他に何やらを混ぜて、ドレッシングをテーブルまで運んできて客の目の前で和えてくれます。東京で食べるサラダと違って、シンプルといえばシンプルで、わざわざ客のテーブルのところまできて、パフォーマンスしてまで食べるようなものではないと思ったのですが……。レストラン内部には、元祖のオーナーの写真など往年のホテルのサピア色の写真が歴史を語ってくれました。

アメリカ雑感

アメリカ西海岸の観光地については、ネットや観光ガイドブックが多数出ているのでそちらを見た方が最新情報は出ているし、漏れることなく記述されているのでそれらを参考にするのが確実だと思います。ここでは十日間の旅行期間でみたアメリカのそのままを書いておきます。これは多分、どの旅行ガイドにも掲載されていないアメリカの姿そのままを書き記したものです。

①うつくしい街　サンディエゴ

１９７９年９月に訪れた時は、温暖な地で滞在するアパートから見る海・太平洋を見ていると心穏やかになり、水平線に沈む太陽は平和のシンボルそのものでした。西から南西に出た黒い雲がサンディエゴに向かってくるのがわかります。あと何時間で雨になるという予想がつくくらいでした。冬でも暖かく夏でもそれほど暑くないいわゆる常春の感じでした。気候が温暖で人の心も温かく、アパートの前には朝になるとパトカーがやってきて、コーヒーの入った紙コップをもって散歩している。警官の方から

サンディエゴ市内のダウンタウン

「グッド・モーニング」と声をかけてくる、こちらもそれに答えると、必ず二言三言の会話を交わすことがありました。そこが日本の警官との違いかもしれません。フレンドリーさにびっくりします。

市内には、「シーワールド」や「サンディエゴ動物園」（総面積は約０．４３㎢、上野動物園は０．１４㎢）で、現在は世界で最多の八百種類、四千匹の動物が生息しているという。ここにもパンダが飼育されており、大人気で行列をなしていました。他にもオールドタウンや郊外にはサンディエゴ動物園を母体にしたサファリパークなどがあり、退屈しない街です。

②レンタカー

米国内の移動は、基本的には飛行機か自動車です。鉄道も長距離移動の場合はよいのですが、観光地や見るべきところが多い場合は、自動車移動が最適です。レンタカー会社も多いし、ホテルもモーテルをはじめ適当に散在しており、道路も整備されています。ガソリンも安いのですが、ロングドライブの場合は、ハイウェイ上でガソリンスタンド（ガス・ステーション）の存在には注意しなければなりません。日本の様にこの先何キロ先はガソリンスタンドがありませんよ、という標識は原則出てこないので、車の燃料計を見て早め早めに補給しておくことが大事です。

レンタカーは、日本出発前に飛行機のチケット購入と同時に空港からのレンタルをすることをお勧めします。Hertz や Avis などがありますが、保険の加入は必ずしておくことと、原則フルカバレージしているかどうかを確認することが大事です。現地のレンタカー事務所に行くと、あれやこれやの追加契約を迫ってくるので要注意です。本当にどこまでとそれに何がカバーされているかを確認し、現地で追加しなくても済むようにしておくことです。現地での追加契約は保険料が高いものを勧められる可能性があり、これに加入しておいた方がいいと、まくしたてられます。今回も出発前に旅行社からも言われて保険には加入しておきましたが、いざレンタカー会社の事務所に行くと、やはりあれやこれや特約保険に入れと言われ、結局2つほど追加の加入をしてしまいました。もしものことが起こったらとか、海外で事故を起こしたら、という心配感がどうしても働いてしまいます。ま、それほど高い金額でもないし、と思って加入してしまいますが……。弱みに付け込んだセールスかと思ってしまいます。日本でＪＡＦ（日本自動車連盟）にも加入していれば、米国でのＡＡＡ（アメリカ自動車連盟）からどんなサービスが受けられるかも確認しておくことです。

空港についてからレンタカー会社のカウンターに行けば、専用マイクロバスで離れた事務所に連れていかれ、そこで車の受け渡しがあります。日本で予約した車種と違う場合があるので、自分でも確認する必要がありますが、事務所のゲートを出るときも係員が車種と契約書を確認します。私の場合は、ここでチェックされて間違いを発見され、再度事務所で手続きをやり直した経験があります。

肝心のレンタカーの車種ですが、今回のような長距離ドライブの場合は、日本車よりアメリカ車の方がよいでしょう。アメリカ車で大きくても駐車場は広いし、ゆったりしているのでレンター料金は高くても大きい方がドライブには楽です。五人乗れるといっても三人の旅行者の場合スーツケースもあり重量的にもかなりになる上さらに、今回約3，000㎞以上走りました。

とにかくアメリカは、巨大で豊かな自然もあり、マンパワーもある、ないものはないと思えるくらい巨大です。アメリカが、世界の覇者であることは確かな気がします。この時代に世界をリードしてくれる国はどこなのだろうか？　あるのでしょうか？　世界のリーダになる国などというのは幻想なのでしょう。

第十二話　南アメリカ：雄大な自然と古代のロマンを訪ねて

2016（平成28）年3月

南米に行こうとした理由は自分でもよくわからないのですが、今年はブラジルのリオデジャネイロでオリンピック・パラリンピックが開催されるし、四年後には東京開催が決まっていました。オリンピックが南米で開催されるからというわけでもありませんし、また地星の裏側まで行くということは、あまり考えていませんでした、ちょうど日本の反対側にあるため、南米まで行くには一旦ロサンゼルスまで行くか、ヨーロッパ周りで例えばパリで乗り継ぎ南米まで行くかの違いです。そうだ！　できるだけ早いうちに南米とアフリカに行っておきたいと思いつきました。アフリカはとりあえずモロッコに行ったので、南部アフリカは後回しにして南米に行っておかなければと思いました。それに見ごたえのある場所がグルッと回れることもあるし、訪問地間は飛行機で移動なので遠くても時間を有効に使える利点もあると思い立ちました。

そういうわけで、南米8日間の旅に出かけることになりました。訪れたいところは、「イグアスの滝」、チチカカ湖、「ナスカの地上絵」、「マチュピチュ遺跡」です。イグアスの滝は世界三大瀑布の一つであり、すでにナイアガラの滝は見ています。チチカカ湖は富士山より高地にあり、ここに行けばスイスと同じく富士山より高いところに行ったことになります。「ナスカの地上絵」をセスナ機から見るのも壮大だろう。「マチュピチュ遺跡」は、テレビでもよく取り上げられていたので、マヤ文明と並んでインカ文明を見ることは有意義だろうと思いました。

1．はじめに

平成２８年3月２6日、この日は私の誕生日です。もうこの年になると、家族は、誕生日祝いなどしてくれません。そこで考えたのが、飛行機に乗って東に飛べば2度誕生日が迎えられるということに気がつき、この日を出発日として選んだのです。

成田空港を１７時に離陸した日本航空機は、寝静まったころ太平洋上の日付変更線を通過したので、そっとプレミアムエコノミーのギャラリーに行ってＣＡ（キャビン・アテンダント）さんと話をしつつ、誕生日を二度迎えたことを話すと、「それはおめでとうございます。」というだけでおわってしまいました。期待外れ‼（何を期待していたのだろう?）。朝を迎え、朝食の準備の頃、チーフパーサーの方がこられて「お誕生日おめでとうございます。」と言って、小さな袋をいただきました。「南米に行かれて、ホテルで召し上がってください。」といって袋の中には、小さなカップ麺や、ティーパックなどと一緒にＣＡさんが書いてくださったバースディーカードが入っていました。有り難くいただきましたが、南米のホテルではどの部屋でも湯沸しポットがなく、カップ麺もティーパックも使えず、そのまま日本に持ち帰ることになってしまいました‼

さて出発日と同日の午前10時前にロサンゼルス空港に到着、乗り継ぎでペルーに行くのですが、米国入国審査、手荷物検査とアメリカ出国の国際線搭乗前のセキュリティチェックを再度受けることになります。乗り継ぎ時間は、3時間ほどしかなかったので、これらの手続きを混雑するそれぞれの場所でしなければなりません。入国審査では、最新鋭機器？の入国手続き機なるものがあって、ESTAを取得していれば（旅行者は全員原則取得しているはずだから入国を断られることもないはずだが）、自動機械のある所に行って自分で行うように係員に言われそちらに向かいます。それでOKかと思えば、従来通りカウンターでの入国手続きが必要で、簡単な質問、指紋とり、顔写真撮りがあり、全然自動化されていません。かえって私たちにとって二重手間でした。

さてロサンゼルス経由でリマ空港に着いたのは夜中です。着後ただちにホテルに向かいました。3月といえば南半球では、夏が終わりこれから秋になるところです。心地よい風は吹くものの少し蒸し暑さも感じるほどでした。

2. リマ市内

リマはペルーの首都であり、ペルーといえば南米でもブラジルとともに日本人になじみのある国です。ちょうど訪問したときは、ペルーの大統領選挙が行われているときで、かつてのフジモリ大統領の娘さんであるKEIKOさんが大統領に当選するかどうかが注目されていました。

リマ市内はいくつかの歴史的世界遺産があります。また、日本からはクスコ、チチカカ湖、ナスカ、マチュピチュへの、またブラジルとアルゼンチンの両国側から見ることができるイグアスの滝へのゲートウェイにもなっています。スペイン人が侵攻して首都となり、南米大陸の玄関口になっているリマでは、観光地になっているのは、「アルマス広場」を中心に大聖堂（カテドラル）などコロニアル式建築の建物が並んでいるところです。この一帯は旧市街地で、観光客と市民とが入り混じり、いつもにぎわっているそうです。1988年に世界遺産に登録されました。

リマ市内の宿泊するホテルは海岸に近いところにあり、ホテルから海岸まで徒歩で10分くらいのところでした。ホテルの前は大きな道が通っており賑やかですが、やはり夜は人通りが少なくなります。カジノが併設されていますが、ラスベガスのように賑わっているようには見えませんでした。旅行者くらいしか入らないのではないかな？　ホテル付近はオフィスがたくさんあり、お土産屋さん、小さなショップが点在しているだけです。ホテル内の設備も決して良いとは言えませんが、まあ寝るだけの2連泊だし、レストランさえあればとりあえず良しとしましょう！

リマでは、翌日の2日目と滞在最終日の9日目に市内観光をしました。初日は、次のような場所を見てまわりました。主な見学場所は、「ラルコ博物館」とそこでの昼食、「アルマス広場」、大聖堂、大統領府、「サンフランシスコ教会」を徒歩で散策しました。そして、再度帰国日の10日目には夕闇せまる海岸沿いにある「恋人公園」、「ミラフローレス公園」、「ワカプクヤーナ遺跡」での夕食がペルーでの最後の晩餐となりました。見学した場所はいずれも、観光案内ガイドブックに記載されているので、正確かつ詳細はそれを見ていただくことにしましょう。

リマは大都市の部類に入るでしょう。よく整備された市街とダウンタウンのようなところも見ることができました。私が注目したのは、広場近くにある鉄道の駅です。めったに列車がこないという駅、観光客を呼び込む女性がひとりで、見ていってくださいと呼び込んでいるだけですが……。駅は図書館にもなっており、コーヒーを飲みながらのんびり読書をしており、その光景は首都の駅とは思えないのんびりしたものでした。

なお、南米観光2日目の午前にはチチカカ湖に向けて出発し、その日のうちにまたリマに戻ってきました。翌日は、イグアスに向けて空路イグアスに向かうのです。

リマ市内の大統領府

3. 水をたたえた高地にあるチチカカ湖――葦で作った人工島のウロス島

リマから国内線飛行機でローカル空港のフリアカまで約1時間40分、そこからバスでチチカカ湖の島に行く船着き場のあるプーノの町まで1時間の距離です。一気に約3，800ｍも上がってきたので少し高山病の気配も感じましたが、それほど気になりませんでした。

チチカカ湖は、高地にある湖であり、琵琶湖の約12倍の大きさ（8，560㎢）があり、7つの川が流

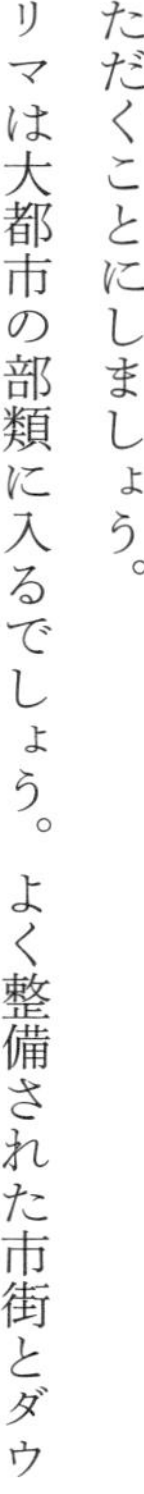

れ込み、1つの川で出ていくのが特徴です。湖には90ほどの島があり、一つの島には20~30人ほどが住んでいて、全部で3，000人ぐらいが住んでいるという。島には太陽光発電の設備があり各家庭にはテレビも備わっているし、小さいながらもホテルやレストランの島もありました。湖は、アンデス山中のペルー領南部（60%）とボリビア領西部（40%）にまたがる淡水湖で、汽船などが航行可能な湖として世界最高所にあると言われています。

湖の北西部にある町プーノから小さな観光船で広大な湖の入り江のようなところにある一つの浮島に渡ることができます。そこに待ち構えていた一家、大人から子供まで7人ほどがお出迎え！　湖上での生活や稼ぎの仕方などの説明の後は、彼らの作った織物や手工藝品の販売と、お決まりのコースがあり、彼らの住まいの中に案内され、アレヤコレヤと話を聞かされました。販売品は、その時は決して安くしてくれませんが、これを買ってくれれば、これをおまけにします、という商売のやり方で、それはそれで良いのですが、観光客慣れしているというか……。

チチカカ湖に浮かぶ葦船

4．壮大な瀑布――イグアスの滝

南米での3日目午後にリマ空港を出発して、空路ブラジル側にあるイグアス空港まで飛行機で約4時間（ペルーとブラジルとでは時差が2時間ある）あれば着きます。ブラジルのパラナ州フォス・ド・イグアス（Foz do Igua u）の町です。町はリゾート地の様になっていて、ホテルやレストラン、マーケットなどもあります。イグアスの滝へのゲートウエイになっていいます。ここでは2泊しました。イグアスの滝とは、先住民のグアラニ族の言葉で「大いなる水」という意味をもっていますが、滝もすごいがその広さ2，256㎢にわたり、その大部分が熱帯雨林地帯であり、多くの自然の恵みをもたらしているという。両国とも国立公園に指定しています。滝の幅は約4㎞、最大落差は82mあるという（U字形をした「悪魔の喉笛」のところ）。滝は、玄武岩でできているとのことです。

観光4日目の朝にイグアスのホテルからバスでアルゼンチン側に行くのですが、途中の川で国境が引

上空から見たイグアスの滝

ブラジル側から見た滝

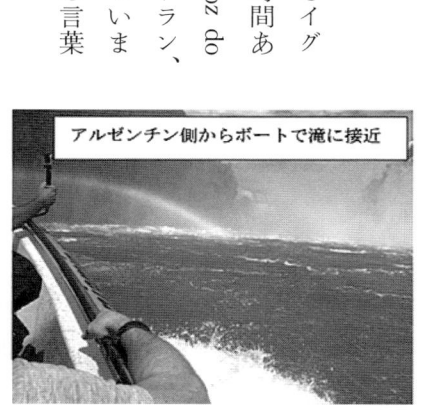

アルゼンチン側からボートで滝に接近

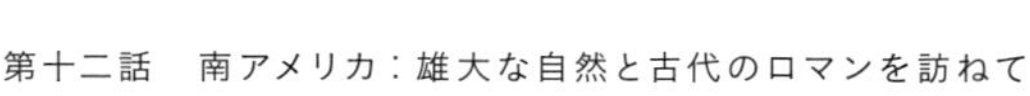

かれており、橋の欄干にそれぞれの国旗の色が塗られています。国境をまたぐ瞬間が見られますが、バスは橋上で止まることができないので注意深く欄干を見ておかなければなりません。国境での入管手続きを得てアルゼンチンに入るとすぐに三国（＋パラグアイ）ポイントに到着し、手前に右手から流れるイグアス川、奥の方から流れてくるパラナ川との合流地点にあたります。最初に訪れたのはアルゼンチン側からで、バスを国立公園内のビジターセンター前で降りたあと、軽便鉄道に乗り換えて約15分、終点の遊歩道入り口まで行き、さらにそこから水の上にできた遊歩道に沿って対岸のアルゼンチン川の滝を見ながら歩きます。アルゼンチン側の景観は、大小無数の滝がかかっているのが大きな特徴で、遊歩道を歩きながらその景観を楽しむことができます。この遊歩道は、滝を上から眺めるルートと下から眺めるルートの二つがあります。だんだんと、迫力のある滝の音が聞こえてきます。否が応でもかぶってしまう水しぶきを浴びながら、アルゼンチン側の遊歩道からは、最奥部にある「悪魔の喉笛」を上から見下ろすような格好で眺めることができます。

最後のダメ押しは、滝つぼまでボートで行くのですがスリル満点！　二つほどの滝つぼの近くまで行きますが、濡れてもいいように軽装になりポンチョを着てボートに乗ってもまずはびしょ濡れになります。カメラを向けても水しぶきしか映っていない。まずは目を開けていられないのです。ボートに乗っていても、「キャーキャー」という声も水の音にかき消されてしまいます。

翌日私たちは、ホテルを朝に出てヘリコプター乗り場に行き、ブラジル側の上空から滝の全景や「悪魔の喉笛」を眺めることにします。遠くから水しぶきが白く・高く舞い上がっているのが見えて、行くべき方向が一目で見えます。遊覧飛行は、２０分ほどで戻ってきます。操縦士に少しチップを渡すと助手席に座れるといわれましたが、妻と一緒だから後ろに座るといいましたが、遠慮するなと押し込まれ撮影チャンスを得ました。

午後は、ブラジル側から見るため、ホテルからバスに乗り、終点にあるビジターセンターで専用のシャトルバスに乗り換え、終点の一つ手前のホテル前から遊歩道を歩いて滝まで行くというのが一般的なルートです。ビジターセンターから歩いた滝の手前の展望台からもよく見え、滝の水の落ちる音が轟音となって響き渡ってきます。滝の真下まで行けるし、さらにその先まで行って滝の水しぶきを浴びるのも面白い。アルゼンチン側とは景観が多少異なり、こちらはそれほど多くの滝はありませんが、一つ一つの滝が大きいのが特徴であり、アルゼンチン側にある「悪魔の喉笛」と変わらないくらい迫力のあるシーンを何度も楽しむことができます。また、展望台から「悪魔の喉笛」を対岸から見ることも出来ます。昨日はあそこにいたのだな、と実感できました。

夜にはイグアスの空港からリマに戻り、夜遅くにホテルに入りました。翌日の観光６日目には「ナスカの地上絵」の遊覧飛行です。

5. 上空からはかすむ「ナスカの地上絵」

イグアスの滝からまたリマに戻って、ホテルから飛行機で約3時間半をかけてバスでピスコの町へ、そこからセスナ機に乗ってナスカの地上絵を見に行くことになります。

ナスカの上空では30分間ほど旋回してくれて、機長もたどたどしい日本語で「クジラ！」と叫んでくれるが、その時はもう旋回に入りよく見えない。これの繰り返しで、結論から言うと、セスナ機で上空から見た砂漠に描かれたナスカの地上絵はほとんど分別つかず、全くと言っていいほどの期待外れでした。しかし、最大の欠点はそれぞれの地上絵が不鮮明であったことでパンフレットに掲載されている絵は、撮影した写真を上からなぞって鮮明にしたような気がしますので要注意！　はっきりとわかったのは干上がった川筋だけでした。それでもやっと、「宇宙飛行士、サルの尻尾？　ハチドリ、手？」などがおぼろげながら見えた気がしただけでした。

感想は、ただこれを書いた昔の人？にご苦労様でした、と言う敬意を表すだけでした。誰かが発見して「ワー、凄い！　誰が何のために書いたのだろう？と思ってくれるだろう。」との思いがあったのかな？　私にとって、世界遺産だそうですが、その価値をよくわかっていないこの地上絵に何を求めてきたのだろうか？

6. クスコ市内

南米滞在7日目はクスコ市内観光です。リマから空路にて約1時間で標高3，360m（ちなみに富士山の標高3，776m）にあるクスコ空港、あっという間の到着です。市内は、ほぼ3，400mの高地にあるため高山病にかかりやすいので、注意が必要です。インカ帝国の時代（1438－1532年）首都として栄え、翌年スペイン人の侵攻で街並みはほとんど破壊されたといわれています。クスコは、ケチュア語で「へそ」を意味しており、その意味通りインカ帝国の中心＝世界の中心だったということです。このクスコは、バスと列車を乗り継いでマチュピチュ村に行く中継地になっています。

観光7日目の午前中は、クスコ市街の観光に充てられました。ここにも「アルマス広場」があり、聖堂もコロニアル調でリマ市内と類似している点が多いようです。この街の特徴は石積みの様式で、単に四角に切られた石を積み上げるのではなく、精巧に表面を多面形に切りそれをうまくかみ合わせることで頑丈な石壁、土台をつくっていることです。その代表例が、12角の石とよばれるもので、12角形に切られた石は一つだけですが、それにうまくかみ合わせて石を積み上げています。気づかなかったら、そのまま通り過ぎてしまいそうです。そのほかにも見所は、太陽の神殿といわれる「コリカンチャ」（ケチュア語で「コリ」とは「黄金」、「カンチャ」とは「部屋」

クスコ市内

とか「地区」を意味)、「サクサイワマン(ケチュア語で満腹のハヤブサの意味)要塞跡」が観光コースになっています。「コリカンチャ」は「アルマス広場」から歩いて15分くらいのところにあり、インカ時代作られた太陽の神殿(安山岩でつくられている)ですが、スペイン占領後は神殿が破壊され、その上に修道院が建てられた場所だそうです。「コリカンチャ」は、あの「マチュピチュ遺跡」をも造らせたとされるインカ帝国第9代皇帝パチャクティによって建設されたものです。神殿の建物の内部には、中央に井戸のあるパティオがあります。神殿の庭園に様々なカラフルなお花が咲いていました。「サクサイワマン要塞」は、クスコ市の北に立地しています。同市はインカにおける聖なる動物ピューマをかたどって建設されたとする説がありますが、この説に従えばサクサイワマンはピューマの額に相当するともいわれています。1983年、クスコの市街としてユネスコの世界遺産に登録されました。パチャクティ皇帝の命によって1438年以降に建設が開始され、約50年後の第11代皇帝ワイナ・カパックの在位中に完成したとされています。

クスコの市内での昼食時に入ったレストランでは、南米の民族音楽のフォルクローレを聞きながらの食事になりました。懐かしい『コンドルは飛んでいく』(サイモン&ガーファンクル)を聞くと南米にきた!という実感がしました。

7. 山奥に一大都市　マチュピチュが!

今回の南米の旅行の最後は、世界遺産(1983年に登録)は、「マチュピチュ遺跡」を訪れることでした。リマから標高3，400mのクスコへ飛行機で1時間、そこからバスでさらに3，700mにある峠の町チンチェローを通り、2，800mのところにあるウルバンバの町から、さらに聖なる谷と言われる谷沿いに鉄道駅のあるオリャンタイタンボ（オリャンタイ：OLLAN TAYは土地の英雄の名前、タンボは宿場・旅籠の意味）まで。そこから、さらに聖なる谷の渓谷を縫うようにして標高2，000mにあるマチュピチュ村に着きます。鉄道は国有鉄道と民間鉄道があるようですが、今回は民間鉄道の利用でした。

英語、スペイン語、ケチュア語の言語で「Machu Picchu」と呼ばれるこの遺跡は、「老いた峰（Old Peak）」を意味するケチュア語を地名化したものといわれています。マチュピチュ村からは遺跡の存在は確認できないことから、標高2，400mにあるこの遺跡はしばしば「空中都市」、「インカの失われた都市」などともよばれています。遺跡の背後に見える尖った山は「ワイナ・ピチュ：Huayna Picchu（若い峰）」で、標高2，720mあり登山者の数が限定されているとのことでした。

マチュピチュ遺跡への入り口

マチュピチュ駅のある村は、ホテル、レストラン、お土産屋さんなどが並び賑やかです。ここから、専用バスで九十九折のハイラム・ビンガムロードを約30分かけてゆっくりと登っていくと、遺跡入場口にたどり着きます。遺跡を回るには、専用のガイドさんがついてくれたので、効率よくまた見落とすこともなく、全景の見える撮影ポイントなどを抑えることができました。遺跡内部の見学だけでも3時間はかかるだろうと思います。

スタート地点が遺跡入り口で、少し上り坂ですぐに遺跡の全景が眺望できるポイントに出る。ここから上り下りを繰り返し、遺跡内部を見て回り、特に石切り場、太陽の神殿、コンドルの神殿、インティワタナ日時計、3つの窓の神殿、大広場、貴族・聖職者・技術者の居住区などを見て回りました。これらの区画の外に段々畑が見られます。入口にあるロッジで昼食をとったあとは、再度入場してインカ道をトレッキングしましたが、登りながら振り返って遺跡の景色を見るので少しゆとりがあるものの、少々ハードな石畳の山道でした。眼下に小さく村と谷川を見ることができます。石積みの「太陽の門」といわれるところまでずーっと上り坂で標高差約300m（不確か）あるというこの道を1時間ほどかけて登るのですが、門を越すと下り坂になっているようで、このインカ道はどこまで続くのでしょう。なぞ多き「マチュピチュ遺跡」の見学は、時間がいくらあっても足りないような気がしました。ここになぜ集落ができ、なぜ消滅してしまったのか？　ここに住む人たちはどのような生活をしていたのか？　そしてこの遺跡に続く道を辿ればどこに行くのか？　本当のことはどうなっているのか？

謎はいっぱいあります。しかし、少しずつ解明されていっているようです。

マチュピチュ遺跡の全景、インカ道から望む

COLUMN

ペルー・ブラジル、そしてアルゼンチンを訪れて

今回の旅行は、滝という自然の作った景観とインカ文明という人間の編み出した文明・文化が色濃く残るペルーの歴史という大きなテーマでくくることができました。ここでは、それ以外に目にしたことをまとめておくことにしました。

①高山病対策

ペルーの首都リマは１５４ｍの低地で、海岸に出ると美しい海岸線、その向こうには南太平洋の波が見える美しい街です。宿泊したホテルのある地域は高級マンションや住宅地で、きれいな街並みを呈し日本の湘南の雰囲気があります。リマ市内は低緯度ですが寒流が流れているので、冬期（７月から９月）は寒いのですが、最低気温が１５℃と暖かく感じられます。リマからナスカやマチュピチュやチチカカ湖と一気に標高が増します。

リマは１５４ｍ、アスカの地上絵の遊覧飛行の基地になるクスコは３，３６０ｍ、マチュピチュ村は２，２８０ｍ、クスコまでは飛行機で行きますので気圧差が一気に違ってきます。クスコからチチカカ湖のプーノまでは、バスで徐々に上がって行きますが、急な上昇ではないので少し高山病を感じる人もいるようです。マチュピチュ村から遺跡までは、バスで九十九折りの山道

を徐々に上がって行くのでそれほど気圧の変化は感じないですみます。

高山では呼吸が早く浅くなりがちなので、腹式呼吸〈お腹を凹ませてゆっくり酸素を体内に取り込む方式〉がいいようで、事前にフィットネスクラブのインストラクターに教わっていたのがよかったと思います。気分が悪くなるというのは、疲労度、睡眠不足、呼吸の仕方、水分や食事の摂り方（食べすぎはダメ）などで左右されるようです。

②チチカカ湖の子どもたち

プーノに来たのはトトラという草でできた浮島を見るためです。チチカカ湖には浮島がいくつかあり、プーノからボートに乗って浮島まで行きます。小さな浮島には宿泊もできるようです。浮島の一つのウロス島に上陸して、現地のガイドさんに観光案内をしてもらいます。といっても、掲示板に書いてあることを浮島の人が話してくれるのをガイドさんが日本語訳してくれるだけです。もうすっかり観光客慣れしており、家族全員と思われる10人ほどの現地の人——浮島に住んでいる家族——もいるらしく、浮島内の家にはテレビもありますし生活は十分できます。子供たちは、ボートで陸に向かい学校に通っているそうです。説明を受けた後は相変わらずのお土産の販売で買うまでなかなか放してくれません。

第十三話　ニュージーランド：星空とサウンド — 豊かな自然の恵み

2016（平成28）年9月

平成28年9月23日（金）から8日間ニュージーランドに出かけました。今回は、海外旅行では初めて出発時に雨に見舞われました。東京ではこの九月は、台風と秋雨前線の影響で雨の日が多かったのですが、その影響か日中から夜にかけて急に涼しくなった感じがしました。日中の気温も、30度を超えることはほとんどありませんでした。

今回の旅行の目的は、主に三つあります。先ずは、世界で一番多くの星を見ることができるというテカポ湖に行くこと。二つ目に、氷河探検：Glacier Explorer に参加すること。三つ目に、フィヨルド地形の Milford Sound を見に行くことです。このニュージーランド行きを決めた、ある書物があります。それは、ポール・ボガード著『本当の夜を探して』（上原直子訳、白揚社、2016）の本です。都市部にすむ私たちは、夜の明かりに慣れてしまい、夜も煌々とした明るい世界に住んでいます。安全とか、夜に働く人のためにと言って、平然と街に明かりをともしています。以前、中東に行く際に中国の上海上空を通過中に、道路沿いにあるオレンジ色の街灯の明るさにびっくりしました。また、昨年ラスベガスに行った際、グランド・キャニオンからの帰途、夜の九時を過ぎてフーバーダムを通過し、いよいよラスベガスの市内に入るかなと思ったとき、突然昼間の様に赤々と輝くホテル群などの街の明かりが見えてきたとき、それまで走っていた暗闇のハイウェイから一瞬異次元空間に入る錯覚さえおぼえました。『本当の〜』にあるように、私たちは明るいことにならされてしまい、それが当然のように思ってしまっています。夜の暗闇を漆黒の闇と表現した、昔の人の感性に感心しました。漆黒の闇の中に何を見ることができるのだろうか。その中に本当の世界があるのかもしれないと思いました。

今、私たちは〝第二のこうがい＝光害〟に立ち向かう必要があるのではないでしょうか。それは、経済第一主義からの脱却でもあるし、人間の本性に立ち返る問題でもあると思います。感性を磨くためまた漆黒の世界について、アルド・レオポルドが著した『野生のうたが聞こえてくる』（新島義昭訳、講談社学術文庫、１９９６）やレイチェル・カーソンの『センス・オブ・ワンダー』（上遠恵子訳、新潮社、１９９６）などを是非読んでいただきたいです。

さてニュージーランドは、チリやアルゼンチンとともに南半球に位置し、国の中央部に南緯４５度の緯線が通っています。日本でいえば、北緯４５度というと北海道稚内市にあたります。ニュージーランドでは9月末といえば冬が終わり春先であり、一番高い山のMt. Cookに雪が残って白く輝いていることでしょう。空もクリーンで、夜も星空がきれいに見えるはず、と思ってこの季節を選んだのですが……。しかし、リスクは天候不順であることです。少しの寒さには強いし、それなりの準備もしているので不安はありませんでしたが……。

1．ニュージーランド航空のプレミアムエコノミー・クラス：航空会社ではじめて導入

今回は、ニュージーランド航空（ＮＺ）のプレミアムエコノミー・クラス（プレエコ）にしました。約11時間のフライトですし、サービスも日本航空（ＪＡＬ）のプレエコと比べ食事がよいとも書かれていました。ＪＡＬは、シートがエコノミー席より少し広くなっているだけで、食事はエコノミー・クラスと同じですので、一度ＮＺ航空でその違いがあるかを見てみようと思いました。ちなみに、あとから聞いた話ですが最初にプレエコの席を設けたのはＮＺ航空で、ほかにもエコノミー席にカウチシートといって一人で3席分を独り占めできて、横になって寝ていけるという、変わったサービスもＮＺ航空が初めてだそうです。いわく、サービスにもイノベーションを常に心がけていると謳っています。搭乗時の受付も優先されるし、荷物類も"PRIORITY"のタグをつけてもらえます。ただ、ＪＡＬのようにラウンジサービスが受けられないのが残念です。

さて、機内に入るとびっくり！　機内の照明が怪しく光り、ちょっと驚きです。なにかこれからどこかに出かけるぞ！という異次元空間への旅立ちを連想させてくれます。出発が50分も遅れ、まだ搭乗待合室ならいいのですが、機内で1時間近くも待たされるのは、いただけません。その間、じっと座っているだけで、何もできません。少しずつタクシーウェイを進んでいるのですが……。ちょうど18時頃なので離着陸で滑走路が込み合っていたようです。飛行機はちょっと遅れると滑走路の使用の順番が狂うのでしょうか。

やっと飛び立ってくれて、水平飛行に入ると機内では夕食の準備で慌ただしくなります。キャビンアテン

ダント（CA）の方々が忙しく通路を歩き回り、そのたびに通路側に座っていると風が巻き起こり、少し気分が悪いですね。きっと、埃が回っているのでしょう、その埃の舞うのが落ち着いたかどうかわかりませんが、お構いなく配膳され、乗客も気にせずパクパクと夕食を食べ始めます。

最初のプレートは、前菜・デザート・パンが一緒に乗せられて配膳されます。お皿は真っ白で陶器製で温製、冷製のものがそれぞれお料理に応じてお皿まできちんと温められていたり、冷やされています（JALのプレエコは、エコノミーと同じプラスチック製です）。パンや前菜が終わった頃にメインのビーフ、チキン、サーモンのいずれかチョイスしたものが提供されます。もちろん、飲み物はアルコール類をふくめ無料、極めつけは？日本茶が茶瓶によって湯呑茶碗でサーブされました。機内で出される日本茶だから期待していませんでしたが、お茶の色は薄かったものの気のせいか意外とおいしい日本茶でした。

そのほか、アメニティも充実しているし、椅子のリクライニング、TVのディスプレイ画面もまずまずよい方だと思いました。ニュージーランドからの帰国便では、朝食と昼食の間にサンドイッチなどの軽食もあり、またチョコレートやクッキーなどのお菓子類も自由にいただけました。

成田からは南にニュージーランドの表玄関であるオークランド空港へ、そこで国内便に乗り換えて南島にあるクライストチャーチに向かいます。

ニュージーランド航空のプレエコクラス

2. Glacier Explorer（「タスマン氷河」）

マウントクック（Mt. Cook：正式名称は、アオラキ・マウント・クック（アオラキとはマオリ語で「雲の峰」））のかつての標高は3，746メートルでしたが、1991年11月14日に山頂が崩落し10メートル低くなった後、山頂付近の厚い氷がさらに崩壊して2014年には標高3，724メートルとなったということです。宿泊ホテルがこの山が見える絶好のロケーションに建つ「ハーミテージホテル（Hermitage Hotel）」で、このホテルからバスで15分ほど行ったところで「タスマン氷河」見学の入り口に到着、そこから徒歩で30分のところで、ゴムボート乗り場に着きます。ゴムボートは20人ほどが乗れるボートで、乗る前に船長＝ガイドさんがだいたいの目分量で左右、前後のバランスがよくなるように調整してくれます。ボートは、氷河湖をグルッと一周するだけです。いつも思うのですが、海外でのオプショナルツアーのガイドさんは陽気です。船上でも、バスの中でも明るくふるまい、参加者を笑わせ、楽しませてくれます。

今回は、ボートで氷河の近くまで行きましたが、それでも危険なので100mくらい離れたところまでしか行けませんでした。タイミングがよければ、氷河の崩落が見られ、湖に落ちる瞬間が見られるとのことでしたが、残念ながら今回は見ることはできませんでした。湖に浮かぶ、氷塊のいくつかを見

タスマン湖と氷河

ることができました。氷河から崩落した氷塊が、タスマン湖にいくつか浮いています。氷河の断片は真っ白ではなく、左右の岩山の岩を削った岩片を取り込んで黒い帯状に見え、それが層状に見えました。

氷山は、全く違った二種類のものを見ることができました。一つは、真っ白で透明で小さく割った塊からは、遠くが見えるような透明度が素晴らしい氷塊でした。もう一つは、エメラルドブルーのようなきれいな氷塊でした。二つとも湖に浮いており、ゆっくりと、ゆっくりと動いているようです。さらに湖に浮かんでいる氷山は、白く透明に見えるものと、マリンブルーに輝く氷山とがあるのに気づきます。これは太陽光の反射でそのように見えるようです。また、氷山の形成については約400年?前に形成されていただろうとのことでした。年代測定は氷に閉じ込められた気泡分析からわかったとのことです。

3．ミルフォード・サウンド（Milford Sound）の湾内クルーズ

まず、ミルフォード・サウンドという名称ですが、サウンドとは北欧で言うフィヨルドのことです。この名称が与えられたとき、フィヨルドという専門用語がまだこの地に伝わっておらず、それに現地の人の発音から近い英語の音を当てはめたといわれています。サウンドとは、英語で入り江を意味し、詳細には河川の氾濫によってできた地形を指しています。フィヨルドは、氷河の進退によって削られた岩山に氷河の溶けた水や海水が入り込んで形成される地形ですが、発見当時の人々の地理の知識や、言葉の知識がなかったため

にサウンドと名付けられてしまったということです。ユネスコの世界遺産（自然遺産）に登録されています。外海のタスマン海へと続いています。ニュージーランドを探検したクック船長が見落として、このサウンドの中に入ってこなかったということです。ここには13のサウンドがあります。

時折、小雨がぱらつくなかを進む双胴船は、外海のタスマン海に近づくにつれピッチングによる揺れが大きくなり、Uターンを始めました。このサウンドのクルージングでは、景色にばかり見とれてしまいましたが、深海魚が生息しているらしいです。外海に向かっているときは気が付かなかったのですが、Uターンしてからボーエン滝の近くの岩山に数頭のオットセイが、日向ぼっこをしている様子が見えました。時々頭をもたげ船の方を見ているその顔は愛くるしい。船着き場に近いところにあるボーエン滝は、その高さは約160mあり、雪解け水がサウンドの中に流れ込んでいく様子や急峻な岩肌を流れ落ちるために水量が多いこととあいまって壮大です。岩山は岩肌をむきだしにしているところが多いのですが、意外と木々がその急峻な崖の上に育っていました。船内での昼食として私たちのツアー客だけに提供された幕の内弁当も意外とおいしく、海と岩肌の外の景色を見ながらの食事はよかったです。

サウンド内のボーエンの滝，奥が船着き場

4. マウント・ジョン天文台で星空の観察

テカポ湖の南西側の標高1，031mの山頂に位置し、地星上で最南端にある天文台のマウント・ジョン天文台で星空を観察するツアーです。よく雑誌で見るあの夜空を期待していました。

当日は朝から曇り空で夕方まで続き、あまり星が見ることができないかと心配していました。夕食後、ホテルのロビーに20時に集合し、ツアー会社の事務所に集合すると、「山の上と下とで、少し様子が違うし、希望をもって天文台まで行きましょう！」ということで、マイクロバスに乗って出発!! 真っ暗闇の中をバスで10分くらいだろうか、頂上に着くと少しずつ空が晴れてきていました。すでに天の河や土星それに南十字星やカノープスなどははっきりと見えていました。私が今回参加した星空ツアーでは、カノープス、南十字星と天の河だけはしっかり見ておきたかったのですが……。もうこれで十分だったけど、ツアー会社は天体反射望遠鏡を三基、ドーム内にセットしてくださっていました。それによって、さらに数多くの星団・星雲を見ることができました。また、下山前にオーロラを見ることができました。ガイドさんが教えてくださらなかったら全く気付かず、ただの雲としか見えなかっただろうと思いました。薄くぼんやりと白く見えただけでしたが、写真にとるとオレンジ色に見えてくることで、集合写真を撮ったものが、インターネットで配信されてきました。その写真を見るとオーロラが、天の河などとともに鮮明に映っていました。感激!! 北欧やカナダのオーロラとは趣のちがった色・形態でしたが、さらにこれらのオーロラを急に見たくなり、北欧などのそれと比較したくなりました。そのほかにも、流れ星や人工衛星が流れるのを見ることができました。

5．その他の素晴らしい箇所

5－1．ロトルア間欠泉（北島）をみて

間欠泉のあるロトルアは、北島のオークランドの中心地からバスで南に1号線で250㎞、約3時間半のところにあります。ワカレワレワ地熱地帯の中心地で、さらにロトルア市中心部の南西30号線（ヘモ・ロード）沿いにあるTe Puia（テ・プイア）地区のアリキカバカバ保護区の南側にあり、園内には、「Maori Cultural Center（マリオ文化センター）」があって、原住民マリオの人たちによる伝統舞踊である『ハカ』と音楽のショーを見ることができます。

ロトルアは、19世紀にニュージーランドで最初に観光地として発展した町として知られており、地熱活動が活発に続いているのを目の当たりにできる自然公園があります。あちらこちらの地面から吹き出す熱気や湯気と硫黄の臭気に、今も生きている火山を感じることができます。「ポフツガイザー」は、ほぼ1時間ごとに30ｍの高さまで水しぶきを上げる間欠泉ですが、今回はあまり激しく吹き上げることはありませんでした。また、泥池もあり、グツグツと音を立てて地獄の様相を表して不気味です。間欠泉はいくつかあり、一周してそれぞれ特徴を見ることができ、日本の箱根、別府や登別などの温泉地帯のような硫黄の匂いが漂っていました。

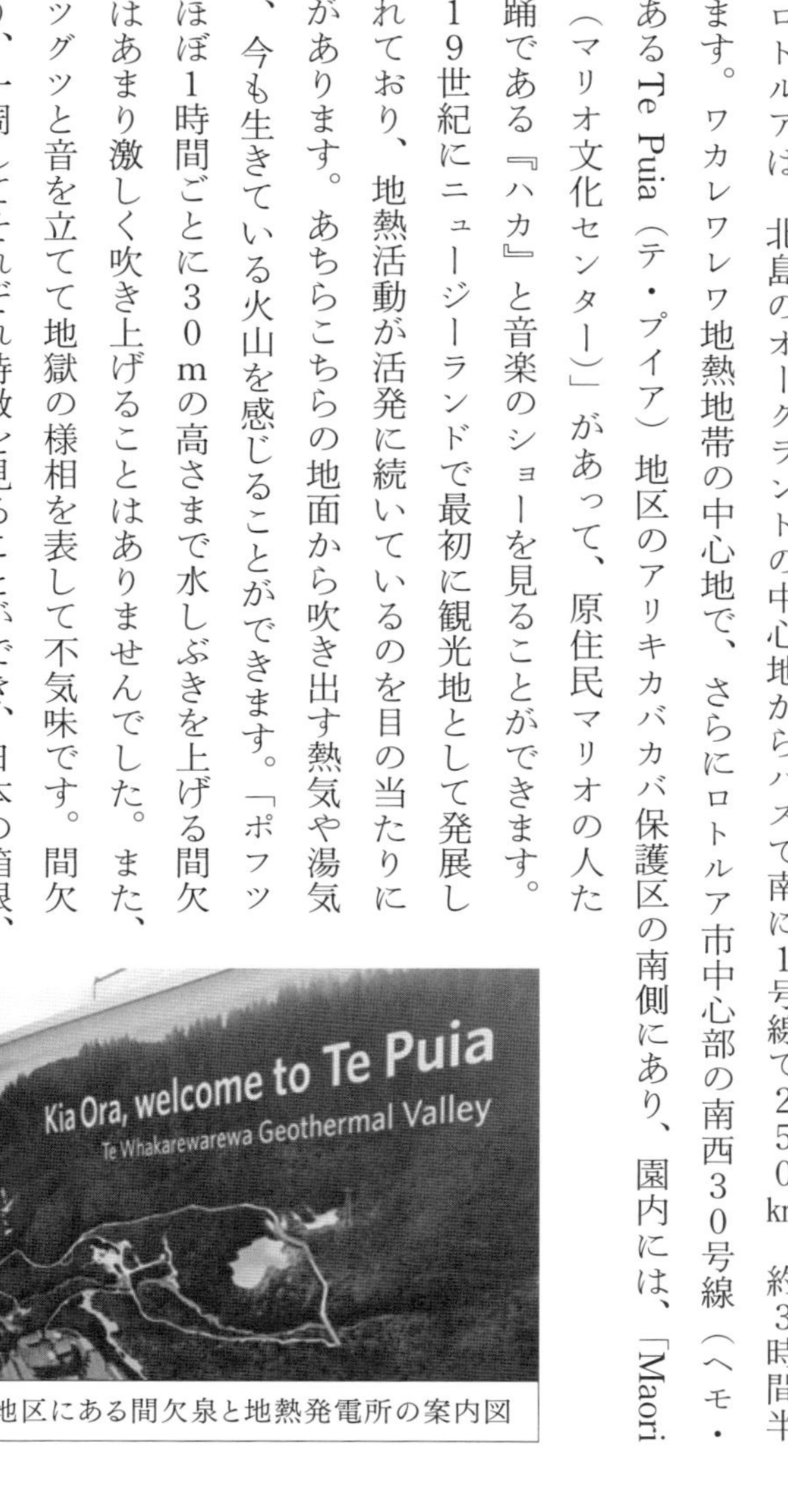

テ・プィア地区にある間欠泉と地熱発電所の案内図

園内には、マオリの工藝品やダンスを見ることができ、体験できる「マ

オリ・エクスペリエンス」があります。建物の中では、原住民のマオリの男・女性による、ダンスと歌によるショーも見ることができます。園の外でロトレア湖畔にはスパ施設があり、水着着用で入れるようになっているし、この地のマオリの文化を知るための博物館もあり、一大観光地になっています。

5-2. ワイトモの土ボタル

ワイトモの町が、牧草地が広がるのんびりとした平地に突然洞窟の町として出現します。「ワイトモ」とは、「ワイ」は水、「トモ」は穴を意味しているそうです。この地区にはいくつかの鍾乳洞窟があり、そのなかでこの『グローワーム洞窟』が大きくて、土ボタルが生息していることで有名です。火山のそばに石灰岩の鍾乳洞があり、世界でも珍しい土ボタルが生息することが不思議です。しかも、天井や壁から植物が垂れ下がっていてそれにとまっており、青白く光っている様子はまるで満点の星空、プラネタリウムを見ているようでした。なお、洞内での撮影は一切禁止なので、現地ガイドさんの説明とわずかな照明に目と耳を集中させておかなければなりません。

洞内では土ボタルの観察がメインですが、三千万年の年月をかけて成長してきた鍾乳洞としての見どころもあり、洞中でも「カテドラル」と呼ばれる広い場所では、実際にオペラ歌手によるコンサートに使われたこともあるそうです。途中からは、洞窟内の川に浮かべたボートでのツアーとなります。今回は、増水していたため残念ながら10分ほどのボートに乗って少し奥まったところまでの土ボタルの鑑賞で終わりました。

なお、土ボタルとは日本では、ホタル類の幼虫、特にマドボタルの幼虫を指すことが多いらしいですが、ハエの仲間で昆虫の総称でもあるということです。この幼虫は青白い光を発するため土ボタルとして知られており、オーストラリア、ニュージーランドなどで洞窟観光資源の一つとなっています。幼虫は洞穴などの天井に生息しており、粘液を20から30cm、長いものでは30から40cmも垂らし、暗闇で青白い光を発し、虫を誘き寄せて粘液で絡め取り捕食するらしいです。

6．北島のクライストチャーチの紙の聖堂＝「クライストチャーチ大聖堂」

2011年2月には、ニュージーランドで発生したマグニチュード6．3のカンタベリー地震がありました。この地震で、クライストチャーチの中心部にあったゴシック様式の大聖堂も崩壊してしまいました。5年たった今でも、その爪痕は街のあちこちに残っており、まだ完全復興したわけではないようです。急傾斜の三角屋根のこの聖堂は公園の前にあり、とても目立つ形をしていました。この聖堂を臨時の聖堂として、サランラップの芯の様なボール紙でできた「紙の聖堂」を無償で設計したのが、日本の建築家・坂茂（ばん・しげる）氏で、紙を資材として使い建築の可能性を広げて見せただけでなく、世界中の被災地に飛び支援することでも有名です。中はとっても質素で、ただステンドグラスが美しい。こういう形で世界貢献していくことを垣間見た建物でした。

他にも訪れたのが、「モナベール邸」です。庭園の入り口にある住宅はまだ、崩れたままでほとんど復旧していませんでした。庭園の中は小川が流れ、美しい草花で満ちていました。

これらの代表的な建物が、いまだ完全復興されていないのは、経済性のためなのか、あるいは大地震の怖さを少しでも忘れまいとする精神の表れなのでしょうか？

クライストチャーチにある紙の聖堂

ニュージーランドという国について

ニュージーランドは、面積２６８千㎢、人口は４４５万人の小さな国ですが、平和で安全な国と言われています。北島と南島の二島と周辺の島々からなり、首都ウエリントンは北島の南端にあり南島と対峙している格好です。大きな都市としては、北島にはオークランド（同国最大の都市であるオークランドは、商業および経済の中心地）、南島にはクライストチャーチがあります。国旗にみるユニオンジャックは英連邦の一員であることを表し、四つの星は南十字星を表しています。ニュージーランドとは、マオリ語でAotearoa（アオテアロア）でその意味は、「白く長い雲（のたなびく地）」という意味（"ao"＝「雲」、"tea"＝「白」、"roa"＝「長い」）原義では、北島のみを指す語でした。これは、ポリネシア人が初めてニュージーランドを見つけた際の雲の形を表しているといいます。１９世紀後半以降、この言葉は国全体を指すようになりましたといわれています。

南島は、氷河を抱くサザン・アルプスが連なり、フィヨルドや湖水が神秘的な姿を見せ、クライスト チャーチが古き良き英国の面影を漂わせています。また、世界遺産マウントクックやミルフォード・サウンドなど、大自然に触れられる魅力があります。岩石が多く露出し羊・馬・牛などの放牧が盛んです。北島では多くの温泉が湧き、無数の土ボタルが妖しい光を放つ鍾乳洞がありま す。先住民マオリの文化が色濃く残っており、多くの温泉が湧き、鍾乳洞で無数の土ボタルが妖しい光を放っています。

これまでにいくつかの国々を訪れましたが、そのたびにだんだんとその国を見る視点が定まってきたような気がしました。例えば、ガイドさんの話を伺っていても、その国の特徴を把握しようとする気が起こってきます。ここでは、現地で見聞きしたことをもとに、ニュージーランドの感想をまとめておきます。

Ⅰ．国の安全について

軍事面をみるとスイスの様に永世中立国をうたっていても軍隊は持っていますし、ニュージーランドも軍隊を持っています。しかし、両国とも戦争は絶対にしないと内外に誓っています。ニュージーランドでは、アメリカ海軍の原子力船の寄港を要請されたとき非核原則を根拠に断っています。アメリカからの報復など恐れないし、しっぺ返しがあっても毅然と立ちむかいました。オーストラリアとともに環太平洋パートナーシップ（ＴＰＰ）協定を提唱したり、アジア－環太平洋地域の一員として基軸となろうとしたりして、独自路線を歩んでいます。日本の様に、アメリカに従うか、従わないかという二者択一の観点でしか考えない思考停止して議論しない国とは違っており、歩むべき道をしっかり見ているといえるでしょう。

国の周囲には直接的な脅威を受ける国家がないため、本土防衛のほか、国際連合の平和維持活動（ＰＫＯ）を重点活動としています。ニュージーランドはオーストラリア、アメリカなどと共に、ANZUS条約に加盟しています。この条約は軍事同盟であり、太平洋の安全保障が目的ですが、のちに南太平洋非核地帯条約に参加、アメリカの核兵器搭載艦艇の寄港を拒否しました。イラク戦争には反対し派兵しませんでしたが、対テロ戦争の一環でアフガニスタンやインド洋に兵力を派遣しています。現地のガイドさん曰く、弱い軍隊だけど戦わないからそれでいいのだ、と……。

2．産業と国民の豊かさについて

ニュージーランドは、私たち日本人には観光の国として知られている通りで、多くの特徴のある観光地が点在しています。特に、顕著な産業はありませんが、羊を中心とした牧畜業が盛んですが、農業は土地柄盛んではなく、南島では野菜もあまり採れず北島やお隣のオーストラリアから輸入しているとのこと。また、四方を海に囲まれているといっても漁業が特に盛んだということもありません。森林業や畜産物の加工産業が盛んなようです。

ニュージーランドのGDP（PPP：相対的購買力平価）は、2011年で一人あたり27，688ドルとなっており、2015年4月時点で日本を100として換算したときニュージーランドは、124となっています。ガイドさんの話では物価は高いといいます。消費税相当の税率は15％ですが、それだけの国民への見返りはあるといいます。また、原住民であるマオリ族に対しても保障されているとのことでした。軍事にかける費用が少なくて済むというのも利点だろうと思われます。

今回、クイーンズタウンに連泊しましたが、保養地でもあり、ニュージーランドきっての観光地でもあり物価は高く感じました。現地ガイドさんは、一人住まいでアパートの家賃は週払いで4万円はするという、一カ月で16万～20万円前払いするということで、定職のない人にはとても大変だそうです。

オークランドでは、夕食後30分ほど街中を歩き、ホテルまでの途中にあるスーパーマーケットにも立ち寄ってみました。街中を歩いていても、あまり危険を感じませんでしたが、これも安定しているからでしょう。ただ、外務省のホームページなどにみる海外情報では、最近は危なくなってきているという。一般に、どこの国でもリスクは高まっています。

要するに、国の豊さと安全性は相関しているといわれますが、ニュージーランドは比較的よい方といえると感じました。

3．積極的な自然エネルギーの導入

ニュージーランドには、原子力発電所を持っていないという、むしろ自然エネルギーの100％導入に意欲を示しているといいます。石油や天然ガスの産出がほとんどない国ですが、100％完全でなくとも、それを目指すという高い目標を持っていることは素晴らしいと思いました。

注目すべきは、地熱発電です。この国の国是ともいうべき「クリーン・アンド・グリーン」の目標達成のために、自然エネルギーの代表である地熱発電がここでは盛んに行われています。もともとは、原住民の土地であったので開発にあたってはマオリ族の反対はあったようです。

この国では政治家が率先して高い目標を掲げて先導していく様子は、どこかの国の〝原発は止められません、経済の成長が望めません〟、と否定的なことばかり言っていては無能と言わざるを得ないだろうし、国民の民度も高まらないでしょう。

4．トイレと水事情

これまでいくつかの国を訪問し、その国のトイレに興味をもちました。

まず、ホテルのトイレですが、バスルームの中にトイレとバスタブがあるのは通常ですが、たまにシャワー室も兼ね備えているホテルがあります。ここまでは日本と同じですが、トイレが温水便座でないことが大きな?違いです。これは100%どこにもありませんでした。温水便座に慣れている日本人は、たいていなぜ外国に温水便座がないのだろうかと不思議になります。私も、温水便座を輸出したらいいと思っていました。これは絶対に売れるし、日本の細やかな技術の結晶であるとさえ思っています。温かい便座は、特に寒い国では重宝がられるだろう。温水が出てくる、温風で乾燥してくれる、脱臭もこの上ないサービスだ。それこそおもてなしの心?がすべて集約されているではないですか！

しかし、水に問題があったようでした。日本の水は軟水で、外国の水は硬水が多いとのことです。この水が温水便座に問題のようです。硬水には炭酸カルシュウムが含まれており、これが便座の管が細いために管内に沈着して目詰まりを起こしてしまうらしいのです。詳しいことは、本当のことは知りませんが、地元の方に聞いたらそのようなことを話しておられました。

今回、ニュージーランドでみた懐かしい小用のトイレは、昔日本の旧国鉄時代のローカル線の小さな駅の男性用トイレで一列に並んでお隣が丸見えで、正面が石でできていて色が茶色に変色しているトイレがありましたが、それと同じでただ日本のそれは石だったのが、ここはステンレス？製になっていて真っ白でまぶしかったのが印象的でした。

海外に行くと、飲料水はほとんどペットボトルの水に頼らざるを得ません。ホテルのバスルームの洗面台の水やレストランの水は、まず飲めません。旅行中もツアー会社から毎朝バスに乗り込むときに必ずといっていいほど一人１本ずつペットボトルの水を渡されるし、レストランでは水は有料です。しかし、ニュージーランドでは珍しく、どこでも安心して水が飲めます。スーパーマーケットでは、ガス入りとガスなしのペットボトルの水が売られています。

観光のコンセプト

現地ガイドさんのお話では、ニュージーランドの観光政策のコンセプトは「クリーン・アンド・グリーン」だと仰っていました。確かに街並みもすっきりしていてきれいだし、日本の様にけばけばしい看板・ネオンだらけの見苦しさはないし、自動車が横柄に走ることもなく歩行者にやさしい。郊外に行けば、のどかで人柄の良さも見うけられる。道路沿いにも広告塔もほとんどなく、高速道路も時速１００㎞ですが、みんなゆったりと走っています。そういえば、七日間で約２，７００㎞のバス旅行でしたが、事故を見なかったし、渋滞も市内の一部を除いてほとんど遭遇しませんでした。もちろん、ハイウェイをパトカーが追いかける姿も見ませんでした。本当の自動車社会なのだな！といろいろなことをたくさん感じました。

第十四話　アイスランド：割れる大地とオーロラ ― 真の民主主義国家

2017（平成29）年2月

平成28年秋に、ニュージーランドを旅行した際にテカポ湖の世界最南端にあるという、カンタベリー大学付属のマウント・ジョン天文台に行き星空を観察することができました。その際、ツアー参加者の集合写真を撮影したものを見せていただくと、そこにオレンジ色に近い雲を見ることができました。てっきり白い雲がオレンジ色に写った画像をみたものと思ったのですが、それがオーロラと知らされびっくりしました。それまでオーロラは、緑色に輝くカーテン状のものだと思っていたのですが、こういうオーロラもあるといわれびっくりしました。そこで、もっと本格的なオーロラを見たいという気持ちが出てきました。帰国して早速調べたところ、アイスランドでオーロラ観察チャンスが6回あるツアーがあることがわかって、アイスランド行きを決めました。

もう一つは、アイスランドといえば地質学を学んだ者としては、ギャウを見たいという目的をもつことは当然でした。大西洋中央海嶺が陸上に上がってきて肉眼で見えるところであり、この現象はアフリカ東部とこのアイスランドだけといわれているのでぜひ見に行きたいと思っていたのですが、冬でもあるのでただ雪だけを見るというリスクもありました。

旅行のパンフレットを見ると、アイスランドは自然豊かな国と紹介され、見るべきものがたくさんあることが書かれていました。それは、オーロラ、ブルーラグーン（温泉）、ゲイシャー（間欠泉）、地熱発電、大氷河、2000年に噴火したヘクラ火山や2010年の大噴火したエイヤフィヤトラヨークトル火山（このときはヨーロッパの航空機の運航に大支障を及ぼした）、などがあることでこの国は火山と氷河の島――といわれていることがわかり、ますます興味を抱くことになっていきました。

少し不満だったのは、この小さな島を一周するツアーでなかったことでした。とりあえず、南部アイスランド地区を重点的にみることに絞って参加することにしました。

1. スカンジナビア航空――"SAS Plus"クラスに搭乗

今回は、首都レイキャビックまでは直行便がないのでコペンハーゲンまではスカンジナビア航空（SAS）で、コペンハーゲンから4時間余りの乗り継ぎをして、首都のレイキャビック郊外のケプラヴィーク空港まではアイスランド航空ということになりました。成田―コペンハーゲン間が飛行時間約11時間30分なのでプレミアムエコノミー・クラス（プレエコ）に相当する"SAS-Plus"を利用することにしました。

出発前のラウンジの利用は、今回は一般も利用できるトラベルラウンジの利用になっていました。ラウンジの中はJALのビジネスラウンジよりも狭く、軽食の用意も少し劣る気がしましたが、空いていて手荷物検査前の短い時間でしたのでちょうどよかったです。なお、帰国の際のコペンハーゲンのSASのラウンジは広く、ゆったりとしていたし、食事や飲み物は充実していました。

機材は、ヨーロッパの航空会社だからでしょうエアバス社の機材でした。機内はファーストクラス、ビジネスクラス、プレミアムクラス、エコノミー・クラス（SAS Go）の四クラスがありましたが、プレミアムクラスの“SAS Plus”は28席ほどで数は少なくほぼ満席でした。コペンハーゲン空港はハブ空港で、ヨーロッパ各地への乗継が便利となっています。SASのプレエコは、可もなく不可もなく特別優れた点もないように思えました。

2．コペンハーゲン空港からレイキャビック郊外のケプラヴィーク空港

成田から乗り継ぎのために降り立ったのが、以前一度来たことのあるコペンハーゲン空港です。やはり乗継で降り立ったことがあるような記憶があります。

EU圏内の国に行くには、最初に降り立った空港で入国審査が行われます。機内に持ち込む手荷物検査も行われます。ただ、成田空港のカウンターで預けた手荷物に関しては、安全検査がないので目的地までスルーできるので、SASからアイルランド航空の搭乗機まで運んでもらえ、スーツケースをガラガラ引いていく必要がないのでその分は楽です。ただ、乗継だし免税店で何かを買うわけでもないので、トランジット・ルームで乗り継ぎ便を待つようにならないものかな？　要するに、成田でセキュリティチェックを受けているし、空港の外に出るわけでもないので、入国審査であの長い列に並ぶことがありませんでした。

コペンハーゲン空港のなかで乗り継ぎ便の出発まで、レストランやお土産店などを覗いて歩くしかありま

せん。帰りに立ち寄った際にお土産として買いたいものの目星をつけておくことにしました。

空港で目に入った少し驚いたことは、「SUSHI」と書かれた回転すし店があったのにはびっくりしたし、寿司をつまんでいる人が結構多く、入店待ちの人の列があったことでした。私は、お土産としてデンマークのチョコレートを考えていたので、免税店や専門店を探しました。というのも、機内でスナックとしてCA（キャビンアテンダント）さんからいただいたチョコレートがおいしかったのが印象に残っていたからです。日本で言えば皇室御用達というところのものでしょうか、“Anthon Berg”社のものだったのです。免税店にあるのを探すことができました。

ターミナルは3つあり国際線用は2、3です。搭乗口があるピア（標柱）がAからDまであり国際線用はB、C、Dの3つで、さらにDピアには103ものゲートがあります。その広さにビックリです。3時間ほど時間を費やして、アイスランド航空の便のゲートまで行きます。20時30分発でしたが、待合室（搭乗ゲート前）はほぼ満席状態でした。

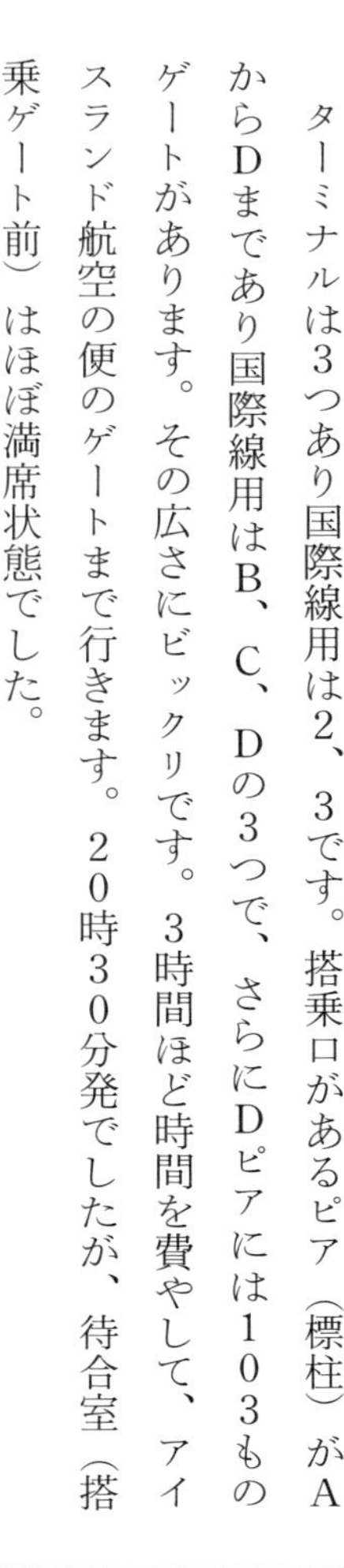

ほぼ満席の機内では、ヨーロッパの航空会社の一般的傾向なのか、エコノミー・クラスでは一杯目の飲み物は無料で、食事は機内で買うことになっていました。エンターテイメントも少ないし、機内雑誌も面白味はありません。外は真っ暗で、オーロラが見える気配もありませんでした。3時間くらいをじっと我慢しなければなりません。首都のレイキャビック郊外のケプラヴィーク空港に到

ヘクラ火山（1,450m）

着しましたが、静かなソフトランディングでした。外を見ると意外にも雪が少ないのに驚きました。滑走路や誘導路は除雪が行き届いているのですが、それ以外のところも雪が少なかったことは意外でした。

首都にある空港としては、小さいような気がしました。夜遅いことだし、発着便ももう少なくなっており閑散としていました。すべてスムーズに行き現地のガイドさんの出迎えを受け、足早にバスに乗り込みホテルに向かいました。ホテルまで約50分くらいだったと思いました。道路も空いていて高速でバスは走りました。なお、帰りも朝早く夜が明ける前に空港に着いたので全くと言っていいほど、空港の様子はわからずじまいでした。

首都レイキャビックについて、あまり知られていないのが世界初の民主議会と言われる「アルシング」の発足の地だということです。この街は、歴史的にも有名で930年に世界初の民主会議が開かれた場所だということでした。アイスランドの歴史を語る上で欠かせないし、1944年にアイスランドが独立を宣言したのもこの場所ということです。9世紀末から10世紀にかけて、ケルト人がフェロー諸島を経由して移住してきました。新しい国を目指した移民たちは王による統治ではなく、民主的な合議による自治を目指し発足しました。世界最古の民主議会です。これを国家の誇りとしているということでした。その伝統を今でも引き継いでいます。なお議会は一院制で、議員数は63人、任期は4年となっているそうです。

3．地星の割れ目――ギャウを見る

まずは、世界遺産として登録されているレイキャビクから北東約50kmに位置する「ギャウ」という特殊な自然景観で有名な「シングヴェトリル国立公園」を見学しました。朝早くホテルを出て、N-1道路を北上します。この公園では、はアイスランドツアーの目的の一つである地星の割れ目に注目しました。大西洋の中央部を南北に走っている大西洋海嶺が地上に上がってくるところで、地上で見ることができるのは、ここアイスランドと東アフリカの大地溝帯です。ユーラシアプレートと北アメリカプレートの境目が地上で見られ、この地星の割れ目を「ギャウ」と呼んでいます。ビジターセンターは北米大陸側にあり、センターではここが地星の割れ目であることを説明したパネルがあるのでぜひ一読しておきたい。このセンターを通りぬけるとユーラシア大陸が見えます。写真の左側が北米大陸側、右側がユーラシア大陸側となります。中間の窪地が大地溝

北米側プレートのギャウ：2㎝/年で今も開いている

帯になっていますが、あまりにもスケールが起きすぎて、実感がわいてきませんでした。

4. ゲイシール――ストロックル間欠泉

英語で間欠泉のことをカイザーと言いますが、その語源は、ゲイシール（geysir）です。ガイザーという名称は、アメリカのイエローストーンやニュージーランドで使用されています。このゲイシールエリアには、いくつか間欠泉がありますが、その中でも現在活動の激しいのが、「ストロックル間欠泉」です。地下水が地熱を受け、無数の泡となり湧きあがります。蒸気圧が水圧を超えると、上空へ吹き出す現象です。一日3回ほど5～10分間隔で、吹き上がるので時間を読んですぐそばまで行けば見ることができます。近くにはレストランもありますが、近くでは野外に蒸気熱で野菜を蒸しており、レストランで食べることができるようです。

5. 三つの滝：スコゥガフォスの滝・セリャランスフォスの滝・グトルフォスの滝

南部アイスランド地区にある3つの滝、スコゥガフォス（スコゥガルは滝のある場所の地名、フォスは滝の意味）、セリャランスフォスの滝、グトルフォスの滝です。レイキャビックからだとヴィク（Vik）の街に入る手前にあり、セリャランスフォスの滝とスコゥガフォスの滝が続いてあります。私たちは、東から行ったので先に東にあるスコゥガフォスの滝（Skogafoss）、そしてバスで移動して5〜10分ほどのところにあるセリャランスフォスの滝（Seljalandsfoss）を見ました。

まず、スコゥガフォスの滝ですが、この滝は別名「雑木林の滝」と呼ばれる滝です。冬でも全面凍結することなく、周りを雪に覆われ、美しい滝の姿を見ることができました。滝の上にある展望台まで400段近い階段を上って行かなければなりません。階段は、冬でも滑りにくいように鉄網でできていますが、ゆらゆら揺れるし、狭いので要注意です。スコゥガフォスの滝は幅25m、落差は60mあります。晴天時には、落水により生じる水煙により一重あるいは二重の虹が見られるという、この日は一重の虹を見ることができました。

次にバスで移動して、海に近いセリャランスフォスの滝は日本での知名度が低いようです。地最大落差はおよそ65mで、アイスランドの滝の中でも比較的規模の大きいものとなっているそうです。滝の横には遊歩道があり、そこからも見ることができます。遊歩道は濡れて滑りやすくなっており、訪れたときは凍結し、つるつるになっているところもありました。

滝つぼの裏側にはくり抜かれたような窪みがあり、大きな空間となっています。滝つぼを囲うように小道が造られており、歩いて滝の裏側に入ることが可能です。この滝の裏側にまわれるようになっており、東から西の展望台に回って滝を正面から見て戻ってくることができます。冬期間でしたので、降ってきた滝の水しぶきが凍結しており、また裏側に回る道も狭く、ちょっと足を滑らすと滝つぼに転落します。道には柵やチェーンもなく危険ですので、装備のない人特にアイゼンを靴底に着けていない人や、自信のない人は行くべきではありません。私は、山側の壁沿いにゆっくり手をつきながら滝の裏側まで行きましたが、スリルがあったものの、足元が滑りやすくとても危なく、西側の展望台までまわって行くのは諦めました。

最後の三つ目の滝は、間欠泉のゲイシールの近くにあるグトルフォスの滝（Gullfoss）です。この滝は三つの滝の中では最も大きく、“gull”はアイスランド語で「黄金」を意味しているそうです。二段に分かれており、落差は一段目が約15m、二段目は約30mあり、最大幅は約70mあるそうです。滝つぼのそばまで行くことはできませんでしたが、滝の横にある道を上っていくと滝を下に見ることができます。また遊歩道があって滝の中間くらいの位置からも見ることができるようになっていました。前の二つは海岸の崖にできた滝でしたが、ここは断層？に沿った川の流れにある滝だったので、前の二つの滝とは趣を異にしています。雪解けが始まっているせいか、水量も多く迫力がありました。

滝の裏側から見るセリャランスフォスの滝

6．ブルーラグーンで寒いなか野天風呂に！

ラグーンとは、一般に遠浅の海で潮が満ちれば隠れ、潮が引けば現れる所。あるいは、砂丘・砂洲・三角州などのため、外海と分離してできた塩湖、と定義されています。日本では、北海道のサロマ湖や静岡県の浜名湖をイメージすることができます。ここでは湖・沼・池という意味で用いられているようです。また、ブルーの水の色も湖水に溶けた鉱物の色を反映した色を表していると言われています。

アイスランドの有名なブルーラグーンは、レイキャビックの南の郊外に位置しており、一大温泉場になっていることで有名です。世界最大級のプールになった野天風呂温泉としても有名です。隣接する地熱発電所で発生したお湯を利用した施設です。温泉に入るには、一般に外国では水着を着用する必要があります。温泉といっても３８℃から４０℃ほどの油温で屋外は冬の寒い日でしたが、温泉に入ると温まり、気持ちが良いものでした。シリカとよばれる泥のパックを試すことができ、顔や腕に白い泥を塗って5分ほどたって泥を落とすとスベスベした感じがします。その光景は白いお化けが水面から顔を出しているようで一見異様です。設備も整っており、多くの人が混浴で入湯しています。入場料を払って、ロッカーのキーをもらい、水着に着かえて屋外にある池のような温泉プールに入ります。外には、サウナもあります。ここでは５０分間ほどの滞在でした。

広大な敷地で、将来的には温泉場を広げ、ホテルも建築する予定とのことで、ますます観光地化することをめざしているようでした。また、近くには地熱発電所があります。

7. アイスケーブ

これから行くアイスケーブとは、氷の洞窟のことです。今回は、「ヴァトナヨークトル国立公園」にあるアイスケーブに雪上車まがいの四WD車で分乗してケーブの入り口まで三〇分ほどのドライブです。雪上車にはカナダのバンフでヴィクトリア氷原に行ったときに乗った経験があります。その時の雪上車は大型でしたが、今回は四WDで少し小ぶりでしたので乗り心地はよくありませんでした。

旅行社のパンフレットを見て期待していたのですが、現地に行ってがっかりしました。パンフレットの写真には確かに〝イメージ〟とありましたが、こんなにも違っていたとは……、ということであまり書きたくありません。メモ程度に書いておくとケーブの入り口は確かに氷河の下にありブルーに輝いていましたが、奥に行くほど狭くなり、途中は立って歩けず、屈んで進まなければなりませんでした、ものの100mも行かないうちに行き止まりです。感想としては、思ったほどではなく四WDで30分も揺られて見に来るところではなかったと思うのが実感でした。

ヴァトナヨークトル国立公園内の洞窟入り口

8. ノーザンライト（オーロラ）の鑑賞

オーロラとは、その名称がローマ神話の暁の女神アウロラ（Aurora）に由来しており、英語ではaurora[ɔːˈrɔːrə]と表記されています。ただ、アイスランドでは私の発音が悪かったせいか「オーロラ」は現地の人たちにはなかなか通じなかったです。むしろ、観光案内パンフレットには“northern lights（北の光）”＝ノーザンライトと書かれていますので、現地ではこの言葉を使用したほうがいいと思います。日本では北極近辺のオーロラを北極光、南極近辺のオーロラを南極光と呼び区別していることもありますが、南極光は南極まで行かなければ見られない？とあるので、オーロラといえばカナダか北欧で見る方が容易であるため、オーロラ鑑賞はこういう地域に行くのが一般的のようでツアーの数も多くあります。

原理を簡単に紹介しておくと、主に緯度６０度から７０度の範囲で観測され、高度は約８０kmから５００kmほどの超高層大気である電離層で起こり、太陽から地星へと運ばれてきた太陽風（プラズマ粒子）が、地星の大気に含まれる酸素原子や窒素分子と衝突した際、これらの原子や分子が発光してオーロラが出現すると考えられています。

今回の旅行では、三夜連続してホテルの庭で見ることができました。オーラフィにある「フォスホテル」での二夜とヘットラにある「ストラクタホテル」での一夜の計3回でいずれの夜もノーザンライトの形は違っており、放射状、カーテン状、空一面のものと、それぞれ違った様子で現れました。特にヘットラではほとんど諦めていましたが、夜中の2時にけたたましく電話が鳴り、起こされて外に出てみると美しいノーザンライトが輝いていたのは印象的でした。ただ寒くて手袋をしてのカメラのシャッターを押すのはつらかったです。アイスランドでの最後の夜となったレイキャビックでは、街の明かりがあまりないホテルから南に5分くらいの海岸まで行き二時間ほど空を眺めていましたが、残念ながらオーロラを見ることはできませんでした。オーロラの出現は、まったく天候に左右されるので見ることができるかどうかは運次第ということのようです。現地ではオーロラ情報というのが発行されていて、それを目安にするのが良いそうです。

三夜も連続して念願のオーロラを見ることができましたが、次は機会があれば、アラスカでのオーロラを見たくなってきました。(なお、写真は著者撮影による)

空全体に広がる
2月28日20時
Fossホテル前の
北西の空。

カーテン状に広がる
3月1日20時頃
Foss ホテル東～
南東の空

放射状に広がる
3月2日深夜2時
Stracta ホテル
西の空(下の方は街の灯り)

9．エネルギー政策としての自然エネルギーの利用

アイスランドでは、１９８０年代から再生可能エネルギー発電への切り替えを推し進め、エネルギー政策先進国として世界から注目を浴びています。ホテルのロビーに掲示板に書かれていたのが、『アイスランドのエネルギーの約８５％が再生エネルギーで、再生可能資源からのうちの１／２以上が地熱発電によるものである。』と、書いてありました。

また別の情報では、現在では国内の電力供給の約８０％を水力、約２０％を地熱から得ており、火力・原子力発電所は一切ないということです。２０５０年までには化石燃料に頼らない水素エネルギー社会を確立することを標榜しており、既に燃料電池自動車のバスの運行、水素ガス供給ステーションの建設が始まっているというエネルギー先進国と思われました。この状況はニュージーランドでも同じであり、自然エネルギーをうまく利用している。日本もこういう先進的なところを見習うべきだろう、と思いました。

日本のように、採算が取れない、外国ではまだ進んでいない、などといってなかなか取り組まないのとは随分違っています。

10．最後にレイキャビックの街で

レイキャビックとは、「煙たなびく湾」という意味だそうですが、この場合の煙は何をさすのか現地のガ

イドさんにお聞きすることを忘れました。火山国だから噴煙？ それともブルーラグーンの湯煙かな？ アルミ産業が盛んだということで、工場の煙？

〈水〉

アイスランドで驚いたことはたくさんありましたが、まずは水のおいしいことでした。世界で水道水が飲める国は少なく、15ヵ国しかないということです。特にアイスランドの水道水は、消毒などで手を加えておらず天然の水が水道から流れ出てきます。アイスランドの水は世界で最も綺麗な水、おいしい水と言われており、水道水そのものが天然水ですから、ミネラルウォーターを購入する人はほとんどいないようです。

ホテルの洗面台の蛇口には、「世界で一番おいしい水です。」という張り紙が貼っているくらいです。蛇口から出る水を飲んでください、とわざわざ書いてあるくらいですので、きっとアイスランドの人が誇りに思っているものの一つなのでしょう。他にこれまでには、スイスやニュージーランドでも水が飲めるといわれていましたが、アイスランドの水は格別おいしかったです。日本の水はおいしいといわれていますが、比較になりませんでした。また水の透明感が抜群です。ツアー中も旅行社からのミネラルウォーターの配給はありませんでしたし、食事の前に飲む水は楽しみでもありました。

ブルーラグーン近傍の地熱発電所

〈安全・安心〉

先ず道路ですが、Ｎ－１というハイウェイをだいぶ走りました。時速９０kmが一般的でした。交通量が少ないこともありましたが、６日間の滞在中でパトカーを見たのは2回だけでした。そのうちパトカーに停められていたのをみたのは一度だけでした。多分速度違反だったのでしょうが、１００kmで走る車はまずいないように思われました。もちろん、事故は一度も見たことありませんでした。

レイキャビック市内では、素朴で威圧感の感じない建築物の国会議事堂や首相官邸を外から見ることができましたが、正直「エ！　これがそうなの？」と思いました。日本と最大の違いは警備する警察官が一人もいないことでした。日本の様にあちらこちらに警察官がいて、それで安全が守られているというものでなく、これこそが、本当の平和で安全・安心な国のあるべき姿なのだという思いがして、思わずうらやましく感じました。

また、日本は安全な国であるとの評判があるようですが、本当にそうなのか考えさせられました。ある人曰く、「警察がしっかりしているからだ、街中に交番があるから抑止力になっているからだ。」確かにそうかもしれません。しかし、アイスランドの様にそんな抑止力がなくとも国民が幸せで、民度が高ければ、安全であり安心して暮らすことができることを今回は知ることができました。自由時間があってレイキャビックの街中を歩いて見ることができました。確かに、浮浪者のような方をみましたが、ブルーシートで覆われた段ボール箱で生活している人は見ませんでした。

日本も、いつかこのような安全で安心して暮らせる国になってほしいと思いました。将来の日本の姿を想像するとき、アイスランドは一つのお手本になると思いました。

〈ホフジハウス……冷戦の終わりを告げた迎賓館〉

レイキャニックに来て初めて知りましたが、港に面した小さな瀟洒な家がなんと歴史的な建造物でした。この建物は、20世紀初頭にフランス領事館として建てられたそうです。1986年旧ソ連のゴルバチョフ書記長とアメリカのレーガン大統領が会談し、東西冷戦終結の契機となった歴史的な会談を行った場所として保存されていました。（最終的には、1989年12月に地中海のマルタで当時のブッシュ大統領とゴルバチョフ書記長によって終結となった。）

まったく小さな家屋で、教えられなければ見過ごしてしまうような何の変哲もない家でした。日本でしたらきっと立派なホテルとか、厳重に警備された由緒ある建物などが選ばれるのでしょうが、アイスランドのような平和で安全な国ではここで十分なのでしょう。感激!!

ここレイキャビックが選ばれたのは、ワシントンとモスクワの中間地点であったからとか、アイスランドがヨーロッパの中でも安全な場所であったからとか、いろいろな説があるようです。そういえば、市内にある国会議事堂にしても首相官邸にしても質素で、瀟洒で、慎ましやかに建っています。たいていの国では、豪華に威風堂々と権力の象徴の代表の様に建てられていますが、この国は全くそのような気配を見せていませんでした。

冷戦終結の舞台となったホフジハウス

〈北の国の小さな島〉

アイスランドは、グリーンランドの最南端よりは少し北に位置しています。旅行に出かける前は、まだ二月末であるし、なんといっても北緯六〇度以上のところでもあるので、きっと寒いのだろうと思っていましたが、ケブラヴィーク空港（レイキャビック郊外）に着くと滑走路の周り以外のところにはほとんど雪はなく、市内に入るまでほとんど雪はありませんでした。寒さもほとんど感じられず、マイナス2～5℃といわれてもピンときませんでした。ここが北極に近い場所だとは思えないくらいで、拍子抜けといった感じでした。滞在中もそれほど寒さを感じませんでしたので、東京の冬の身支度で十分でした。夜は少し寒かったような気がする程度です。

暖かく感じるのは島の西側は北極からの寒流（東グリーンランド海流）が南下してくるものの、東と南側には暖流（北大西洋海流）が北上してきているからだそうです。

アイスランドという北の小さな国旅行を終えて

国連が「国際幸福デー」に指定している３月２０日、「世界幸福度報告書２０１７」（"World Happiness Report 2017"：http://worldhappiness.report/）が公表され、調査対象１５５カ国中、最も幸せな国はノルウェーと発表されまれした。報告書は各国の一人当たりの国内総生産（ＧＤＰ）や社会支援の在り方などを基準に２０１４〜１６年の「幸福度」を算定、ランク付けしています。上位５カ国のうち４カ国を北欧諸国が占め、前年首位のデンマークが２位、アイスランドが３位、またスイスが４位と続いていました。報告書は「上位４カ国は、社会福祉や自由の度合いなど幸福に資する主な要因の全てで高評価だった」と指摘していました。因みに日本は、前回調査の５３位から５１位となっており、米国は１４位、韓国が５５位、中国は７９位でした。アジアで日本より上位の国は、シンガポール、タイ、マレーシアがあげられています。こういうデータが示されると、あの国よりも高いランクだとか、低いランクだとか、おかしいという意見が必ず出てきますが、一つの観点が示されたと思えばよいだけのことかもしれませんが……。

この結果は、実際に見たアイスランドの人々の様子から納得できました。決して経済優先とは思えないし、たとえ消費税が２４％と高くとも国民は不満を抱えているわけでもありません。（因みに、日本の消費税は２０１９年１０月に８％から１０％になりました。）観光業と漁業とアルミニュム産業があるくらいで特段の産業があるわけでありません。国土も狭く（北海道と四国を合わせたくらい）、人口も約３８万人と少なくとも人々は平和で幸せだと実感できることが大切なのだと思った次第です。消費税が高くても教育や医療において国民が享受しているので、高くとも国民は不満や不平は言わないようです。

もうひとつのこの国の特徴は、軍事面に見られます。ＮＡＴＯの原加盟国ですが自国軍は所持しておらず、世界でも希少な「軍隊を保有していない国家」です。国土防衛は警察隊と沿岸警備隊が担っているということです。日本の様に憲法で軍備を放棄しているにもかかわらず憲法解釈で自衛隊を有しているという、もうこれは軍隊であるということはどこの国も認めており、アイスランドと環境は違っていても、日本が軍隊をもたない平和国家だというのは、もはや幻想であるということを認識しておかなければならないと思いました。

旅行に出かける前に、テレビでアイスランドの年末のカウントダウンの様子が放映されました。そこには、花火を多数の市民があげる様子が映し出されていました。なんと２０万円分の花火を買い込んで、家族全員で花火を上げて新年を迎えるというのです。一瞬２０万円分も花火を買うのかと目を疑いましたが、それにはアイスランドならではの事情がありました。その一つが、アイスランドの冬は厳しく老人だけのすまいも多く、冬になると家庭内に問題があるとレスキュー隊が駆けつけてくれるそうです。たとえ、切れた電球一個でも取り替えに来てくれるそうです。また冬山遭難にあたってはボランティア活動で救助隊が編成されるそうです。高校生くらいのときからそういうボランティア活動に積極的に参加し、相互扶助の精神を養っておくそうです。「お互い様の精神」がいきわたっているようでした。そういうボランティア活動の資金に充てるのが売り上げだそうで、売り上げ費の２０％が、活動資金に回されるそうなのです。だから、いつかは自分もお世話になるかもしれないと思い、花火をたくさん買うことに抵抗がない、とのことでした。

こういう考え方にも、相互の助け合い、いつかは自分も、ということで惜しまない精神は見習いたいものです。決して、日本人の様に、お金を払ったから助けてもらって当然、レスキュー隊を呼んでも権利だ、とは思わない精神とはずいぶん違うのだと思いました。

このような国を実際に訪れ、人々の生活を見て、街の中を歩くことで、実感できたことは、自分のものの考え方を形成する上でも参考になった旅行でした。もう一度行きたい国のひとつとなりました。今度は夏に行き、ギャウを歩いて見たり、滝の周辺をハイキングしたり、冬とは異なった景色を見たくなりました。また、現地の人ともっと交流したくなりました。

海外でみた日本人

その1

ある観光地で、アイスランドでは珍しくトイレを使用する際に使用料（添乗員さんはチップと言っていました）として100ISK（アイスランドクローナ：約80円弱）が必要で、現金またはクレジットカード（CC）で支払って下さいと言われました。この国ではCCでの利用が一般的で、どんな小額でもOKだそうです。ホテルのベッドのそばに置くいわゆる枕チップは不用でしたので、この時はさすがにCCを使いませんでしたが、トイレのCC払いはどのように払うのか興味津々でした。私は一応、現金で払おうと思いポケットに入れておきました。トイレの入り口にCCの機械がありましたが、あいにく壊れていてトイレに入れず利用できませんでした。添乗員さんが売店の係員さんを呼んできますから、と言って待っていると、係員さんを連れて戻ってきました。係員さんは機械が動かないのを確認して、「いいですよ、無料で使用して下さい。」と言われてゲートを解放してくれました。みんな用を足してゲートの外まで戻ってくると、行き違いにして中国人らしき一行がやってきて、ゲートがあるのに戸惑っていました。有料トイレであることに気がついているようでしたが、ゲートがあかないことを知ったほとんどの人が無視して、「このゲートは乗り越えられる」と言って、みなさんドッとトイレに入っていきました。

ここでは、わざわざ係員さんを呼んできて、きちんと確認をとってから入っていく日本人のマナーの良さを実感しました。

その2

コペンハーゲンの空港でＳＡＳのプレミアムエコノミー客専用ラウンジでのことでした。広々としていて、スナックも豊富で、きれいで落ち着いていました。私は大声で話している日本人の旅行客がうるさいので、少し離れて空いているエリアに行きました。私は、大声で話しているこの団体から遠ざかって静かな空間でメモをとったり、ネット検索をしていました。すると、すぐそばの空いた席に日本人男性４人の会社員のグループが座りました。これは、うるさくなるぞ！と思っていたら、ビールとつまみをカウンターからもって、戻ってくるや大声でゴルフの成果や会社の取引の話をはじめました。今までの静寂を打ち破るように、大きな声にまいってしまいました。周囲にはヨーロッパやアメリカ人らしき個人客や家族客がいたのですが、何も言わず我慢していました。日本人もグループ・団体になるとマナーの悪さは、他の東洋人と同様大して変わらなくなるのだと実感しました。

第十五話　イタリア：古代ローマと中世の都市における藝術

2017（平成29）年10月

最近になってからは、次の旅先をどこに決めようかとしたとき、意外と前回訪れた国での体験から次の訪問国を決めることが多くなってきました。

これまでの旅行を振り返って、アメリカのグランド・キャニオンに見る自然がつくりだす地形の造形美と、アイスランドでは宇宙空間と地星が一体となって織りなすオーロラという神秘的な自然美を味わうことができました。それならば人がその手で作り出すことのできる造形美はなんだろう、と考えたとき、それは言うまでもなく藝術作品であり、その代表が絵画だと思います。絵画といえば、世界の多くの国にはその国を代表する作品があります。これまでの旅行では、世界の三大美術館（正しい定義はないという）と言われているロシアのサンクト・ペテロブルクにあるエカテリーナ美術館やパリのルーブル美術館、ニューヨークのメトロポリタン美術館に所蔵されているものがいずれ劣らず素晴らしかったと思います。それに、まだ行ったことはありませんがスペインのプラド美術館などがあげられると思います。これらの美術館はその所蔵点数や規模などでトップクラスなのでしょう。

しかし、イタリアにある数々の絵画も世界有数であり、所蔵する絵画の有名度で言えばひけをとらないだろうと思います。その中でも、中世イタリアのルネッサンスを代表する三大絵画の巨匠の作品でしょう。宗教画であるため人によっては好き嫌いがあるかもしれませんが、多くの人が賞賛するだろうものが、ローマにある「ヴァチカン美術館」・「システィーナ礼拝堂」の『最後の審判』とミラノにあるサンタ・マリア・デッレ・グラツィエ教会にある『最後の晩餐』でしょう。人はどうして「最後の」という言葉に惹かれるのでしょうか。今回はこの二つの作品とともに、どうしても観たかったのがシスティーナ礼拝堂にあるラファエロの『アテナイの学堂』でした。そして、ほかにもフィレンツェのウフィッツィ美術館所蔵のボッカチヨの『ヴィーナスの誕生』です。これだけの作品を観たくて、イタリアに行くことを決めたくらいでした。それに、絵画ではないですが、『ピサの斜塔』の見学は楽しみにしていました。ただ残念なことはミケランジェロの『ダビデ像』（フィレンツェ市内のアカデミア博物館）の本物を観る機会がなかったことですが、街中のミケランジグラツィエにある銅製のレプリカ像を観に行くことができました。

日本でいえば藝術の秋真っ盛りの時期、古都京都に対して古代都市ローマを比較することは難しいでしょうけど、どちらもその国を代表する都市です。このローマを筆頭に藝術都市における作品に出会えることは、最高のタイミングでした。

1．まずは北の玄関口ミラノへ

今回も飛行時間12時間45分ということで長時間のフライトでもあり直行便でもあるということで、プレミアムエコノミー・クラス（プレエコ）のあるアリタリア航空（現・ITAエアウエイズ）を利用するツアーにしました。キャビンアテンダントのサービスが良くない、機内食が美味しくないということでしたが、これらの評判を聞いていましたので期待していませんでした。往復便とも予想通りでした。特に、往きの便はミラノ空港行きだったので機体も少し古く感じました。さらに、日本発の長時間のフライトなのに日本語のエンターテイメントが少ないこと、機内食はエコノミー・クラスと同じもの（多くの航空会社のプレエコも同様）で美味しくないこと、座席は前の背もたれが倒れてくるなどで、旅行代金に上乗せして席をとってもあまりメリットはないといえるでしょう。ただ、二人シートであり、少し席がゆったりしていることくらいがメリットでしょうか。アメニティも特別良いというわけでもありませんでした。

八日間の旅のはじまりとなるミラノ（マルペンサ空港）に着いたのは、夜でしたので空港の外の様子はよくわかりませんでした。さて、団体旅行では空港を出るまでは落ち着きません。第一の関門は、ツアー客25名のグループ員全員が集まるまで時間がかかることです。参加者が全員成田で搭乗したことは確認されたようですが、座席がバラバラなので最悪最後の乗客が下りてくるまで待たなければなりません。私達は、プレエコなのでビジネス客の次に早く降りることができました。

次の難関は、入国手続きのイミグレーションでパスポートを用意して列に並ぶのですが、さすが？イタリア、到着便が重なった上に開いているゲートは5～6つほどです。しかも、前に並んでいる人たちは中東かアフリカから

ミラノ・マルペンサ空港

やってきたようです。突然、同じ便の他の日本人観光ツアーの老婦人があまりの長時間待たされたためか、気分が悪くなったようで目の前でその場に倒れ込んでしまいました。誰かが、「エマジェンシー！」と叫んだので、係官らしい人が来て、男性と係官が何か話しているうちに、多分ゲートが少ないうえに待ち時間が多かったことが原因だということが伝わったのか、幾つかのゲートを日本人のためにあけてくれました。また、列で並んでいるときは、どこの国の人かわかりませんが、大勢の旅行者が私たちの列に割り込んできましたが、添乗員さんが「ノー」といって彼らに後ろに行くように叫んでいました。彼らの無茶ぶりにただあきれるだけで無言ですが、私はいつもクイーンズ・イングリッシュとともに、ここでもファイティング・イングリッシュの練習も必要だと感じていました。

こういう時に正々堂々と、彼らをいさめる手法を身に着けておくべきです。彼らも悪いことと知っていて割り込みを平然としてくるのですが、注意するとすごすごと引きさがっていきました。日本の空港では、このようなことはまずありません。入国者が殺到すれば必ず係官が増員され待ち時間を少なくするようにしています。

さて、空港からホテルに直行して初日は移動だけでしたが、明日からの観光にまずはグッスリと寝ておくことです。私は機内ではあまりよく眠れませんので、ホテルのベッドで寝ることができるのが嬉しいです。ミラノは紀元前から栄えた都市とのことで、イタリアでも今では第二の都市になっています。ミラノファッションをはじめ化学工業と繊維ではイタリアの諸都市をリードし、航空機、自動車、機械やガラス、皮革、ゴム製品、薬なども重要な産業となっています。出版業や音楽産業、数多くの銀行が集まりイタリアの金融センターにもなっているとのことです。しかし、今回は現代産業の都市として観るのではなく、主に中世の

藝術都市としてのミラノを見ることが目的でした。今回の主な訪問したかったところは、

- レオナルド・ダ・ヴィンチ作『最後の晩餐』（「サンタ・マリア・デッレ・グラツィエ教会」）
- ドゥオーモ『ミラノ大聖堂』と大聖堂前の広場
- ヴィットーリオ・エマヌエーレ2世の「ガッレリア」（ジェラートで有名）
- 「スフォルツェスコ城」と「ミラノスカラ座」（外観を見るだけ）

一一一．『最後の晩餐』との対面

レオナルド・ダ・ヴィンチ作の『最後の晩餐』の鑑賞がまずは最初に訪れたいところでした。サンタ・マリア・デッレ・グラツィエ教会の横にある、教会の食堂であったというところに保存されていました。ゆっくり見ることと混乱を防ぐために、私たちのグループの25人だけできっちり15分しか鑑賞する時間はありません。しかし、この部屋には二つの絵画があるので『最後の晩餐』だけをじっくり見ている余裕はありませんでしたが、ふたつの貴重な絵画を鑑賞できました。一つは『最後の晩餐』、もう一つは反対側の壁にある『キリストの磔刑（たっけい）』です。両方ともフレスコ画です。あまりの大きさ『最後の晩餐』は縦4．6m×横8．8mもある大きな絵で少し離れて観ないことには全体がわかりません。近づいては、一人一人の表情を観て、離れてはそのスケールの大きさや遠近法（一点透視図法というそうです）などの技巧を楽しむ、といったいろいろな面から鑑賞をする必要があります。この遠近法は、食堂がずっと奥まであるような錯覚になることや、観る立ち位置を左右に移動していくとキリストの目が私を追いかけるような気配を感じさせます。それにしてもイエス・キリストの悲しそうな顔、いいえみんなの原罪を一身に背負ったむし

ろ生き生きとしたキリストと見ることもできるし、裏切りの予言をキリストから聞いた弟子たち一人一人の驚き、裏切り者と見破られたことを驚くユダと描かれている人物の表情は様々です。

そして、もう一つの壁画が反対側にある『キリストの磔刑』です。この壁画は、ジョヴァンニ・ドナート・モントルファー（モンテルファーノ）が、ダ・ヴィンチと同時期（1495年）に描いたものだそうです。修道院が第二次世界大戦時の爆撃に合った時、『最後の晩餐』の壁画は災禍をまぬがれたことで知られていますが、同様に、モントルファーの壁画の方も、端の部分の被害だけで済んだそうです。『最後の晩餐』があまりにも有名すぎてこの絵は脚光を浴びてこなかったようです。モントルファーは、私は初めて知る画家の名で、対面に壁画があったなんて、初めて知りました。

なお、現在イタリアの美術館ではフラッシュを用いなければ、写真撮影は可能です。

1-2.「ミラノ大聖堂」（ドゥオーモ）、大聖堂前広場そしてガッレリア

イタリア王国の初代国王であったヴィットーリオ・エマヌエーレ2世に因んだガッレリア、ドゥオーモ（ドゥオーモとも）と呼ばれる『ミラノ大聖堂』前の広場は同一場所で、大聖堂前の広場に立ち一周すればドゥオーモとガッレリアは見渡せます。このドゥオーモはミラノのほぼ中心にあり、ここから放射状に道路が広がって街が伸びています。大聖堂ドゥオーモは、どっしりとした世界最大級のゴシック建築に独特のデザインが融合した美しい姿で街のシンボルであり尖塔と彫刻は圧巻で、常に多くの人で賑わっています。聖堂内部には美しいステンドグラスや油絵、彫刻が並び、荘厳で静寂な空気に包まれ、思わず中で礼拝する人とともに椅子に座りお祈りしたくなる気分になります。ドゥオーモの前の広場は、観光客と足早に過ぎてい

く地元の通勤客でごったがえしていました。

ドゥオーモのすぐそばに位置する巨大アーケードガッレリアも、ミラノのシンボルとして見逃せないスポットです。ガッレリアは、世界で最古のショッピングモールとして知られる巨大アーケード街です。日本人なら馴染みのプラダの本店はここガッレリアの中心にあり、他に歴史あるブランドショップや本屋、靴屋、宝石店などが並びます。ブランド店や新進気鋭の若手デザイナーによるショップも多数あり、ファッション発祥の地を象徴するかのようです。高い天井は美しいガラス張りで、ガラス付近にはフレスコ画が施されています。床も見事なモザイクで装飾され、建物自体を藝術作品としてみることができます。中心部には、ローマの「トレヴィの泉」のように、靴を床面に当ててグルッと一周して元に戻ってこられたら、ミラノに戻ってくることができると伝えられる場所があり、観光客がよくチャレンジしている様子がみられます。ここで、食べたジェラードは美味しかったです。蝶ネクタイをしてイケメン風の男性は親切にジェラードとアイスクリームとの違いを説明してくれましたが、彼の上手な?イタリア語訛りの英語(?)ではあまりよく理解できませんでした。食べ物では、先ほどのジェラードとミラノ風カツレツが美味でしたが、カツレツと同じに出されたリゾットは少しいただけなかったです。

そのほかにも、ミラノ市内は見どころが多く、今回は行けなかったところでは、ミラノファッションとイタリア美人が多くいるというブランド街

ミラノ大聖堂

のモンテ・ナポレオーネ通りや市立自然史博物館など見どころがたくさんあります。勿論本場サッカーのミラノの2大サッカーチーム、FCインテルとACミランの本拠地があり、試合観戦も楽しめますがチケットはなかなか手に入らないようです。

ホテルは、ヒルトン系だったせいか、部屋も広く、きれいだったし、もちろんバスタブ付きの部屋で満足でした。そして、午後にはもう、ヴェネツィアへの約280km、4時間ほどバスの旅となりました。

2．ヴェネツィア本島全部が世界遺産に登録

ヴェネツィアは、ヴェネツィア共和国の首都として栄えた都市で、「アドリア海の女王」「水の都」「アドリア海の真珠」などの別名をもっています。英語では「Venice」と呼ばれ、これに由来して日本語でもヴェニス、ヴェニスと呼ばれています。ヴェネツィアは、ヴェネタ潟上の島（ヴェネツィア本島、5・17km²）に築かれています。ヴェネツィア本島へは、島内は道路が狭いため自動車類は全て乗り入れ禁止ですので、バスを降りてボートに分乗して島に入ります。鉄道で来島した場合は、ヴェネツィア・サンタ・ルチーア駅に着きます。本島は大きな魚のような形をしており、本島全体が小さな島々からできています。ヴェネツィアの町は、全長約3kmにおよぶ逆S字形の「カナル・グランデ（Canal Grande）」がヴェネツィアの北西から南東へ、市街を2つに分けながら湾曲して流れています。ボートを降りたら自分のスーツケースは、自分でホテルまで運ばなければなりません。水上バスやフェリーが市民や貨物を運んでいますが、ゴンドラは観

光に利用されています。

この島では観光対象が数多くありますが、今回はゴンドラに乗ることと、次のような箇所を見て回ることができました。

- 溜め息橋
- 「サン・マルコ寺院」とサン・マルコ広場（Piazza San Marco）
- 「ドゥカーレ宮殿」とそれにつづく監獄
- 「リアルト橋」と島内でただひとつの木製の橋である「アカデミア橋」

サン・マルコ広場が観光の拠点になっていて、その周囲に寺院、宮殿、監獄、「溜め息橋」があります。そこから歩いて行ける範囲に見どころは散在していますので、一日あるいは二日かけて訪ねることが良いでしょう。宿泊するホテルはその近くに歩いて行ける範囲にありました。目の前にフェリーターミナルがあって各方面に水上バスが出ています。

翌日（観光2日目）私たちは、ホテル前の水上バスターミナルから水上バスを利用してカナル・グランデを通り「サン・マルコ広場」前のターミナルまで行きます。最初はゴンドラに乗って30分ほど水路を遊覧しました。「サン・マルコ寺院（Basilica di San Marco）」は、1090年代に建設され十字形平面をしていて、中央部に円蓋を持つ典型的なクロス・ドーム

ヴェネチアでゴンドラに乗る

形式で、その意味では由緒正しいビザンティン建築です。「サン・マルコ寺院」はヴェネツィアで最も有名な大聖堂で、他の多くの都市の中心的聖堂とは異なり、ヴェネツィア共和国時代は公式には共和国総督の礼拝堂だったので、他の都市の聖堂と違ってカトリック教会ビザンティン様式ではないため、ドゥオーモとよばれていません。

『ドゥカーレ宮殿（Palazzo Ducale）』は、イタリア語で総督や宮殿のことをさしています。この宮殿は、サン・マルコ広場に面して建ち、外観はゴシック風のアーチが連続し、イスラム建築の影響も見られる細やかな装飾が施されています。現在内部は、美術館とともに一般公開されています。宮殿の中の絵画には、観たかった『東方三賢王の礼拝』（1600年頃、アントニオ・ヴァッシラッキ作）をはじめとした有名な絵画作品が数多く展示されており、建物としては黄金の階段や総督の部屋、ライオンの口（ローマ市内の真実の口に対抗している?）、議会になる部屋、部屋には昔の大きな時計が飾られていたりします。この宮殿と小運河を挟んで監獄があります。宮殿内で裁判を受け刑が確定すると、溜め息橋を通って監獄に行くようになっており、この橋から隣接し繋がっています。

宮殿前のサン・マルコ広場は、L字型をしており、世界で最も美しい広場とも言われており、観光名所のほか、海からの玄関口にもなっています。広場にはカナル・グランデに面して2本の円柱があり、それぞれ柱の上には聖マルコを象徴する『有翼の獅子像』と、『聖テオドーロ像』が載っています。また広場のL字型の曲がったところには鐘楼があり、展望階まで上がり市内が見渡せることができますが、今回は限られた時間で待ち時間も必要だったために上りませんでした。

カナル・グランデに架かる橋は、駅前のスカルツィ橋、リアルト橋とアカデミア橋でいずれも橋の下を水上バスが通過できるように中央部は丸くなっており高くなった橋になっています。リアルト橋がとくに有名なようでたくさんの人が集まっており、周りにはレストランやお土産屋さんなどがたくさんあって賑わっています。アカデミア橋は木製の橋ですが、この橋を渡っていくと「アカデミア美術館」があり、キリストの様々なシーンを描いた絵画などの作品が収蔵されています。また、この橋からは駅前の対岸にある美しい「サンタ・マリア・デッラ・サルーテ聖堂」を見ることができ、サン・マルコ広場から見るのとはまた違って見えます。

ここで、世界三大映画祭のひとつ『ヴェネツィア映画祭（Biennale Architettura 2023）』について書いておきます。本書の最終原稿を書き上げている際に2023年のこの映画祭に参加し、ハンガリーやチリの上映作品を鑑賞したという方にお話しを聞くことが出来ましたので、ここに取り上げてみました。『ヴェネツィア国際映画祭』は、イタリアのヴェネツィアで毎年8月末から9月初旬に2週間にわたり一日中開催される映画祭です。カンヌ国際映画祭、ベルリン国際映画祭と並んで三大映画祭のひとつとされ、世界の映画祭でも長い歴史をもっており、最優秀作品に金獅子賞、最優秀監督には銀獅子賞が与えられます。例年日本からも作品がノミネートされ、授賞しています。日本映画では、第12回（1951年）に黒澤明監督の『羅生門』が日本人監督として初めて金獅子賞を受賞しました。今年は、日本からは2作品が授賞しそのうち濱口竜介監督の『悪は存在しない』が銀獅子賞を得ましたが、三大映画祭すべての授賞を44歳の若さで達成したことは注目され、会場を沸かせたとのことです。ネット配信が多くなってきた時代で、また従来手法とは異なる制作方法は、今後の映画製作に一石を投じる価値になるかもしれないと言われています。

期間中はヴェネツィア本島から離れたリド島にある複数の映画館で上映され、各映画館には多くの俳優や監督をはじめ関係者が詰めかけ、華やかな衣装に包まれてレッドカーペットを歩いている様子は、とても華やかに報道されています。なお、今年（２０２３年）の映画祭のブロシュアには日本の"Canon"や"LEXUS"の名が記されており注目されます。小さな島でホテルもあるようですが、参加者の多くはヴェネツィア本島等のホテルに宿泊されて、水上バスを利用して通われる方が多いようです。また、俳優の中のセレブといわれる方の中には、所有するクルーザーでこのリド島にやってくる方も多いとのことです。（話題提供・ＮＫ女史 談）

リド島で開催された
「ヴェネチア映画祭」の会場付近

3．フィレンツェ――ルネッサンス美術とピサの斜塔

ヴェネツィア観光を終え、午後にヴェネツィアからバスで約２５０km離れたフィレンツェに向け出発し、着いたのが夕方でしたので、その足でミケランジェロ広場に向かいました。小高い丘の上にぽつんとフィレンツェ出身のミケランジェロによる『ダビデ像』のレプリカ銅像が立っており、市内を見下ろしています。

また、夕食に立ち寄ったレストラン「ラ・ロッジャ」では、この銅像を見ながら夕食のトスカーナ風ステーキをいただくことができました。ただ、銅像を見ることができるいい位置でしたが、食事中はズーッとダビデ像のお尻しか見えませんでした。市内には、シニョーリア広場に面した市庁舎（「ヴェッキオ宮殿」）の正面入口脇にもレプリカが置かれていますが、野晒しになっており少し悲しい思いがしました。本体は、1873年に、フィレンツェ「アカデミア美術館」に収蔵されました。ここでのお目当ては、ルネッサンス美術のコレクションを所蔵する「ウフィツィ美術館」と地中海側にある『ピサの斜塔』を訪れることです。

さて、翌3日目の午前中は「ウフィツィ美術館」からはじまりました。九時半頃でしたが大勢の入館者の列ができていました。当日のチケット買いだと結構待たされるということでしたが、私たちツアーは前もってチケットを購入してあったので、ほとんど並ぶことはなく入場できました。個人でイタリアの美術館に行く際は、日本出発前にネットで買えるそうなのでこの方法をお勧めとか言われましたが、スケジュール通りに行けるかどうか心配なのでちょっと不安ですよね。

この美術館は、フィレンツェ在住のメディチ家歴代の美術コレクションを収蔵する美術館であり近代式の美術館としてヨーロッパ最古のものの一つです。またイタリア国内の美術館としては収蔵品の質、量ともに最大のもので、1982年に世界遺産フィレンツェ歴史地区の一部として認定されています。また、トスカーナ方言であるウフィツィ：Uffizi は英語の office の語源になっているそうです。イタリアのルネサンス絵画の宝庫です。古代ギリシャ、古代ローマ時代の彫刻から、ボッティチェッリ、ダ・ヴィンチ、ミケランジェロ、ラッファエロらイタリアルネサンスの巨匠の絵画を中心に展示物は2，500点にのぼる。私の観たかった絵画の幾つかをあげておきます。サンドロ・ボッティチェッリ作の『東方三博士の礼拝』（1475年頃）、『プリマヴェーラ（春）』（1477年―78年頃）、『ヴィーナスの誕生』（1485年頃）、レオナルド・ダ・ヴィンチの『受胎告知』（1475―80年）エロ・デラ・フランチェスカの『『ウルビーノ公夫妻の肖像』（対画肖像作品1472―74年頃）、ティツィアーノ・ヴェチェッリオの『ウルビーノの受胎告知』、1538年）などがあります。小さな美術本の世界でしか見たことのなかった見ごたえのある絵画が次から次へと各部屋の壁にかけられている様子は圧巻でした。

フィレンツェでのシンボルになっている巨大な大聖堂の天蓋が特徴の「サンタ・マリア・デル・フィオーレ大聖堂」は、晩期ゴシック建築および初期ルネッサンス建築を代表するもので、フィレンツェのシンボルとなっており、旅行パンフレットなどガイドブックには必ずこの屋根（クーポラとよばれる半球形の屋根）が写っています。今回は、時間の都合で入場できませんでした。

そのほかには、「シニョーリア広場」に面した市庁舎となっている「ヴェッキオ宮殿」、その前にある野晒しの『ダビデ像』、「ロッジア・ディ・ランツィ（ランツィの回廊）」といわれる政治集会場にある屋外の古代及びルネッサンス彫刻のギャラリー、アルノ川に架かるヴェッキオ橋にある宝石店、広場から橋までのお土産屋さんや地元の工藝品を売っているお店など覗いてみるのも面白いです。

・『ピサの斜塔』

午後には、ピサまで高速道路を利用してバスで移動です。アペニン山脈を横切って地中海に近いピサの町まで約2時間半でした。ピサの街についてから専用のシャトルバスに乗り替えて、入り口にあたる門の近くまで行き、そこから徒歩で聖堂や斜塔のある教会の敷地に入っていきます。右手に斜塔が見えます。聖堂内では儀式があるということでしたが、ガイドさんが特別に交渉してくれたのですがさすが、「ダメ」といわれたようで入れませんでした。ドゥモオ広場を通って八階建ての斜塔の入り口近くまで行くと、なんと自動小銃らしきものを首からかけたイタリアの兵隊さんが、立って物々しく警戒していました。兵隊さんがいたのはここと、ローマの『コロッセオ』の前でした。ここの兵隊さんにカメラを向けると笑顔で撮らしてくれましたが、ローマでは装甲車から降りてきて「カメラはダメだ！」（イタリア語だったのでよくわかりませんが、手ぶりで何となく了解！）

『ピサの斜塔』へは鞄類を預けてから、二人が行きかうのもせまい石段を歩いて登らなければなりません。多くの人がここを上り下りしたのでしょう、歩いた階段の跡はすり減ってへこんでいました。ガリレオ・ガリレイが、重さの実験をして見せた（今では伝説だとか？）という、傾いているほう＝南側だということで一応納得。斜塔のてっぺんには鐘があり、またそこからの眺望でピサの街を眺めることができました。

ピサの斜塔とピサ大聖堂の建物

なお、塔は１１７３年に建設が始まり数年後には傾き始めたといいます。地盤が軟弱地盤であることが原因だといわれています。高さは約５５ｍで傾斜は現在３．９９度に是正されており、当分は安定しているだろうといわれています。

夕食は各自でということでしたので。街に出てピザ屋さんを探しました。観光客が多い店ではなく、地元の人が多く入っている店を探しました。都内各地などにもある「トラットリア」はどこも満員でしたが、ホテルに近い地元客が大勢入っているレストランを見つけて入りました。地元の人が大勢入っている店はどこの国でも同じで、おいしくて安い店のピザ店を見つけて入りました。女性オーナーは私たちを見つけ、日本人がもっと来てくれるように宣伝してほしいと頼まれました。

ピザを十分味わった翌日の4日目はいよいよフィレンツェからローマに向かうのですが、ローマへはESスターイタリア鉄道の特急列車一等車で移動です。ミラノ方面からくるのでしょうか、やはり遅れての入線でした。日本のように遅延によるお詫びの構内放送もなく、発車の時間になったのでしょうか7分遅れで静かに発車です。車内は、横に通路を挟んで二人がけと一人がけですのでゆったりしていて快適です。日本と同じで車内検札もあります、コーヒーとクッキーのサービスもありました。ローマまで280km、約一時間四〇分の鉄道の旅でしたが、車内では、グループ内でこれまでの旅行の思い出話や次にどこに旅行しようかなどの話で盛り上がり、バスとは違った味のある移動でした。ヨーロッパでの旅行ではスイスに次ぐ列車の移動でしたが、バスより楽であること、寛げること、参加者と会話が弾むなどで旅行が楽しくなります。

4. 永遠の都『ローマの休日』に出会う

ローマ・テルミニ駅には、予定より少し遅れて到着しました。プラットフォームから駅舎内を移動しましたが、日本の鉄道駅に比べなんときれいなことでしょう。自動販売機もなければ、あの目障りな広告もありません、通行の邪魔になる売店もありません。さっぱりしているので、余計に広く感じるのでしょう。大きなスーツケースを引っ張っている人が多くいても、ぶつかることも足に引っかかることもありません。ムッソリーニの構想によって建てられたという駅舎は大理石とガラスをふんだんに使っており、コンコースにはお土産店、セルフサービスのレストラン、待合室などが完備されており、地下街もあります。なによりもびっくりしたのは、改札口がないことです。市内を走るトラムの利用には一回切符や一日乗車券を買って乗車しますが、検札もないということでした。ただし、不意打ちで検札があるそうで乗車券を持っていないで乗っていると罰金だそうです。地下鉄は日本のように自動改札になっており、バーコードを機械に読み取らせて「ピー」となったら入場できるようになっています。

ローマのテルミニ駅

ローマ滞在中の二日間のホテルは、テルミニ駅から徒歩五分ほどの路面電車道のメインストリートに面した「GEONOVA」というホテルで一瞬ジェノヴァの街に来たのかと思ってしまいました。フロントのあるロビーも狭く、部屋もそれほど広くはありませんでしたが、大都会の街中にあるためやむをえません。ローマの街を散歩するのには便利です。ロビーには『ローマの休日』の映画ポスターの掲示板が大きく置かれていました。新聞記者をグレゴリー・ペック、王女をオードリー・ヘプバーンが演じており、懐かしいいわゆるスクーターという『ベスパ』（イタリアのオートバイ・メーカー、ピアッジオが製造販売するスクーター）に乗っているモノトーンの写真でした。

4－Ⅰ．サン・ピエトロ大聖堂・ヴァチカン美術館・システィーナ礼拝堂

午後からのローマ市内観光は、『サン・ピエトロ大聖堂（Basilica di San Pietro）』、「トレヴィの泉」、スペイン広場、『コロッセオ』の見学でした。明日は、夕方からの貸し切りのヴァチカン美術館の見学があるので、今日は街の中心部の様子を見て明日の自由時間をどう過ごすかを計画しておくことにしました。

先ず、ランチの後は『サン・ピエトロ大聖堂』の見学です。そこは世界で一番小さな国（0．49㎢）といわれるヴァチカン市国の中にあり、大聖堂と広場、ローマ教皇が生活されている『ヴァチカン宮殿』、美術館、庭園などからなる、教皇のおられるカトリックの総本山からなる市国全体が、世界文化遺産に登録されています。ここの内部を見るだけで最低半日、庭園からすべてを急いでみても一日は要するといわれています。広場前にはイタリア共和国とヴァチカン市国の境界線がひかれています。広場に並んで順に入場

「サン・ピエトロ大聖堂」とその前の広場

していきますが、列は比較的動いているのでそれほど待つという感じはしませんが、それでも小一時間くらいは並ぶでしょう。広場に並ぶ世界各地から来た観光客を見ていたり、オベリスクや大聖堂の上に堂々とある大クーポラを眺めたり、見上げると広場を見下ろすように立つ聖人像を眺めたり、サンタンジェロ橋のほうを見たりしていると時間がたつのも忘れますし、入り口左手にある大スクリーンがPanasonic社製と書かれているとなんだか嬉しくなりました。それと入場にあたっては手荷物検査があります、それと服装には注意することです。イスラム教のモスクと同じ心構えが必要です。

荘厳な大聖堂内には、ミケランジェロ作の『ピエタ』、『聖ピエトロのブロンズ像』、中央にはマデルノ作の『主祭壇』など多くの絵画、像、美しいステンドグラスなどがあります。また、大クーポラに上るエレベーターも別料金を出せば上れます。システィーナ礼拝堂はこの大聖堂の北側に接してありますが、入場は北側にある入り口からになります。

5日目には、夕方まで自由時間を過ごし（4－2参照）、五時前に『システィーナ礼拝堂』入場のために『ヴァチカン美術館』入り口前に集合し、私たちツアーだけの貸し切り入場となりました。宮殿の中には11もの美術館や絵画館などがありますがなんといっても数多い大絵画、ギリシャ彫刻、眼をみはる古地図などの5つのギャレリーなどがあり、見るべきものは全て驚きです。とても時間が足りませんでした。静寂、荘厳、きらびやかなどいろいろな形容詞を使っても表しきれない華美な佇まいでした。礼拝堂の見学は、厳しいものでした。美術館内での写真撮影は、フラッシュ撮影はダメでしたがどこでも撮影可能ですが、この礼拝堂内は原則禁止でした。しかも、私たちの前後には係員が2名つきっきりでした。なお、この礼拝堂は、教皇選出の『コンクラーヴェ』が行われる場所でもあります。堂の隅には、法王が決まった際に煙を出す煙突がありました。

まずは、「ラファエロの間」では、鑑賞したかったフレスコ画の『アテナイの学堂』を目の当たりにしました。実に鮮やかです。古代ギリシャの賢人が一堂に会し、中心に二つのアーチ型の天井があり立体感を増しており、空の青さが清々しく感じられる。こんな目の前で見られるとは！　哲学書や科学史の書籍に時々出てくる小さな絵がこんなに大きいとは！　中央にプラトンやアリストテレス、ソクラテス、ヘラクレイトス、数学者のユークリッド、ピタゴラス、ゾロアスター教の開祖ゾロアスター達が描かれ、ちゃっかりラファエロも自分をこの中に描き出しています。本来学問は、このような自由な雰囲気の中で議論されるべきなのでしょう。

いよいよ『最後の審判』の部屋に入るときは胸が高鳴りました。入口も出口も閉められ、ガイドさんがおもむろに多くの絵画の説明をしてくれましたが、ツアーの人たちは、どの絵も見るのに必死でまた写真撮影でガイドさんの説明など上の空のようでした。祭壇の奥の壁画には、ミケランジェロの傑作で横１３ｍで縦１４．５ｍのなんと素晴らしい『最後の審判』が天井からドーンと描かれているのが目に飛び込んできます。その巨大さ！　圧倒されます。絵の中央にはマリアさまと聖人を従えたキリストが審判を下し、罪深い人間は地獄へ、右には選ばれた人が天へと昇っていく様子が描かれているではないですか！　キリストの足元には多くの人間が描かれており、そこには一見グロテスクなミケランジェロが描かれているとも言われています。

さらには、天井画には『旧約聖書』の創世記を中央に、「預言者」、「アダムの創造」、「楽園追放」、「十戒」、

「ノアの洪水」などが配されています。私たちツアー客だけでしたので、皆さん思い思いに好きな絵のところで床に寝転んで天井画に見入ったり、写真に収めることができました。

私たちがこの日の最後の観覧者だったので特別に係員さんのご厚意で見学時間を延長してくださって、写真撮影も許可して下さいました。ガイドさんは「皆さんラッキーですよ。こんなことは滅多にありません。」と言っていました。

4-2. ローマ市内観光

5日目の夕方からの『ヴァチカン美術館』・『システィーナ礼拝堂』入場のための集合時間までの自由時間には、地下鉄を利用してコロッセオ駅まで行き、パラティーノの丘、フォロ・ロマーノと『コロッセオ』と回り、「真実の口」まで歩いていきました。なお、この三か所の入場には、どこか一カ所で入場券を買っておけば共通で入れるので便利です。前日に買うこともできますし、当日なら「パラティーノの丘」の切符売り場が比較的すいていて便利です。私達は並ばずにすぐにチケットを購入することができました。パラティーノの丘そのものはあまり人気がないように思えましたが、まずは、切符売り場から左手の坂道を上がっていきます。

パラティーノの丘は、古代ローマ共和制時代の高級住宅街の後だったそうです。建物のあったらしいところを通り抜けて、丘の上にはファルネーゼ庭園があり、その先から見下ろすと「フォロ・ロマーノ」が見渡せます。ここはローマ時代の市民の生活の中心地でした。神殿、教会、元老院、凱旋門など一望できるのでまずはここで下の様子を概観するのがいいと思いますが、場所がわかりにくいかもしれないのですがぜひ探すべきです。大勢の人がいるので発見しやすいかもしれません。

出口から大通のフォーリ・インペリアル通りに出て、カンピドーリオの丘に上がって行く坂道からもフォロ・ロマーノを見ることができます。眼下に見るのでロマーノが地下に埋もれていたかのように見えます。大通りにはシーザーの立像があり、この前で写真を撮っている人も見かけます。また、ロマーノの南にはチルコ・マッシモがあり、ここはあの有名な映画『ベン・ハー』（１９５９年・アメリカの叙事詩的映画）の中で戦車競走があった場面の撮影場所になったところです。

ここまででほぼ半日を要しましたが、この近くには『カラカラ浴場跡』や少し足を延ばせば「旧アッピア街道」の始点となる門などがあり、次回はぜひ行ってみたいと思います。

コロッセオの内部

チルコ・マッシモ通りを抜けて、再びパラティーノの丘の切符売り場のほうを目指しサン・グレゴーリオ通りを歩いていくと、『コロッセオ』の前には、３１５年に建てられたという高さ２８ｍのコンスタンティヌス帝の凱旋門があります。この凱旋門を抜けて『コロッセオ』の入り口に行きます。

共通券でこの『コロッセオ』に入場できます。ここでも入場のために並ばなければなりませんが、午後だったので少し空いているようでした。コロッセオは、高さ６０ｍ弱、楕円型をしており、周囲は５００ｍ強、約５万人を収容できたと言われています。ここはでは、猛獣と拳闘士や剣闘士同士の競技が行われローマ市民や貴族たちの娯楽の場所でした。

4-3. ローマでの食事

ローマでは二晩とも自分たちで夕食をとらなければならなかったので、夜の散歩を兼ねてホテルの近辺のイタリアンレストランを探しました。ピザはフィレンツェで食べたのでローマではパスタを食べたいと思い、まずは現地の人がたくさん入っているレストランを探しに行きました。ローマではカルボナーラ発祥の店(「スタリア・ラ・カルボナーラ」、ヴィナーレの丘の南)があると聞いていたのですが、うっかり忘れてしまっていました。ツアー客の中の人には訪れた人もいました。私たちは、大衆向けレストランでスパゲティを注文したのですが、出てきたものは予想したものとはちょっと違っていました。隣のイタリア人らしき女性に聞いたところこれがカルボナーラだと言われたのですが、日本で出されるのとはやはり少し違っていてスパゲティではないようにも思えました。

次の日の夜は、もう少し高級なレストランにいきました。店の前に立っている席に案内してくれるボーイさんに念を押してスパゲティを食べたいのだぞ!と念を押すと、「勿論!」(イタリア語なのでわかりません)といったと思いますが一応信用して席に案内してもらいました。運ばれてきたものは、カルボナーラでした。なお、レストランでのチップは不要ですが、お料理がおいしかったと思ったときや、世話をしてもらったときはテーブルに置いていきましょう。また、すこし高級なところでは席料が上乗せされていることもあります。給仕係が持ってきた請求書はいろいろなことが書かれています。上の段から下まで席でゆっくり眺めて一応チェックはしておいたほうがいいと思いますが、イタリア語の場合が多いので何が書かれているかちょっとわかりづらいですが……！

4-4. 最終日（6日目）午前中の自由行動

いよいよ最後の日になりました。出発までの少ない時間を早く起きて朝食をとり、テルミナ駅まで行き五百人広場、「ローマ国立博物館」、共和国広場の周囲を回って、「オペラ座」を見て回りました。まだまだ、見たいところ行ってみたいところがたくさんあります。

『カラカラ浴場跡』、旧アッピア街道、パンテオン、数多くある美術館巡りなどがあります。次回また訪れたいと思うローマの街でした。『ローマは一日にして成らず！』と言われますが、ローマ市内の見学は何日あっても十分とは言えませんね。ローマを知るためには一日では見切ることはできませんし、語ることもできません。藝術・政治・歴史・人間などが渦巻く大都市だと思いました。

イタリアを旅して

ヨーロッパの国々は、それぞれに個性があります。歴史、自然、文化などそれぞれの国に応じた特徴があって、どの国も個性豊かです。つい大国に憧れてしまいがちですが、小国には小さい国なりの伝統が息づいていることがわかります。それぞれの国の在り方があって日本が見習うべきところがまだまだあります。明治時代の初めに日本は、イギリス、フランス、ドイツを模範にして国づくりを進めていきました。それは、一応民主主義の先進国であったし、時代の先端を行っていました。社会・経済・政治体制がどこよりも整っていたかのようだったからです。でも、成熟した日本の資本主義・民主主義のこの時代に、これから進むべき日本の姿はヨーロッパの小国や世界各地の中小の国にあるような気がしてきました。必ずしも大国を模範とするのではなく、面積38万㎢、人口1億人のこの島国は21世紀後半以降進むべき道としてどうあるべきか？海外40カ国ほど見てきて、私なりにだんだん見えてきたような気がしました。（「海外を観てきて――あとがきにかえて」を参照）でもまだ見ない国々があります。私のような知恵や知識はたいしたことはありません。でも、自分なりにこれまでの世界の見聞録で何となく自分なりの結論が出てきたような気がしてきました。でももう少しその結論は後に出したいと思います。

イタリアは若い女性にとってはブランド品が数多くありファッションの街と思っており、デザイナーにとっては最先端の情報発進の地であり、藝術家にとってはパリに並ぶ、それぞれの地であるでしょう。では私にとって、イタリアはどのような地と位置づけられるのだろうか。イタリアには特別に思いがありました。そして、訪れてみてもう一度行ってみたくなりました。それは今回のイタリア北部の一部だけでしたが次回は、南イタリアに行ってみたいことと、北イタリアでもミラノ、フィレンツェ、ローマはもう一度行ってみたくなりました。イタリアは日本と同じで、南北に長いために季節によってその良さが違うという点です。また、これらの三都市は今回の旅行ではすべてを見つくしたわけではなく、むしろ見落としたところが多かったことで、次回は個人旅行でじっくりと見てみたいところができたことです。

ツアーで行くと、今回も改めてよかったと思えるのは、特に美術館では入場のための待ち時間がほとんどなく、タイムロスがなくすぐに入館できたことです。また美術館内では現地ガイドさんが、ガイドブックやレンタルのガイドレシーバーではわからない作品や建物などに関する逸話なども語ってくれたことです。

イタリアでの思い出

Ⅰ．イタリアの名誉のために

あまり書きたくはないのですが、スリのことです。出発前にガイドブックでイタリアではスリが多いということを読んでいました。しかし、『ヴァチカン宮殿』に入場するために地下駐車場でバスを降りたとたん、添乗員さんが「この人たちはスリですから注意してください！」という大声で、「そうだイタリアはスリが多いのだ！」と我に返りました。添乗員さんは、一見してその風体から判断したようでした。彼らは大体3人くらいの集団で寄ってくるようです。添乗員さんは、イタリア語を交えてあまりにもしつこかったので手を払いのけましたが、そうするとスリらしい女性は大声で「このヒトが私に暴力をふるった！」と叫び、私に「証人になってくれ。」と頼み込んできました。私は知らん顔しました。当然です！　添乗員さんの話では後ろに人権団体がついていて、こういうヒト達の弁護をしているそうです。地下鉄の乗り場でも女性のスリの集団に会いました。

2. イタリアと日本

日本とイタリアは歴史的にも関係が深い国です。古くは、江戸時代の1613年に仙台藩主伊達政宗公が支倉常長を団長に使節団をスペイン国王のもとへとローマ教皇のもとに派遣したこと。第二次世界大戦時にはドイツとともに日独伊三国協定を結びアメリカ・イギリスなどの連合国と戦ったこと等があります。

日本とイタリアの両国ともどことなく似ている、と思いました。南北に長い国、食文化も日本の味に近いし、と思いました。それぞれに文化を重んじ、歴史が息づいている。自然も豊かだし、人も親切です。両国がもっと近くにあれば良いのに、と思った今回の旅行でした。

第十六話　アフリカ南部を巡る旅：自然と動物たち ―人類のふるさと

２０１８（平成３０）年６月

今回は、２０１６（平成２８）年３月に南アメリカに行った際に訪れた「イグアスの滝」の雄大さに感激し、かつて訪れたナイアガラの滝に次いで世界三大瀑布の内の二つまで訪れたことになりました。やはり最後の一つヴィクトリアの滝を見ないわけにはいかないと思ったこと、そして南アフリカに行ったならばやはりアフリカ大陸のほぼ最南端の「喜望峰」まで訪れたいという気持ちになったことが最大の動機でした。勿論、ほかにもやはり野生動物との出会いや、ケープタウン市内のテーブルマウンテンに登ってみたいなどの希望もありました。

１．南アフリカ共和国……アフリカ大陸最南端へ

今回、当初のリタイア後の１０年海外旅行計画の中には入れていなかった南アフリカへ急に行きたくなりました。その理由は先に書いた通りです。南アフリカは、正式には南アフリカ共和国といい首都機能は、行政府はプレトリア、立法府はケープタウン、司法府はブルームフォンテーンと三権分立と首都を三都市に分

けられています。多分世界でもこの国だけかと思われます。最大都市であり、海外からの旅行客などが出入りすることの多いヨハネスブルグは、人口440万人以上周辺部を含めると750万人以上なのに首都機能を持っていないという奇妙な国です。かつては有色人種に対する人種差別で知られ、それは「アパルトヘイト」と呼ばれる1994年までの合法的な黒人人種差別政策によるものでした。金やダイヤモンドの世界的産地であり、民主化後の経済発展も注目されています。アフリカ最大の経済大国であり、BRICSの一員でアフリカからの唯一の「G20」参加国でもあります。

日本から南アフリカまでの直行便を運航している航空会社がないので、香港経由乗り継ぎかシンガポール経由乗り継ぎで、ヨハネスブルグまで行くのが通常ルートになっています。他にもカタール航空でアブダビ経由便もあるようです。今回は、成田から香港まではキャセイパシフィック航空利用で、香港からは南アフリカ航空でヨハネスブルグに入ることになっていました。ヨハネスブルグから目的地のヴィクトリア・フォールズ、ケープタウンなどへは南アフリカ航空利用、東京—香港間以外は南アフリカ航空を利用したほうが乗り継ぎ便や乗り継ぎ時間の節約になるなどの理由でした。また、香港—ヨハネスブルグ間をビジネスクラスで利用すると、南アフリカ航空は全てプライオリティー扱いになり結果的にはお得感がしました。

しかし、前途多難な旅行になるとは、全く予想もしなかったのですが……。ふつうなら、成田を出発したら目的の国まですんなり行けるというのがこれまでの感覚、またそれがツアーの常識とタカを括っていました。これまでトラブルなどに、見舞われたことがなかったからです。こういう時こそ一番危ないのかもしれません。先ず、成田空港出発時点からのトラブルの顛末を書いておきましょう。この顛末では私は、日本における今の社会状況と同じだと思ってしまいました。

2. 天候には逆らえず

私たちのグループも時間になったので搭乗待合室に集まっていると、さあ不吉なことの前兆のアナウンスがありました。「香港行きCX505便は、香港地方悪天候のため出発が遅れます。」とのアナウンスが流れました。今回の旅行の不運が始まりました。一旦遅れが生じると、まずはどんどん遅れるのが世の常、この先何が起こるやら！　結局1時間以上遅れての出発となりました。ここで学んだことは、乗り継ぎのある旅行は、経由地での乗り継ぎ時間の余裕をもった旅行会社を決めることです。今回は、ここにふたつの問題点がありました。乗り継ぎ時間の余裕が1時間半しかないこと、そして航空会社もキャセイパシフィック航空から南アフリカ航空と乗り換えることになっていたということです。乗り継ぎ時間が一時間半ということは、最初に乗る航空機が遅れたりするとうまく乗り換えができなくなるということです。乗り継ぐ航空会社が同じならばまだ救われたのかもしれませんが、異なる場合は要注意です。

到着は乗り継ぎ飛行機の出発の30分ほど前でしたが、ゲートが同じフロアーなのでなんとか乗り継ぎできそうでした。ゲート前にはキャセイパシフィックの係員の方が待っていて、私たちを誘導して南アフリカ航空のゲートまで連れて行って下さいました。ゲートの頭上の掲示板は〝FINAL　CALL〟という掲示板が点灯していましたし、まだ、エコノミー・クラスの搭乗者が、ゲートに入るためにチケットを係員に提示している最中でした。私は、ビジネスクラスだったのでもう搭乗手続きをしている人はいませんでした。ツアーの中では最初にチケットをもぎ取られ半券のチケットを受け取りボーディング・ブリッジに行こうとしたら女性係員に呼び止められ、ツアーの他の人たちと一緒に別のところに集められました。「あなた方を飛行機に乗せることはできない。」と、言われたのです。飛行機は目の前にまだ止まっているし、キャセイ航空の係員からは、「東京から南アフリカ航空に連絡しているので大丈夫。」と言われていたので合点がいきませんでした。飛行機がボーディング・ブリッジを離れ、搭乗口には私たちだけになりました。さて、原因は成田と香港でのやり取りがしっかりとできていなかったようでした。キャセイ航空とアフリカ航空との「言った」、「聞いていない」「連絡した」、「連絡来ていない」の応酬で、結局飛行機はサッサと出発してしまいました。香港に到着したのが午後11時半、結局次の便ではツアー参加者全員の席が取れず座席確保のために、香港に2泊することになりました。キャセイ航空の手配で空港近くのホテルに足止めになりました。ホテルにチェック・インしたのは夜中の2時でした。

結局、「南部アフリカハイライト8日間」が「2泊3日香港フリープランと3泊4日の南部アフリカ駆け足旅行（十機中泊）」となりました。そしてなんと、香港からヨハネスブルグ空港を経由して、そこからヴィクトリア・フォールズ（空港）までの航空便の20名分の座席確保が出来たのが3日後だったのです。

3．ヴィクトリアの滝

もう、ビジネスクラスに乗っての快適さや余裕など失せてしまっていました。香港から南アフリカ共和国の玄関口ヨハネスブルグに到着したのは、予定を2日遅れとなりました。入国手続きは簡単で、すぐに国際線のヴィクトリア・フォールズ行きに乗り換えです。「ヴィクトリアの滝」は、ジンバブエ国とザンビア国の国境を流れるザンベジ川中流部にある滝で、幅2km、最大落差111mの大瀑布です。世界三大瀑布のうちの一つに数えられている「イグアスの滝」は、複雑に入り組んでおり、ナイアガラの滝はアメリカ滝とカナダ滝のU字形した二つからなる滝という特徴があります。当初の予定では、ヴィクトリアの街でのホテル滞在は三日間で、その内の半日はヘリコプターによる滝の遊覧飛行も予定されていましたが、今回は予定が大幅に減って一泊二日の滞在になってしまい取りやめとなってしまいました。

「ヴィクトリアの滝」の見るべきものが、ルナレインボーとダブル・レインボーです。満月の夜に滝と見る位置によって虹が見られるのです。虹は、日中に見られるものと思っていたのですが、ここでは夜も見られるということです。幸いに二つの虹を同時に見ることができたことはラッキーでした。

「ヴィクトリアの滝」は、ジンバブエ国とザンビア国の国境にあるため、両国から見なければ価値がありま

ザンビア側のビクトリアの滝入口

せん。ヨハネスブルクから飛行機で約1時間40分ジンバブエのヴィクトリア・フォールズ空港へ行き、そこからバスでホテルのある街の中心部まで行きます。ヴィクトリア・フォールズ空港では、入国手続きのためイミグレーションで50米ドルを払ってビザを取得するのに時間を要しました。どこの国のイミグレーションでも同じですが、係官はあまりテキパキと仕事を進めてくれません。

空港から滝まで直接バスで行くとすぐですが、公園への入園手続きでまた少し待たされます。滝のすぐそばまでバスで行けますので歩く時間は少なくてすみます。滝を見るポイントは、表示されていますので順路通りに歩けば問題ありませんし、ポイントをすべて回ってもそれほど時間を要することもありません。最大の注意は、風にあおられて滝の水しぶきが全身に襲い掛かってくることです。合羽でも薄いものはまずダメです。上下の防水雨合羽を持ってこられている方がいましたが、比較的有効だったようです。それとカメラは、防水カバーをしておかなければなりません。

ジンバブエ側から見終わると翌日、再びバスに乗ってザンビア側に行きます。ザンビア国に入国する際にもビザ（ディ・トリップビザ）発給代が必要になります。ツアーでは、添乗員さんとガイドさんとで入国手続きをしてくれるのでバスの車内で待っていればいいだけです。さらに進んで公園事務所で入園手続きをすませ、完備された遊歩道沿いに順路に沿って滝の見物をします。ジンバブエ側では、林や木が結構生い茂っていて滝の全体を見ることができるポイン

夜に見られた名物のダブルレインボー

トは、ありませんでしたので、その雄大さはあまり感じられませんでした。したがってザンビア側に期待していたのですが……。

公園に入ってすぐの所にこの滝を発見したというリビングストン（1854年、この滝を発見したスコットランドの探検家）の立像があり、滝の方向を見ていました。こちら側でもやはり合羽は必要で全身ずぶぬれになります。ジンバブエ側からバスでザンビア側に入国した際に通った橋を見ることができます。この橋のほぼ中間地点が、両国の国境ということになります。ここは、ヘリコプターに乗って滝を上空から見物する予定でしたが、オプショナルツアーは全てキャンセルになってしまっていました。但し、返金はありませんでした。

ホテルを出た道路際にあるバオバブの木

宿泊ホテルの「エレファントヒルズ・リゾート」は、3泊のところが1泊になってしまいました。朝起きると猿たちがホテルの部屋のベランダからベランダへと飛び移り、隙があれば部屋に侵入しようと様子を窺っていました。ホテルを出発するさいバスの周辺にも、猿の集団がやってきてポケットや荷物を窺って強奪しようとしていますのでくれぐれもご用心を！　ホテルを出て幹線道路に出ると、マダガスカル島やサバンナ地帯などで見られる、有名なバオバブの木が一本？立っていました。その周りには現地人がお土産を売ろうと、観光客を誘い込んでいましたが、時間もないので写真を撮って早々に退散でした。

4．動物サファリとザンベジ川クルーズ

当初の行程では、【チョベ国立公園サファリツアー】が組み込まれており、サファリドライブとボートサファリが予定されていましたが、中止になってしまいました。その代わりというのでしょうか、個人の経営しているような観光用？公園に連れていかれ大型ジープのような車に乗せられ私有地内の動物見物に出かけました。運転手兼ガイドさんが「Looking for Lion!」と、言ったので皆さんライオンがいるものと信じ込んだようですが、必ずしもライオンがいるわけでもなく、ライオンが見られるという保証はなく、要するに「ライオンを探しに行こう！」と気合をかけただけだったようでした。見物したのは約1時間強の間私有地内を走りまわって、サイ一頭、シマウマ、サル？キリンなどが見られた程度でした。

ボートサファリの代わりのザンベジ川クルーズは、ボートに乗船し、ゆったりと川を上り下りして、岸辺や川の中の動物たちを見るツアーです。ボートといっても一応エンジン付きでフラットな床にテーブルと椅子がある程度、屋根は帆布で覆われていますが、雨が降ったらどうなるのだろうかと心配しましたけど……。乗船したのは、私たちのツアーだけでしたので貸し切

サファリパーク内で見たシマウマ

夕焼けのザンベジ川クルーズ

り状態でした。出港してすぐ船長さんの歓迎の挨拶で始まり、スナックと飲み物でゆったりと景色を楽しみました。一番よかったのは夕陽が川の向こうに沈む景色を見ることができたことで、とっても美しい景色でした。また、肝心の動物たちでしたが、岸辺の小さなワニ、水中から顔を出していたカバなどや、水鳥たちを見ることができました。船長さんが動物たちを見つけてくれては、船を近づけてくれたり、ほかの船の動向を見てあそこに動物がいるのがわかると、その地点にわっとほかのボートがやってきたりで、右に左に大変でした。私は、船に乗っていた現地人からジャンベ（ジェンベ）の楽器を見せてもらい、日本でも知られている楽器だよ、というと、本当か？と言って大変喜んでくれました。アフリカ入りしてからこの船での現地人の英語は大変わかりやすかったのも印象的でした。

5. ケープタウンへ

ザンビア側からの「ヴィクトリアの滝」を見学してから、バスの中でびしょびしょになった体を拭き、着替えをしてそのまま、ザンビア領にあるリビングストン空港に行き、ケープタウン空港行きの飛行機に乗り込むという慌ただしさです。

午後の便で、ヨハネスベルグ空港を経由してケープタウンへと向かいました。どういうわけか国内線の乗り継ぎなのに乗り継ぎ時間は2時間半もある！（今回は乗り継ぎ時間にこだわる！）。テーブル湾と大西洋に面する同市はその港が有名であり、世界的に有名なテーブルマウンテンや喜望峰などを含んだケープ草原が市内にあります。ケープタウンの町は、もともと東アフリカ・インド・東アジア貿易に携わるオランダ船の食料基地として建設されました。スエズ運河が1869年に建設されるまで、ヴァスコ・ダ・ガマが1498年に喜望峰回りのヨーロッパ―インド航路を開発して以降、ここはヨーロッパとインド洋とを結ぶ主要航路となっていたということです。都市間の交通は、発達していたようです。

ケープタウンに到着したのは夜、さらにホテルに着いた頃はもう午後8時を回っており約10時間の移動でした。ケープタウンでは2泊の予定ですが、ここでは予定通りの行動ができることでほっと一安心。ここは、立法府所在地になっていますが、同州の州都でありアフリカ有数の世界都市であるにもかかわらず、治安がよくないということでした。添乗員さんからは、くれぐれも夜の外出は控えるようにとのこと。

5-1. テーブルマウンテン

翌朝早く、バスでテーブルマウンテンへ向かいました。ゴンドラの運転開始時間になると混雑するということ、頂上から朝日が出るのが見えるかもしれない、ということでの早朝の出発になりました。それになんと言ってもケープ半島までバスの移動で、正味一日しかない観光です。それでも昨夜ホテルの部屋から、テーブルマウンテン（標高1，087m）が見えていましたので、期待感いっぱいでした。山は基盤岩として花崗岩、その上位に砂岩層からなるという。山並みは、テーブルマウンテンと、チャップマンズ・ピーク、ライオンズ・ピークからなり、二つはピークという名からわかるように山頂が尖って続いています。テーブルマウンテンに上るためのゴンドラ乗り場は私たちが一番のりで、運転開始まで日の出の写真を撮ったり、ケープの町並みの写真を撮ったりして待ちました。運転開始と同時にゴンドラに乗り込みました。このゴンドラは球形で、回転してくれるのでどこに立っていても３６０度の眺望を楽しめます。名前の通り頂上はほぼフラットになっており、遊歩道が整備されており、ぐるりと一周してゴンドラの乗降場に戻ってこられます。頂上からは大西洋が一望できます。珍しい動物や植物がみられるということでしたが、あいにく動物は全く見ることはできませんでした。

次に希望峰に向かい薄暮になって町に戻り、テーブルマウンテンをヴィクトリア・ウオンターフロントマーケットから見上げると、山の形を美しく見ることができます。山全体にあまり灯りがないので、山容が美しく感じられます。また、完全に陽が沈んでチャップマンズピーク・ドライブの道路を上がって行くと、ケープの街の奇麗な夜景を見ることができます。オレンジ色の街の灯りが主流でとっても美しい景色でした。

ホテルの部屋から見たテーブルマウンテン

5-2.「喜望峰」へ

ケープの市内から「喜望峰」までは、整備された立派な道路があり、途中サイモンズタウンという町の海岸にあるペンギンの繁殖・生息地で有名なボウルダーズ・ペンギン・コロニーに立ち寄りました。白い砂浜に多数のペンギンが群生し、親子ペンギンが巣のそばで日光浴？しており。親鳥が目を細めて見つめている様子が印象的でした。動物はみんなこういう親子関係が基本なのだな！と感じました。サイモンズタウンの街の海岸にシーフードレストランがあり、そこでのランチに出されたロブスターは、南アフリカにきたという実感がしました。

「喜望峰（Cape of Good Hope）」の公園入り口は一つで、そこから公園内は良い道路が整備されています。まずは、アフリカ大陸南西端の標識があるところまで行くと皆さん記念写真を撮っていました。

大陸の最南端——Cape Point は、この岬と反対の東側にあるフォルス湾の先端を行ったアガラス岬にあるところだそうですが、まあ良いとしましょう。この湾は、その名前の通り大きい湾のため昔の航海者が大西洋からインド洋に出たと間違えたことに由来するそうです。ガイドさんのクイズで、「ここは、南緯３４度ですが北半球の日本ではどのあたりに相当するでしょうか？」(ちょっと意味不明？) そう答えは、下関市が北緯３４度になります。喜望峰の先は南極、下関の先端に北極があるという、イメージできるでしょうか？

「喜望峰」から再びバスに乗ってしばらく行くと、希望岬を見下ろす灯台のある山頂（Look Out Point）に向うことができます。ケーブルカーで上がって行きます。途中、いろいろな野生動物（エランドやヒヒなど）が顔を出して草を食べているところを見ることができます。また、先ほどの喜望峰が見下ろすことができます。山頂ではほぼ３６０度の

サイモンズタウン郊外のペンギンの繁殖・生息地

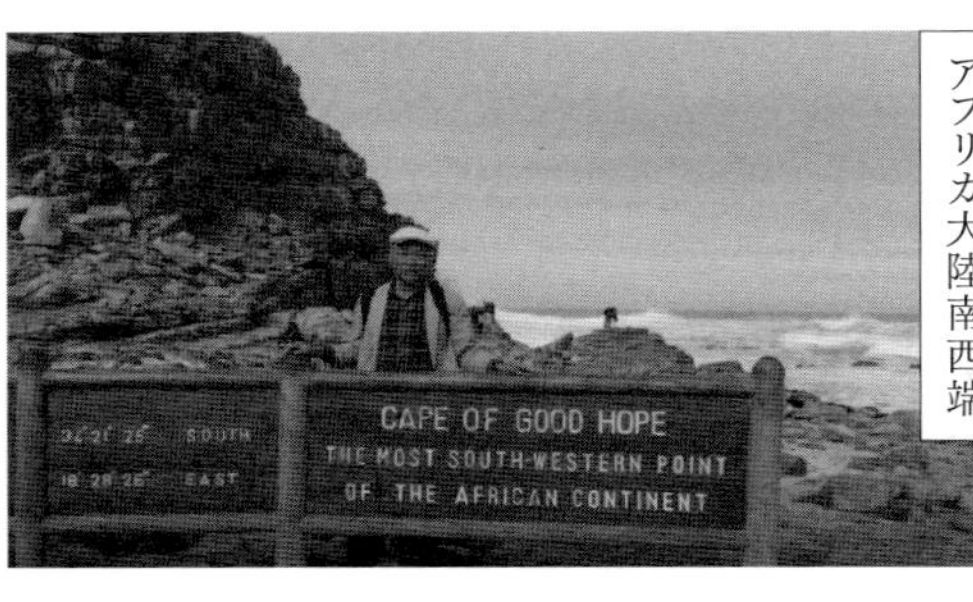

アフリカ大陸南西端

視界ですので左手にインド洋、右手に大西洋が見えるという感じです。灯台からケーブルカーの乗り場まで歩いて約２０分、ダラダラ坂を下りていくと多くのサルが道端で食べ物をほおばっていました。こういう時になるとサルは人間に無関心？です。知らんふり、写真を撮ると顔をあげて、ポーズをとってくれました。

COLUMN

アフリカの旅―それは人間の一生にも似たものを見る

アフリカ旅行は、平成27年のモロッコ旅行以来2回目になりました。モロッコは、アフリカといってもヨーロッパに近くスペインやフランスの雰囲気が残っているところがありましたし、またイスラム教の色を感じることができました

今回の南部アフリカでは、世界三大瀑布の内の「ヴィクトリアの滝」を訪れることができました。いずれの滝にもそれぞれの雄大さや滝の美しさ、その大きさに魅了されました。滝にもその滝の成因によって、それぞれ個性がありました。そこには地星は生きている、絶え間ない水の流れにその脈動感を味わうことができました。時間の流れを止められないように、この水を止めることはできないでしょう。川の流れが人の一生のようにも思われました。川の流れは人の生き様をあらわしているようです。源流は母の胎内、小さな流れは幼年期、青年期になれば川の流れは大きく深くなりときには激流となります。そして、下流では壮年期に相当し穏やかになります。最後には人は土に還る、川もまた海に注ぐ。人間は輪廻転生を繰り返しこの世に再び蘇る、川の水も大気に戻り、また地星上に雨となって降り注ぎ川の水となる。この地星の偉大さを感じて終わることになりました。そうだ、もう一度『方丈記』を読み直そう。（ちょうど、木村・黒澤著の『こころに響く方丈記―鴨長明さんの弾き語り』が出版されたので購入しました。）

また、ザンベジ川クルーズで案内してくれた現地のアフリカ人のなんと親しみやすかったことか。川べりや川中の動物や鳥よりも、私はこの現地の人に大変親しみを持った。彼は盛んに分かりやすい英語で話かけてくれたし、彼もまた私の言うことに耳を傾けてくれて理解しようと努めてくれた。彼も私と同様に英語についてはネイティブスピーカーではありませんでしたが、お互い言っていることを理解しようと身振り手振りで川の風景や動物たちについて話し合えました。こんなことは今までありませんでした。下船のさい、大きな真っ黒な手の甲と手のひらがきれいなピンク色がとっても印象的でした。私の手は彼の手の中にすっぽり納まってしまいました。ギュッと握ってくれた彼は、最後に日本に行ってみたいと言ってくれました。彼が日本を見たらどういうだろうか？

南アフリカと言えば、私のわずかな知識では金鉱山と「アパルトヘイト」、「喜望峰」そして故マンデラ大統領のことくらいでした。最近ではBRICsという言葉がありますが、この〝s〟を複数ではなく

山腹からのケープタウンの夜景

REPUBLIC OF SOUTH AFRICAとして南アフリカ共和国を指すと言われるほど経済成長が著しい国と言われるようになりました。今では五文字すべて大文字で表し5ヵ国を示しています。実際に街中を見たのはケープタウン市内の一部だけだし、喜望峰までのハイウェイ沿いの景色しか見ることができませんでしたが、沿線では素敵な街並みを次々と見ることができました。

ケープタウンのホテルでのことですが、空港から着くやすぐにレストランで夕食ということになりましたが、席やメニューが当初と異なっていたので不満たらたらでしたが、翌日観光から戻って部屋に入ると、ワインが一瓶置いてありました。びっくりして添乗員さんに聞くと、「ホテルからお詫びにということで部屋ごとにワインを置かせてもらった。」ということでした。日本ではあまりこういうことを経験したことがない、というかあまり行き違いということがないので経験しなかったのでしょうけど、どこかの国の空港の係官に比べ、ホテル側の細やかな気遣いにほっとしたシーンでした。過ちは素直に認め、即謝罪することの大切さを学びました。

サイモンズタウンでは、ランチの後、海岸で遊ぶ子供たち――冬だというのに海水浴に戯れる元気な子供を見ていると日本との違いを感じました。多分、日本の郊外活動なのでしょう、20人近い子供が水着、半そで半ズボンなど思い思いの姿でグループごとに遊んでいる姿はたくましく感じられました。付き添いの先生も何も言いません。日本だったら冬に海水浴?と言って問題視されるでしょうね。でもこのたくましさが日本の子供たちにあれば、とも思いました。彼らに近づくと子供たちに真っ先に質問されたのは、「CHINESE? or KOREAN?」と聞かれます（まあ、どこの国に行ってもこう聞かれる場合が多いですので、慣れていますけど……）。日本から来たというと、びっくりしましたけど、「日本のことは知っているよ。」と、言われ思わずニコッとしたくなりましたがあとがいけません。ジャッキーチェンの国だろう、とかキックボクシングが盛んだろう、と返してきます。ムッとなって「日本は柔道、空手だ」というと、「オッ！ それも知っている。」と言ってくれました。もう少し、日本のことをきちんと教えて欲しいな、と思った次第です。

南部アフリカは、以前に行ったモロッコとは風土が違っていました。モロッコはどことなくヨーロッパ風でしたが、今回は本当のアフリカを見たような気がしました。人類のふるさと、アフリカをもっとたくさん見て、感じて、考えて書きたかったのですが、予定が大幅にくるってしまい、ほんの少ししか触れられず残念でした。いいえ、アフリカを知るためには三日や一週間では足りません。次回いつ行けるのだろうか？ きっと行ってみたい場所のひとつになりました。

第十七話　タイ：微笑みの仏教の国と三島文学

２０１８（平成３０）年１０月

２０１８（平成３０）年１０月１２日（金）から１６日（火）まで、成田空港を朝に出発して４泊５日の阪急交通社主催の『微笑みの国　タイランド』に参加しました。今回は、いつもの旅行社ではなく、たまたまビジネスクラス利用の比較的廉価なツアーを見つけました。１年間で２回の海外旅行をする目標を立てていたのですが、アフリカ旅行でビジネスクラスを利用したので計画資金をだいぶ使い込んでしまい、２回目の旅行を躊躇していました。しかし、新聞紙上で阪急交通社の「トラピクス」というブランドで、タイ旅行について紙面全面を使って大々的に広告を打っていたのが目につきました。ビジネスクラス利用であること、比較的ゆったりとしたスケジュールに思えたので、急に参加したくなりました。

タイへの思いは、三島由紀夫の作品の舞台になった『暁の寺』の舞台になったお寺を観たかったことがタイ旅行への主な動機となっていました。今回は、バンコクを拠点にアユタヤ遺跡を見学すること、三島由紀夫作品の四

ホテルの部屋からバンコク市内を望む

部作『豊穣の海』の第三巻『暁の寺』の舞台になった「ワット・ポー」のお寺を訪れたかったこと、第二次世界大戦の際にビルマ（現ミャンマー）とタイを結ぶ泰緬鉄道建設をテーマにした映画『戦場にかける橋』の舞台となった鉄橋を訪れるという三つの目的をもって参加することにしました。

1．「アユタヤ遺跡」

最初の訪問地のアユタヤ（県）へはバンコクから北へバスで約1時間半、高速道路を使っても市内が渋滞していると2時間は要するでしょう。今回、観光のための自動車は、ミニバスというワゴンタイプのバスで参加者の10人も乗ると窮屈で、後部座席では冷房はほとんど感じることもなく車内はムンムンとしていました。運転手は、クレームに一向にお構いなく、これ以上涼しくならないと平気な顔して言います。途中一度、ガソリンスタンド（日本と違ってコンビニやコーヒーショップなどの店もあり無料トイレがある）、トイレ休憩があるだけで車内での窮屈さを我慢してただひたすら走ります。

国立公園となっている「アユタヤ遺跡」は、アユタヤ歴史公園としてアユタヤ王朝の遺跡群をユネスコの世界遺産（1991年に登録）に「古都アユタヤ」として登録されているところであり、チャオプラヤ川とその支流であるパーサック川、オールドロップリー川に囲まれた中州に集中しています。これは、敵からの防御を考えて中心部の回りに運河を掘ったということです。「ワット・プラシーサンペット」、「ワット・ローカヤスターラーム」などの寺院跡、王宮跡が残っています。これらの遺跡を作ったのは1351年～1

767年に存在したアユタヤ王朝で、中心都市であったアユタヤは、川に囲まれた島の中に位置し、貿易に適した地形であった。王はその独占貿易で莫大な利益を収め、上座部仏教（釈迦が定めた戒律と教え、悟りへ至る智恵と慈悲の実践を純粋に守り伝えることを根幹とする）を信仰していた王は、この莫大な利益をもとに数々の寺院（ワット）を創建したとのことです。しかし、1767年にビルマ（現ミャンマー）の攻撃を受けてアユタヤ王朝は消滅してしまいました。同時にアユタヤ市内の建造物や石像は徹底的に破壊され、ほとんどの寺院は廃寺となり、王宮も台座を残すのみとなってしまいました。アユタヤの建造物の多くが比較的新しい建造物であるにもかかわらず、そのほとんどが煉瓦のみになっているのは、このためだといわれています。

「アユタヤ遺跡」に入る前に1637年、アユタヤ王朝第24代のプラサート・トーン王（1629－56年）が建てた宮殿を見ることができました、ここは、歴代の国王たちが夏を過ごす別荘として利用されていました。王宮のなかでも夏の離宮として用いられていた「バン・パーイン・パレス」(Bang Pa-In Palace)を見学しました。離宮はアユタヤ遺跡の南約12kmにありチャオプラヤ川沿いに北東―南西方向に細長くたてられた王宮です。プラサート・トーン王がチャオプラヤ川に浮かバン・パーインに僧院を建て、さらにその南に池と宮殿を建築しました。園内では個性豊かなヨーロッパやアジア風の建物を見ることができます。「プラ・ティナン・ウィトゥン・タサナー」は、1881年に建てられた3階建ての塔で、最上階からは緑豊かな園内の風景が見渡せます。離宮には、パビリオンと呼ばれる5つの館が点在しています。湖の中央で華やかな光を放つタイ風建築の「アイサワン・ティッパヤー宮殿」、内部見学も可能な中国風建築が美しい「ウィハット・チャムルン宮殿」、「ルネッサンス風のワロパット・ピマン王座ホール」など見どころ満載でした。緑が美しい庭園も一見の価値があります。

「アユタヤ遺跡」と離宮との間には日本人の経営する日本レストランがありました。その名も「山田家」という名前で、この名前は山田長政に由来しているとのことでした。山田長政は、江戸時代前期にシャム（現在のタイ）の日本人町を中心に東南アジアで活躍した人物で、このアユタヤ郊外で有名人となったことで知られています。

「アユタヤ遺跡」では、「ワット・ヤイ・チャイ・モンコン」、「ワット・マハタート」、「ワット・プラ・シー・サンペット」の三つの寺院遺跡を見学しました。このうちマハタートとサンペットは、世界遺産に登録されています。これら三つの遺跡はそれぞれに有名で、「ワット・ヤイ・チャイ・モンコン遺跡」には屋外にある涅槃仏で、バンコク市内にあるワット・ポーの涅槃仏とともに有名です。寺院の名は「吉祥なる勝利の寺院」の意味だそうです。モンコン遺跡は、1357年に建立され、アユタヤを代表する仏教寺院です。正面の階段で仏塔の中ほどまで登ることができ、中の部屋の中央には深い井戸のようなものがあり、コインを投げ込んでいる観光客が見られます。また、外には涅槃仏の像があります。少し見ごたえのあるのは、足裏の大きいことと五本の指が皆同じ長さだということでした。

モンコン寺院遺跡の野外にある涅槃仏

「ワット・プラ・マハタート遺跡」には木の根に包まれた仏頭があり、サンベット遺跡ではアユタヤの島にある王宮の守護寺院にあたり、三つの連なった仏塔遺跡としてそれぞれ見ごたえのある遺跡群となっています。マハタート遺跡は、14世紀の代表的仏教寺院の遺跡で、当時は高さ44mの黄金の仏塔がそびえていたといいます。今では破壊された仏塔や壁が無残に残っているだけですが、一番のみどころは1767年のビルマ軍の侵攻があった時に切り落とされた仏頭が、自然に木に覆われたというか、はめ込まれたようになっていて、神秘的な光景です。

「ワット・プラ・シー・サンベット遺跡」は、3基のスリランカ様式の仏塔が印象的で、この仏塔は1491年に建てらえたといいます。もともとは、アユタヤ王朝の初代の王様が最初に王宮を建設した場所だといわれています。王が眠るという三基の仏塔は高さが40mで、漆喰で建てられており、天に向かって高く伸びている様子は美しいと感じます。なお、夜はライトアップされるそうで、時間に余裕がある時はぜひ見ておきたいものです。

アユタヤ遺跡でのほかの楽しみは、観光案内所もあり、象乗りを楽しむこともできます。しかし、象を保護する観点から象乗りを禁止している場合もあります。

プラ・マハタート寺院遺跡、
菩提樹に覆われている仏頭

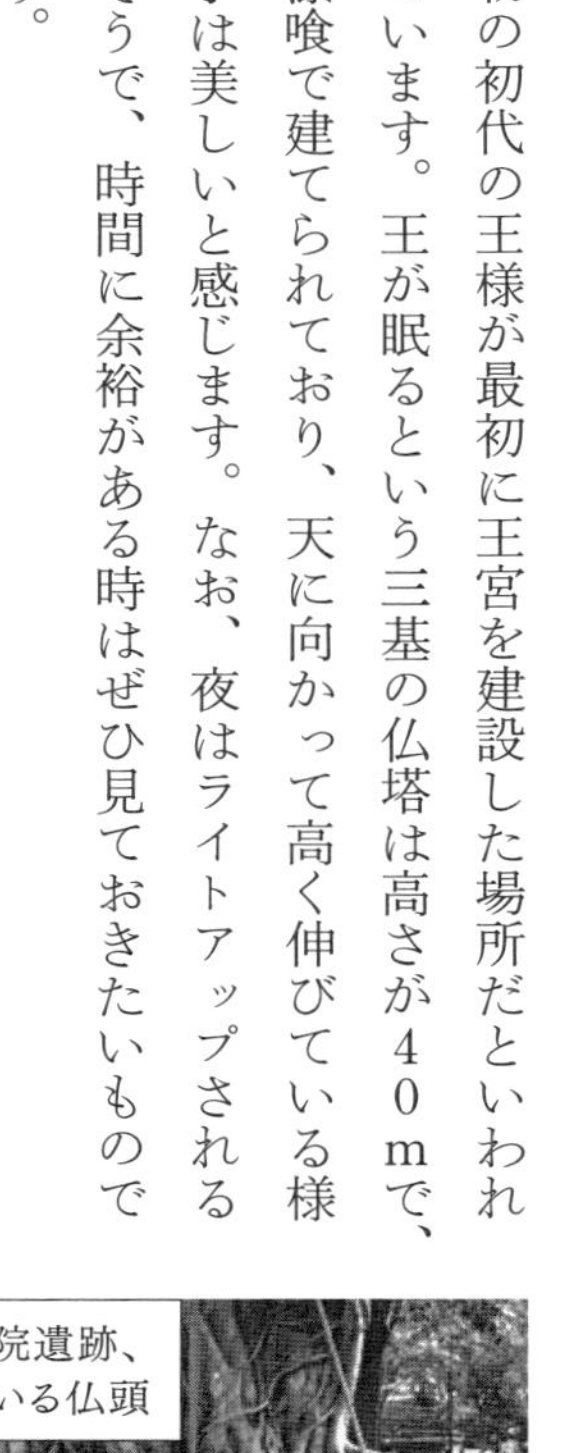
ワット・プラ・シー・サンペット寺院遺跡

2. バンコク市内

タイは、世界的に有数の観光国で訪問する場所が多いことで有名です。そのメインは何と言っても首都バンコクです。バンコク市内にもたくさんの観光名所があり、今回だけで多くを訪れることはできませんでした。メインの場所は、「ワット・パクナム」、「ワット・ポー」、「ワット・アルン」の三か所でした。そのほかにも、ワット・ポー&アルンを含む三大寺院となる「ワット・プラケオ」と王宮、いくつかある水上マーケット、タイ国鉄のメークロン駅の線路上の上に開設され、列車が来るたびに屋根をたたむという光景が見られる市場、チャオプラヤ川のナイト・リバー・クルーズ、スーパーマーケット、ニューハーフショー、そしてグルメ等楽しむことは多数あります。

ツアーに含まれる市内観光は一日しかありませんでしたが、主なところを見ることはできました。朝早くホテルを出発し西に向かい、土曜日であったせいか市内の交通状況は比較的スムーズに移動できました。まず、「ワット・アルン」に行くまでに「ワット・パクナム」という寺院を訪れました。ここは、緑の天井とガラスの仏塔の寺で有名だそうです。ミニバスを降りて小路を徒歩で5分くらいの所にあるきれいな寺院です。個人で行くには、高架鉄道・スカイトレインとよばれるＢＴＳ（Bangkok Mass Transit System）を利用してウタカート（Wutthakat）駅から北へ歩いて徒歩２０分ほどです。寺院はきれいで、観光客も早朝だったためかまだあまりいませんでした。内部は涼しく、いきなりエレベーターで5階に上がると、美しいエメラルド・グリーンの光を放つ仏塔、吸い込まれそうな天井画は思わず見とれてしまいました。また、周囲の仏伝図のブッダの生涯図には菩提樹の下で悟りを開いていくブッダの様子が描かれています。また順次下の階に降りていくと、博物館になっており素晴らしい所蔵品の数々が展示されています。大変見応えのある博物館ですが、なんと無料でした！　当然ですが土足厳禁、ノースリーブや短いスカートなど肌が多く露出している衣服はご法度です。差早かったせいもあるのでしょうか、観光客は誰もいませんでした。寺院に入るまでに道の狭いところを通っていくのでこの先にお寺があるのか少々不安でした。

次に訪れたのは、チャオプラヤ川を渡って王宮のそばにある「ワット・ポー」のお寺に向かったのですが、朝が早いというのにもうここは観光客でいっぱい、ミニバスを停車させる場所もないくらいでしたので、先に「ワット・アルン」（アルンは「暁」の意）にむかいました。また、ここでチャオプラヤ川をフェリー（といっても屋根付きの少し大きな渡し船にエンジンがついているくらいの船）で対岸の船着き場に着くとそこからはもう「ワット・アルン」の寺院の敷地になっています。大きな尖塔の美しさは、充分遠くからも目立ちます。その尖塔はりりしくも思えます。ここは、私が以前から訪れたいと思っていた寺院で、今回の目的の一つでした。

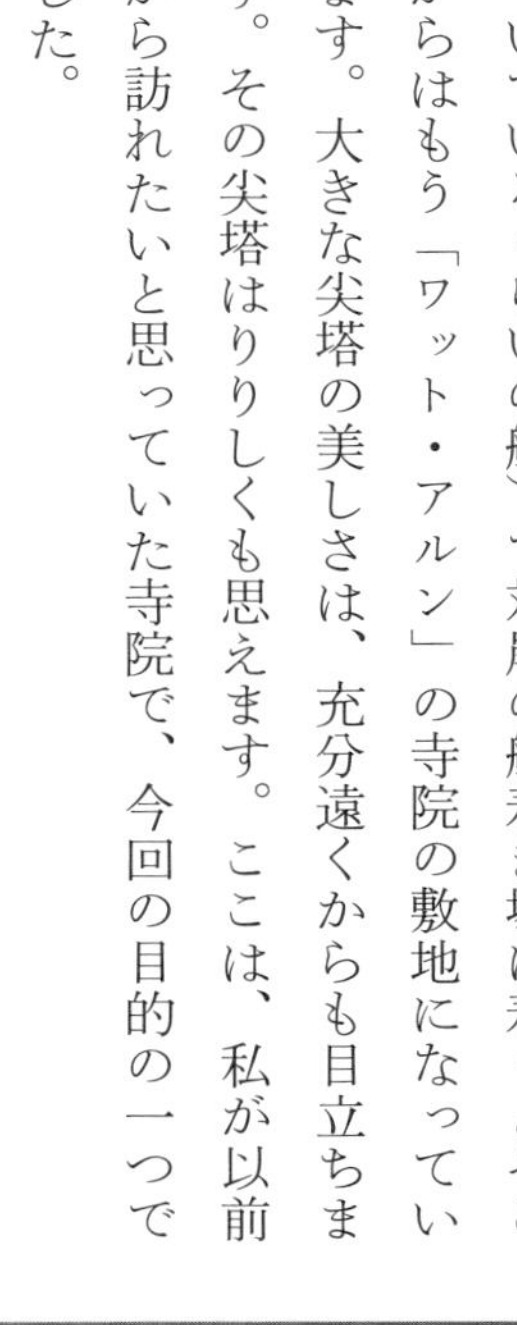
訪れたかったワット・アルン寺院（暁の寺）の塔（67m）

先ず、船着き場から入り口をぬけると、山門がありその奥にラーマ2世の遺骨が納められた本堂があり、大仏塔に行く手前にはこの「ワット・アルン」の寺院を創建したといわれるタークシン大王の像があります。また、大仏塔の周りにはやはり陶器で飾られた4基の小仏塔などがあります。ここは、三島由紀夫の小説全四巻『豊穣の海』のうちの第三巻の『暁の寺』に登場し、全4巻に全てに登場する主人公の松枝清顕が初老となりタイ（当時はシャム国）に企業の顧問弁護士として訴訟のために赴き、タイ王室の官能的美女（王室の姫）との係わりを描くもので三島における美学がここに集約されるとさえ思える作品です。昭和47、8年に読んだこの小説はなぜか私の脳裏に強く焼き付いています。当時文庫本を4冊購入し一週間で一気に読みふけったことなどそれまでありませんでした。機会があればいつか行きたいと思っていましたが、その頃は海外旅行など夢にも思っていませんでした。ほぼ50年後にその夢がかなったようなものです。この尖塔のフォルムの美しさ、そして塔の表面は鮮やかな色の陶器でかざられており、目を奪われない人はいないだろうと思いました。高さは75m、台座の周囲は200m以上あると言われ、中心の大塔を四つの小塔が取り囲み、須弥山を具現化しており、大塔の上方にはインドラ神が三つの頭を持つ象の上に鎮座しています。この塔の途中まで上ることができます。

ここを見終えて、先に通ったバンコクで最大で最も古くからある寺院でもある「ワット・ポー」に戻りました。ここは建物の中にある長さ46mの黄金に輝く涅槃像が有名です。胴体の長い事にビックリ、カメラのファインダーに収まり切れません。そしてなんといってもびっくりしたのは足の大きさ、足の指の大きさがきっちり同じだということ。仏像は全身を金箔で覆われて、つやつやと光り輝いていて、1832年に建立されたもので、涅槃に入る直前の寝姿を表しているという。いかにもリラックスしているようでもありますが、超然としているようにも見えます。この涅槃像の足裏側に回ると、人間の煩悩一〇八つを描いた寝釈迦仏があります。また、足の指にきれいな指紋がそれぞれの指に三つずつ描かれています。裏に回ると背中がただ単調に真っすぐでやたら長く、足先から頭部までだいぶ歩かされます。頭部は、日本の大仏様の頭部と同じように螺髪（らほつ）が見られます。日本の大仏様はこのクルクルの巻き髪数がみな違うそうですが、ここのはいくつあるのか分かりませんでした。敷地内には、四基の仏塔や中央に本堂がありその周囲を回廊がめぐらされており、信者から寄贈された多くの仏像が並べられているといわれています。

3.『戦場にかける橋』――泰緬鉄道乗車

4日目は、一日かけてバンコクの北にあるミャンマー（旧ビルマ）との国境に近いカンチャナブリの街に、ミニバスに揺られ約140kmを約2時間半かけていきました。最終日で帰国する日ですが、帰国便が深夜だったので、一日フルに動けました。

カンチャナブリは、戦争映画でも名作と言われる『戦場にかける橋』（1957年公開の英・米合作映画。第30回アカデミー賞作品賞受賞。劇中で演奏される『クワイ河マーチ』（ボギー大佐）も世界各国で幅広く演奏されている）の舞台になったクウエー（クワイ）川にかかる鉄橋としても有名です。ここは、多くの観光客でにぎわっていました。カンチャナブリ駅には、バンコクからくる列車に乗るためにたくさんの観光客が待っていました。私たちはここから列車でさらに奥地のミャンマーとの国境付近に向けて列車でタムクラ・セー駅まで乗車しました。この駅はアルヒル桟道橋（Tham Kra Sae Bridge）の近くにあり、駅から線路上を少し歩いて戻ると崖側に洞窟があることに気づきます。洞窟には、黄金の仏さまが祀られており、多くのタイの人が手を合わせ、熱心に拝んでいる様子がうかがえます。アルヒル桟道橋は、崖とクウエー川の間に敷設されている〝木造〟の橋で、第二次世界大戦中に旧日本軍にクウエー川に架けられた橋と言われています。

まず、カンチャナブリの街に着くと、「ＪＥＡＴＨ戦争博物館」で第二次世界大戦中にこの地での鉄道の敷設・鉄橋建設がいかに困難であったかを物語る写真展示があります。また屋外には、日本から送られ平和を祈念する塔があります。この博物館の付近には、戦争や鉄道建設で亡くなったイギリス軍兵士たちのための連合軍戦没者共同墓地や日本人慰霊碑などもあります。街は、日本人や多くの外国人が訪れており、お土産屋さんが並び賑わっていました。映画『戦場にかける橋』：第二次世界大戦の只中である１９４３年にタイとビルマの国境付近にある捕虜収容所を舞台に、日本軍の捕虜となったイギリス軍兵士らと、彼らを強制的に泰緬鉄道建設に動員しようとする日本人大佐（俳優の早川雪洲が出演したことでも有名）との対立と交流を通じ極限状態における人間の尊厳と名誉、戦争の悲惨さを表現した戦争映画です。劇中に登場するイギリス軍兵士への数々の懲罰は、原作者のＰ・ブール氏が実際に体験したものであるとされています。屋外で

橋梁の建設にかかわった日本人の慰霊碑

は地元？の生徒さんたちが先生から、この地についてお話しをされているのを聞いており、生徒も熱心にメモをとっていました。

カンチャナプリ駅には、列車に乗る観光客でいっぱいでした。現地の人も勿論乗りますが、大部分は観光客です。女性の駅員さんらしい二人の女性が切符売り場にいたのですが、観光客の多くは、多分事前購入しているのでしょう、切符売り場はヒマそうにしていました。声をかけると売り場から出てきて「日本から来たのか？　日本人大好き、一緒に写真を撮ろう！」と言ってカメラの前に立ってくれるくらいにフレンドリーでした。勿論、モデル料はなし、カメラに映った写真を見せてあげると、喜んでくれました。

なお、乗車体験は、カンチャナプリ駅からナムトック線（旧・泰緬鉄道）に乗り約1時間半かけて平原地帯を走りクラセー橋駅に到着し、そこで下車して昼食をとったあとクラサエ洞窟を見学しました。蒸し暑い車中をじっと我慢してホテルへと帰りました。

『戦場にかける橋』のクウェ川鉄橋（カンチャナプリ）

4．バンコク雑感

成田空港を午前11時前に出発したＪＡＬは、直行便で15時40分過ぎにバンコク空港（スワンナブーム国際空港）に到着しました。到着後の入国手続きに向かいましたが、到着便が多かったためか、大勢の人が並んでおり、例によってうんざりした気分になりましたが、「ビジネス客の方はこちらです。」という案内があり、そちらに向うとなんとガラガラでスムーズに入国手続き・通関ができました。空港の外に出て、真っすぐ滞在先になるホテルとなる市内の「アナンタラ・バンコク・サトーン」に向かいましたが、夕刻に近くなって市内に入ると道路は渋滞でのろのろ運転となりました。参加者が10名だったので大型の観光バスではなく、いわゆる小型バンのような車だったので車内は蒸し暑く早くホテルに着かないかなと、一心に祈るばかりでした。

意外と記憶に残るのは夕食でした。1日目はホテルのレストランで中華料理でした。2日目はチャオプラヤ川に面した「シャングリ・ラ ホテル」内にあるレストラン「サラティップ」でエキゾチックなタイの舞踊を鑑賞しながらの豪華な料理を食することができました。また、3日目に有名レストラン「ソンブーン」でカニカレー付き海鮮料理をいただきました。そして最終日の4日目はバンコク空港に行く前に大宮廷料理といわれるお料理に出会いました。なお、JALのビジネスクラスの機内食は、ちゃんとお皿に乗せられたお料理、ガラスコップでの飲み物などで食事をしたという感はありました。また、ホテルは、高層建てのデラックスホテルで、ゆったりした60㎡以上もあるスイートルームで快適に安眠をとることができました。屋上では、夕方にはカフェが開かれ夜風にあたりながらバンコクの夜景を楽しみながらのビールは美味しく感じました。

最後にバンコクの夜のお楽しみですが、繁華街に出ると眠らない街のようで、ツアーの中で希望者が参加するニューハーフショーに出かけました。ショーは一晩で1回公演のみでした。送迎付きで劇場では1ドリンクがついて、1，400タイ・バーツ（TBH）日本円で4，900円と安く、ショーは華やかでダンスあり日本的な笑いもあり、ショー後もダンサーたちのお見送りもあり約1時間たっぷりと楽しめました。

5．タイを旅行して感じたこと

タイ国王は、国民に深く敬愛されています。プミポン国王殿下（ラーマ9世）が2016年10月13日に崩御されてから二年目にあたり、タイを訪問したのはちょうど13日（土）だったので、「アユタヤ遺跡」に行く日でした。途中の道路わきを歩いている人を見ると、オレンジ色の衣服をまとった市民が大勢いました。日本で言う三回忌にあたるということでした。こうした光景を見ると、この国王殿下が国民から愛されていたということがよくわかります。現在タイは軍政権下にありますが、町の中の王宮や、バンコク市内に数多く見かける大きな王室の国王殿下と国王妃殿下の写真が飾られているのに目を奪われます。

アユタヤ遺跡を訪問して、感じたことはやはり「戦争は愚かな行為だ」ということです。かつて隆盛を誇った王朝も旧ビルマからの侵攻で破壊されてしまい、かつての姿に復旧されることなく、無残な姿を残しているだけです。こういう姿を見ると戦争が歴史を語ることなく破壊してしまったことを残念に思うしかないのです。一方カンチャナブリでは、映画にも取り上げられたせいか、当時の面影を再現し、一大観光地になっています。戦争博物館や慰霊碑もたてられ、アユタヤとは対照的に感じました。しかし、鉄道駅のそばには第二次世界大戦の歴史が刻まれた記念碑もありますが、ほとんどの観光客は目を向けることなく、専ら列車の運行や鉄橋、お土産屋さんにばかりに足を向けている光景を見て、この違いをどう表現したらいいのでしょうか。戦争における人間への眼差しはカンチャナブリの街や駅に見ることができ、また文明に対しては戦争による破壊という愚かな行為で、自分たちの歴史をも破壊したということを感じました。

また、タイは1997年7月に起こった「アジア通貨危機」の震源地で、タイからアジア各国に伝播した通貨の大幅な下落および経済危機を引き起こしました。今は昔のことのようでその面影は表立っては見えませんが、金融資本主義の引き起こす経済危機は庶民を苦しめるだけのことです。国民の底力は強いもので立ち直って、バンコクの一部は高層建築のビル街となりました。アジアでは、タイは人気ナンバーワンの観光国になりました。観光地、リゾート、食、いろいろな素顔を見せてくれる街……。バンコク市内は、大変変化に富んでいる都市です。それだけに観光の点から見れば魅力ある都市と言えるでしょう。バンコクの町のなかを見て歩くだけでも数日要するかもしれません。街の市場、夜の街、リバークルーズ、各寺院、公園などなど。そして忘れてはいけないのが、海岸や小さな島にあるリゾート地も訪れたいところです。

また来てみたいと思う国・バンコクでした。実質3日間の短い旅行でタイのほんの一部しか訪れることができませんでしたが、3日間ではとても見つくすことができない、そんな街でした。

COLUMN

タイの政治体制

タイは、王政の国なのか軍政国家なのか？　この国は、２０１４年にプラユット将軍が率いる国軍が軍事クーデターを起こし、２００７年に制定した憲法と議会を廃止し実権を掌握し２０１７年に新憲法を公布・施行し、軍事独裁政権が継続しています。政治体制は立憲君主制であり、タイの国王は国家元首ですが、その権限は「タイ王国憲法」により様々な制限が加えられており、国家平和秩序評議会議長であるプラユット将軍が実権を握っています。しかし、国民の多くはラーマ９世（プーミポン国王）の王室を敬愛しているように思えました。２０１６年１０月に国王が崩御され、ワチラーロンコーンがタイの国王に即位しました。タイを訪問したときはラーマ９世が崩御されて２年目だったので、バンコク市内近郊の都市では大きな国王の写真が掲げられていました。

国民は政治体制にあまり感心がないのか？　それとも軍政に声を上げられないのか？　軍政下での社会に満足しているのかわかりません。クーデターや革命などの暴力行為は、望むところではないですが、真の民主主義国家に一日も早くなって欲しいと思いました。

第十八話　2回目のクルーズへ：紺碧のアドリア海と古代を訪ねて

2019（令和元）年5月

『エーゲ海とアドリア海クルーズ10日間』、このフレーズに私は心惹かれました。行ってみたいエーゲ海とアドリア海、それにギリシャやクロアチア等の単独では行きにくい国々、クルージングというこれらのフレーズに、行きたいという衝動に駆られました。2015（平成27）年にカリブ海のクルージングを経験してからは船旅の醍醐味と旅行移動時の楽さに味をしめ、2回目はどこにしようかと思っていましたが、候補としては南太平洋の島々や北欧スカンジナビア半島のフィヨルド、アラスカの氷河を海から見る、などを考えていましたが2020年に東京オリンピックが、開催されることでオリンピック発祥の地を訪れておきたいこと、もう一度ヴェネツィアを訪れたかったことで、このエーゲ海・アドリア海クルーズに参加することにしました。

ゴールデンウィーク後半の5月3日に出発して12日の夜に成田着という行程です。カタール航空の利用によるドーハ経由となりました。イタリアのヴェネツィア空港（マルコ・ポーロ国際空港）に予定の時間通り到着したものの、イミグレーションの通過に時間がかかり、このままではヴェネツィア港に停泊している乗船予定のMSC社の「リリカ」号の乗船手続き締め切り時間に間に合いません。空港での入国手続きでは、機械読み取り式のパスポートチェックと顔認証システムの導入で、手続きそのものは時間短縮できているようでしたが、如何せんパスポートコントロールの係官が少ないこと、窓口が少ない事、テキパキさが見られないことで時間がかかりすぎました。それに加えて、数年前からアフリカ方面からの移民が多くなったせいか入管手続きに時間がかかり、すごい人が並んでいました。イタリアの国民性でしょうか？　日本だと様子を見て係官を増員させるでしょう！　このような状況は、以前にもイタリアのミラノ空港でもありましたよ！

さて、乗船手続きの時間はもうすでに過ぎていましたが、同じＨＩＳ旅行社の関西国際空港からの同じ旅行社の先発の添乗員さんが、日本からの同じ乗船者の３０名が遅れているのを知ってこれは大変だと思って、船会社と交渉してくれていたのでしょうか、船は待っていてくれました。まあ、出港時間にはまだ余裕があったので安心していましたが……。

いよいよ、１６時３０分に予定通りヴェネツィア港を出港し、ジューデッカ運河（CANALE DELLA GIUDECCA）を通過して外洋に出ていきました。運河を通過する際に左舷側には「サン・マルコ広場」や鐘楼、右舷側にはサン・ジョルジョ・マッジョーレ島をみることができます。乗船時間が遅かったせいでキャビンに運ばれていたスーツケースを開いたり、室内の設備・備品のチェックをしている間に船は静かに離岸し始めていました。気が付いてデッキに出ると、もう船は順調に滑り出しており、ヴェネツィアの街並みの良いところを見逃してしまいました。

1．アルベロベッロ（イタリア）

ヴェネツィア港を出てアドリア海を南下し、３日目の5月5日朝にイタリア南部の大都市といわれているバーリの港に到着しました。最初の下船となるバーリの港は大きく、下船するとすぐにバスが待っていてくれて、「サン・ニコラ聖堂」を半周して左手に大きな劇場の「ペトゥルッエッリ劇場」を車窓から見て街中を見つつ南下していきます。バスに乗り高速道路を経由して1時間ほどで、アルベロベッロに着きました。郊外では、高速道路の両側にはブドウ畑、オリーブの木が植えられているのがたくさん見ることができます。トオーリの街を過ぎてイトリアの谷に入るとトンガリ屋根のトウルッリが見えてきました。トウルッリは複数形で単数形がトルッドだそうです。「トゥルッリ」と呼ばれる伝統的な家屋が、１，６００軒ほどあることで知られています。白壁に円錐形の石積み屋根を載せたこの家屋は、１６世紀から１７世紀にかけて開拓のために集められた農民によって造られたものといわれています。

街から少し外れたバス専用駐車場から歩いて道なりに、北西方向に行くと尖がり屋根が見えてきます。世界遺産に登録されている尖がり屋根の集落のアルベロベッロの街は、有名で多くの観光客が集まってきていました。

アルベロベッロの市街地図を見ると非常に複雑で、道路名も私たち日本人にはあまり馴染めない名前なので、初心者には一人で歩いて観光するのは難しいように思えます。私たちは、複雑な街並みはガイドさんと一緒に歩いて回りました。ガイドさんと一緒に道路の北側にある、曲がりくねった細い道を上っていくと、両側に小さな尖がり屋根の住宅らしきものが迫っています。市役所付近から南を見ると尖がり屋根群が一望できます。メインストリートは、インディペンデンツァ通りでラルゴ・マルテッロッタという地区?を散策しました。道の両側にはたくさんの小さなお土産屋さんが並んでいますが、尖がり屋根の家ですからどのお店も狭く、内部は薄暗い所ばかりです。

メインストリートに下りていき集合地点を確認して、1時間ほど自由散策ということでこれまでの坂道を上がっていったのとは、反対側の南側の尖がり屋根群を見に行きました。モンテ・ペルティカ通りを上っていき、左に「セント・アンソニー・ダ・パドヴァ聖堂（Church of Saint Anthony da Padua)」、右に市立公園のある所まで行き、そこから引き換えしました。両側には尖がり屋根のお店が並んでおり、賑わっています。

バーリの町を見る限りでは、バーリの町を含め南イタリアと北イタリアでは雰囲気や様相がだいぶ違うことを感じました。

アルベロベッロの尖がり屋根の街並み

2. カタコロン（ギリシャ）

船は夕方にバーリ港を出港し、この夜はフォーマルナイトで正装して参加者とともに夕食会です。その後は、シアターでマジックショーの観劇です。船は、夜のアドリア海を南下して、翌四日目のお昼過ぎにギリシャの北西部に位置するカタコロン港に入港しました。カタコロン港は小さな港で、ここからバスで40分ほど行ったところに、古代オリンピックが開催された場所として有名な「オリンピアの遺跡」とオリンピックに関連した施設や「考古学博物館」があります。港の近くにはお土産屋さんや伝統工藝品のお店が道路の両側に並んでいます。

カタコロン港の海は、紺碧の海と呼ぶにふさわしく一点の汚れも見えません。船のデッキから見える港はこの「リリカ」号が停泊すればもういっぱいになるというような小さな港で、ここに6万トンもの船が着岸できるのか？と思いました。船から降りて待機していたバスに乗り込みましたが、この旅行の参加者の皆さんが現地ツアーに参加されるので、バスは私たちだけの専用バスでした。基本的にオプショナルツアーは船会社主催なのでバスは、参加者の混乗となります。

カタコロンの街は小さな街で船の入港がない日のお店は、みんな閉店してしまうのではないかと思うくらいでした。船に戻る際に途中下車して、お店を散策しながら船まで歩いて帰るという楽しみもあります。ある工藝品店の中に入ってみると、ロシアで見かけたようなキリストやマリアのフレスコ画がみられました。なぜここにフレスコ画があるのと思って店の店員さんに聞くと、ギリシャ正教とロシア正教という正教同士の関係で同じフレスコ画があってもおかしくないのだ！という弁でした。なるほど！とうなずく次第でした(真偽のほどはわかりません！)。オリンピアの街はこぢんまりとしており、ホテルも少なくレストランも多くありません。首都のアテネからは遠く交通の便も悪いためか、観光客はクルーズ船のエクスカーションの人達と、鉄道とバスを乗り継いでやって来た人達くらいです。

　五月の陽ざしと澄み渡った清々しい空気に包まれ静かで穏やかな遺跡は、静まり返り、ところどころに咲いている草花が印象的でした。遺跡は、古代オリンピックが盛んだった頃は、きっと賑わって人々の往来が激しかったのでしょう、昔のその面影はありません。しかし、「ゼウス神殿」跡や多くの遺構が破壊されたままの姿で残っています。また東側には、戦車競走や徒競走が行われた競技場が破壊されたままの姿で残っていました。西側には入場門が残っており、選手たちは大歓声に包まれ堂々と入場してきたのでしょう。今この競技場に立つと、競技が始まり大勢の観衆の応援や歓喜の声が聞こえてきそうでした。どこかで戦争があった時は、一時中断し競技に熱中したそうです。古代オリンピックは一時の平和な時間であり、ギリシャ各地から来た選手や観戦者たちの熱狂する場であったようです。現代のオリンピックはどうでしょうか？　遺跡は世界遺産に登録されていますが、案内板が少なく何の遺構なのかわかりません。これが良いのかな？　また遺跡のパンフレットもなくガイドさんの説明を聞き逃すと、どこになにがあるのかわからずに終わってしまいます。また、完全に修復されてはいませんので倒れた柱、石塔が転がり、壁も崩れたままです。

オリンピアの古代オリンピック競技場

　遺跡の見学の後は、「考古学博物館」を訪れました。古代ギリシャの藝術作品はどれも素晴らしく、よく保存されています。博物館のショップで博物館の本を購入しましたが、遺跡や発掘された彫像などの説明が詳細に書かれており大変参考になりました。しかし、もう遺跡に戻る時間はありません!!　お土産屋さんに立ち寄り時間は十分あるのに、博物館や遺跡を充分に見る時間は少ないです！　これはどこの観光地でも同じです。日本人は、お土産屋さんが大好きなようです。なかなか立ち去ろうとしません。なお、オリンピア遺跡や古代ギリシャ藝術については拙著『中学生・高校生に贈る 古代オリンピックへの旅』（悠光堂、２０２０年）に述べていますのでそちらをご一読ください。

3．ミコノス島（ギリシャ）

夜にカタコロン港を出港し、5日目の寄港地のミコノス島に向かいます。ミコノス島はサントリーニ島とともに、エーゲ海における人気のある観光の島です。今回は、船と海面との関係で新港に停泊し、旧市街のミコノス・タウンまではシー・バスと呼ばれるシャトル・ボートで向かいます。この島がなぜ人気があるかというと、小高い丘に海に向かって白壁の円柱の建物に6枚羽根（今は骨格だけが残っている）の風車が5基（1基は修理中？）あり、これがかわいいというので人気が集まっているようです。私はむしろ曲がりくねった狭い（二人がすれ違うのがやっとという）小路が印象的でした。地図はあるものの、地図にのっていない小路ばかりです。私は、風車と同時にエーゲ海海洋博物館と『レナの家』と呼ばれる島の中流家庭の住居が見られるというので期待していたのですが、やっと見つけた二つの建物のなんと小さいこと、そしてさらに両方とも午後1時から6時までは閉館とのこ

ミコノス島の風車小屋群

と!! 何たること！ イタリア人は午後になると店じまいして、家で休息をとるというのですが、複雑な小路をいろいろな店に場所を聞きながら、やっと尋ねあてたところが閉館とは、がっかりでした。

島ではほかにシーフードがおいしいということでしたが、遠慮しました。味はわかりませんが、外に出ているメニュー表の値段からしてそんなに高くありませんので安心できると思います。しかし、ツアーの人の話では2人で簡単なランチが100ユーロ（当時価で約1万2千円）だったという話を聞いて、何を食べられたのかわかりませんが、びっくりの値段ですね。因みに「タベルナ」という現地語はレストランの意味ですので、注意しなければなりません！

島に行って町並みを見るのも面白いのですが、船から見えるミコノスの島が快晴の空の下で美しさを一段と増しているように感じました。

4．ピレウス＝アテネ市内（ギリシャ）

6日目に入港したアテネ市街地のピレウス港は、アテネ市内にあるいくつかの港のうちでも最大で、多くの海外からの観光船や島々を結ぶフェリーや観光船が入・出港する港です。ほかの多くの港は、主にクルーザーやヨットの停泊地になっているようです。ギリシャは世界一の貨物取扱量を誇り、日本は二番目になるということです。そういえば世界の海運王で、ジャクリーヌ・ケネディ元大統領夫人と結婚した故オナシス氏もギリシャの海運業の人でした。入港前に見た海は、エーゲ海とアドリア海に挟まれたミルトア海に面し、朝の陽を受けてエメラルド・グリーンに輝いていました。ミコノス島の透明さとともに、浅い海のところでは澄んでいました。

下船してアクロポリスの丘に向かったのが朝の通勤時間帯なのでしょう、港から町の中心部までは大渋滞です。ガイドさんの話では、車の運転は乱暴で街では車に十分注意するようにとのこと、クラクション、割り込みはしょっちゅうで、男性も女性も怒鳴りあう声で騒音も激しいとのこと！　やはり狭い国土も関係して、日本とよく似ている運転者心理なのかもしれません？　先ず、オリンピック競技場までの間にサッカー場が見えます。アテネには二つのサッカーチームがあって、市内でゲームがあるときは町中が大熱狂し、警察が出動する騒ぎが起こるそうです。

また市内には、富豪が寄付したという病院や土地を買収しそこに市民のために公共施設を立てるなど、資産家の寄付によるものがいくつかあるそうです。日本では、こういう話はあまりありません。寄付という行為が、あまり浸透していないのは残念です。

まず、第一回近代オリンピック（1986年）を記念して建設され、開催された競技場を見て、その前の「ゼウス神殿」跡をぐるっと半周してアクロポリスの丘に到着します。そこは、今まで見たことがないくらい大勢の観光客であふれていました。というか観光客だけでなく、地元の小学生たちの遠足、他国からの修学旅行生たちの学習の場にもなっているようで、大人から子供まで大勢いたのにはびっくり！　入場待ちの行列の前後は大勢の人達でいっぱい、足元は大理石が

パルテノン神殿

敷き詰められていて滑らないように注意しなければなりません。丘の上のためアテネ市内の景色も見なければならない、と忙しくて大変です。

神殿の入場門から入ると音楽堂があり、順路に沿ってアクロポリスの丘の上まで上がっていきます。神殿前での少し広いところでは、眼下の市内にある遺跡や建物を探し、「ディオニューソス劇場」跡、「ゼウス神殿」跡、遠くには「アゴラの広場」、「新アクロポリス美術館」、とキョロキョロの連続です。

アテネ市内の主要スポットである「パルティノン神殿」跡は見ることができたものの、市内には多数の名所や見どころがあり、とても数時間の滞在で見て回ることはできません。

ほぼ半日のアテネ、それも「パルティノン神殿」跡の見学と近くのプラカ地区の散策後に船にもどりました。14時に出航し、キャビンで休んだ後は夕食のために盛装？しなければなりません。今夜のディナーは、2回目のフォーマルナイトです！

5. サランダ（アルバニア共和国）

アテネからは、アドリア海を北上していきます。夜中だったのでしょうか、アテネとサランダの間で船が揺れたといわれましたが、私はグッスリ寝込んでいたので全く気が付きませんでした。船の揺れは、船旅が慣れない人にとって少しの揺れでも気になるのでしょうか？　それとも揺りかごのように感じて心地よかった私がおかしいのか？　7日目の昼食後、アルバニアのサランダ港に入港しました。

さてサランダと言われて、すぐにここだと言える人は少ないと思います。アルバニアという国さえ、日本にとってなじみのあまりない国だと思います。首都はどこですか？とガイドさんに聞かれて答えられませんでした（因みにティラナ市）。なぜ、アルバニアという国に来なければならないのだろうと思いました。一体何があるの？何を見に行くの？という感じでした。

ここにある「ブトリント遺跡」は、古代ローマの詩人ヴェルギリウス作の叙事詩『アエネイス』に登場する都市遺跡らしいです。ギリシャ方面に領域を拡大しつつあったローマ帝国は、紀元前2世紀頃にこの地を支配下に置き、ギリシャ侵攻の基地としたとのことです。のちローマ皇帝アウグストゥスは、ここに植民地を建設し、この時期にローマ式浴場やニンフ（妖精）を祀る泉が造られそれらの名残を見ることができます。

この遺跡のみどころは、古代ギリシャ、ローマ帝国、ビザンティン帝国の各時代の多くの遺跡が残っています。例えば、ギリシャ神話のアスクレピオス神を祀った神殿や、ローマ時代の円形劇場、公共浴場などがあります。ガイドさんの話では、この国は遺跡発掘や研究のためのお金が乏しいので十分な遺跡研究がなされていない、ということでした。ならば、日本が手をあげて資金援助して発掘や研究に協力してあげればいいのに！と思いました。車を輸出したり、物を売ったり、建物を建設するだけでなく、こういう方面にも手

ひっそりとした「ブトリント遺跡」内

を貸してあげるべきだと思いますが……。人類共通の文化遺産を保護し、それらから多くのものを学ばなければならないと思いました。いろいろな遺構は保存状態が十分でなく、雨晒しになったままや、苔が生えたような状態になっています。また、どれも規模が小さく、最初にみた浴場跡や劇場跡はとても小規模なものでした。

さて、この遺跡をいろいろ見て回って印象に残ったことは、遺跡そのものより、少しのアップダウンがあったり、遺跡の外周りの景色を楽しんだり、ということで森林浴をしている感じでした。緑が少ない日本での都市生活を送っていると、1時間ほどの散歩がてらにこの森林の中を歩くと、マイナスイオンを感じ、癒される思いがしました。遺跡の中は、日本のようにレストランやお土産屋さんもなく、自然に放置されたままと言っていいほどのものでした。人工物と言えば、わずかな遺跡の説明の掲示板だけです。ただ一つ、この遺跡から発掘された土器などが展示されている博物館が、ひっそりと遺跡の建物を利用して人目を避けるようにしてありました。時間がなかったのでゆっくりと見ることはできませんでしたが、うまく遺跡を利用した博物館だと思いました。館内で写真を撮っていると、旧ソ連の軍人のような服装と帽子をかぶった怖そうな館員が出てきたので、慌てて退出！　気がついたら出入り口までついてきていました。もう一つの人工物は、入場券売り場とトイレでした。なお、この遺跡は国の内紛により1907年、危機遺産リストに登録されました。1990年に登録範囲を拡大し1992年に世界遺産に登録され、安全面での改善により2005年に危機遺産リストから解除されたそうです。

この地で気を付けることは、アルバニアは1990年代まで鎖国状態であったし、隣国（コソボ、モンテネグロなど）との関係では政治的に険悪な関係であったため、ガイドさんからは、あまり政治的な会話をしないように注意を受けました。

6. ドブロブニク（クロアチア共和国）

サランダ港を夕方に出航し、最終寄港地に向かい、8日目の早朝クロアチアのドブロブニクに入港しました。

ここは、クロアチアの最南端に位置し、旧市街はアドリア海に面した海岸にあり、城壁に囲まれた日本でいう城下町のような都市です。客船が投錨するのは市の中心部から少し離れた所なので、入場口になる城壁の門の近くまでは、船会社のシャトルバスで送ってもらいます。市の中心部から少し離れたところにロープウエーがあり、山頂の展望台まで登ることができます。今回は、ロープウエーが改修工事だったため頂上まで行けず、城壁の上をぐるりと時間をかけて回りましたが、狭い石の階段の上り下りで結構な時間と体力を要しますが、素晴らしい眺めに疲れも飛んでしまいます。

平時には、アドリア海に突き出た城壁に囲まれたこの城下町は、きっと

左：ドブロブニックの城壁内、右：聖ロブリエナク要塞

貿易港として栄えたのでしょう。城壁の屋上をぐるりと一周できるようになっています。城壁内への入場は有料ですが、城内は王宮、大聖堂、博物館、お土産店、レストランなどがあり、時間が過ぎるのも忘れるほど見どころ満載です。また、城門からの道の両側にはお土産屋さんやレストランが並び大勢の観光客が押し寄せていました。城壁の外には、レストランやお店があり、バスや車が往来しそれなりに賑わっています。

この街の小さなお店で小物を買ったのですが、クロアチアの通貨は持っていませんでしたが、クレジットカードがあればそれが使えますよ、と言われました。小さな小間物店でカードを使うことは少し心配でしたが、トイレの利用料もカード払いができるのですから……。

7．ヴェネツィア入港（イタリア）

最終日9日目の5月11日よく晴れた朝、予定通りヴェネツィア港に入港、船の最上甲板に行き入港シーンを見物しました。ツアー・グループごとに下船し、シー・タクシーで「サン・マルコ広場」まで行き、そこで解散し3時間半ほどの自由行動となりました。

事前にヴェネツィアン・グラスでお皿を買い求めたくてお店をチェックしておいたのですが、時間もない事なので先にぜひ行ってみたかった少し遠くにある、「スクオーラ・グランデ・ディ・サン・ロッコ」（大同信組合）にある絵画を見に行くことにしました。ここは、「サン・マルコ広場」からリアルト橋を渡って広場からは北西方向にある大きな教会と予想していました。ヴェネツィアの道は細く、ストレートの道は少なく、迷路のようになっているので地図をもっていても迷います。お店の人に聞いても、「まっすぐ行って、右に曲がれ」だとか「左に行って、右だ」とかいうだけで、まっすぐ行って右に曲がると、すぐにまた道が左右に分かれている、という具合で、結局20分くらいで行けると言われていたのが、1時間ほどかかってしまいました。

この教会を選んだのは、ガイドブックによると、16世紀に建てられたイタリア・ルネッサンス様式の建物で、特に2階の壁画や天井画にはルネッサンス期の画家であるティントレットが20年の歳月をかけて描いたという情熱的なタッチによる巨大な絵画で埋め尽くされています。展示室はうす暗く、絵画の色合いと雰囲気で私の観たかった『最期の晩餐』、『受胎告知』、『キリストの磔刑』には圧倒されました。3階にはキリストの十字架や装飾品が展示されていましたが、その中でも赤サンゴで作られた十字架上のキリストには驚きました。

1時間をかけてきてもよかった、という感想をもちました。今回の旅行で最も感動したと言ってもいいものでした。ここは教会ではなく、絵画館のようなところです。別の建物の教会との共同入場券があり、しかも2割引の高齢者特典を受けられました。教会の方には行く時間の余裕がありませんでしたが、「ロッコ」内の素晴らしい絵画を充分見ることができたことは大満足でした。なお、建物の前には「レオナルド・ダ・ヴィンチ博物館」がありましたが、名前から興味をそそられ入館したかったのですが、残念ながら時間が迫ってきており、集合場所に戻らなければなりませんでした。

8. クルージング船のＭＳＣ社の「リリカ」号の日常

ＭＳＣ（Mediterranean Shipping Company S.A.）社は、スイスのジュネーヴに拠点を置く世界有数の海運会社です。「リリカ」号をはじめとして保有客船は２５隻以上にのぼります。経営的な本社はジュネーヴに置かれていますが、運行上の本社はイタリアのナポリにあり、主に地中海・ヨーロッパで運航しています。「リリカ」号は、イタリアのＭＳＣ社が所有する客船で主にエーゲ海やアドリア海を中心に運行されているようです。６万トンクラスのさほど大きくない客船で、長さ２５１メートル、幅２８メートル、乗船客数は約二千名で、船内はプールやジム、サウナなど多彩な設備を備え、毎日内容の変わるショーや、数々のレストラン、２０時間オープンのビュッフェ、多くのイベントが催されています。エンターテイメント、施設利用料、食事の３食もクルーズ料金に含まれていいますが一部有料レストランもありますが、通常のレストランで十分食事はできます。

今回利用したのは「アウレア・エクスペリエンス」というクラスで下位クラスのサービスに加えて、キャビンにはバスタブ、デッキ付き、優先チェック・イン、ダイニングのアウレア専用エリアでの食事、２４時間飲み放題、スパとのパッケージとサウナ使い放題が料金に含まれていました。

アウレア・スイートのキャビンですが、ほかのキャビンとの差異化があまり感じられず、何がお得だったのかよく分かりませんでした。船旅はキャビンの種類によって受けるサービスが違うので、私たちのような老夫婦にはサービスを受けるたびにいちいち料金を払って、チップを払うなどの面倒がないこと、船内を自由に使えるサービスを受けたくて高い料金を払うのですが、今回はあまりメリットがなかったようでした。

カリブ海クルーズの時は、いろいろなクラスがあってそれに見合ったサービスを受けることができたし、その価値も十分認識できましたが、今回はあまりそういうメリットを感じませんでした。まあ、支払ったお金に応じたサービスを徹底させるアメリカと、まあまあという感じでそれなりのことをするイタリアとの違いかもしれません。

一番の楽しみは食事ですが、朝食や昼食は自由に好きなレストランで食べることができましたし、その他に簡単なスナック・バーでとることができました。夕食は決まったレストランで毎夜決められた席でとるので、周囲の人たちと何となく親しくなれました。私たちの周りには同じツアーの新婚さんやオーストリア人夫婦、アメリカに住んでいたという老夫婦、ドイツ人の通信業界のエンジニアの人達とよくお話をしました。また、食後の楽しみはシアターでのショータイムですが、毎夜いろいろなショーを楽しみました。最後の夜は、フェアウエル・ショーで船の主なスタッフが出演し、フィナーレには各国語でお別れの言葉をフリップで掲げてくれました。最後に出演者全員による日本語で「さようなら」と書いたフリップを掲げてくれました。

アドリア海を行く

さて、ここまでは楽しかったことや良かったことを書きましたが、最後にいくつかの残念なことを書いておかなければなりません。キャビンに入ると、備品の欠品、洗面台の排水口がうまく作動しません。早速クレームをレセプションに連絡すると、ハウスキーピングの係がやってきて、次は修繕係がくるという。まあ、1時間くらいかけてやっと修繕完了、その間これらの作業をじっと見ておかなければいい加減な仕事しかしてくれません。

夕食が終わり、ショーをみてキャビンに戻りバスタブにお湯をためてお風呂に入ろうと思ったが、熱湯が出てきません。これまでも夜になるとどこの部屋も一斉に使うからお湯の出が悪いことがありましたが……。こんなことが3日続きました。私は、その間フィットネスジムやサウナを使っていたので、バスタブのお湯の件は忘れかけていました。妻がいよいよ我慢できなくなって、ツアーコンダクターを通じてレセプションデスクと交渉していただいたら、案の定ハウスキーピングが来て様子を見るだけ、その後フロントから電話があり、今日は修繕係がいないから明日以降だという。やっと直ったと思ったら下船する前の日です。

最も悲惨だったのは、毎夜中の2時になると隣室で宴会が始まり大声で笑う、床をドンドン踏む、壁を叩く……、3時まで続くのです。これも4日目になってたまらずレセプションに電話連絡！　クルーの人がやってきて、隣室のドアをたたくが出てこない様子、クルーが3人になってやっとドアが開き、何やら話しているようでした。ようやく静まり返ったものの、翌日は相変わらずの宴会！　レストランで仲良しになったオーストリア人はやはり喚声がうるさかったとのこと。あれはイタリア人系と思われる若者だったということです。まあ、陽気なのはいいのですが、マナーが悪いというか常識はずれの若者には困ったものです。

いろいろトラブル続きの今回の船旅でした。

教訓！　クレームは、直ちにレセプションデスクなりフロントに行って解決してもらう事。まず、直ちに対応してくれることはありません。担当者に伝える、「係がいないから今日はもう対応できない、明日以降だ。」、などと言われます。明日ではもう下船してしまいます!!

COLUMN

ヴェネツィアの「サン・マルコ広場」のカフェテリアでコーヒーを注文

「スクオーラ・グランデ・ディ・サン・ロッコ」で、期待通りの絵画を鑑賞することができて大満足したものの、場所を探し当てるのに時間がかかり、歩き疲れ果てて「サン・マルコ広場」に戻ってきました。ヴェネツィアの街が一望できる鐘楼にのぼるか、ヴェネツィアン・グラスの店に行くか、時間をみると両方は行けない、時間がないので早くいく場所を決めなくてはいけません。結局鐘楼に上ろうとしたのですが、大勢の人の列ができていて諦めました。

思案していると疲れるばかりであり、エイヤ！とばかりに、広場のカフェテリアの椅子に座ってしまいました。早速ウエイターが来て注文を取るのですが、面倒だからメニュー表をみないで「ツー・コーヒー、ウィズ・シュガーアンドミルク！」と注文すると、彼は、きょとんとしてメモを取ろうとするのですが、手は止まったまま！ そうか、ここではコーヒーだけでは通じないのだ！ コーヒーだけだとブラック・コーヒーを指す場合が多いようです。それなのに、砂糖とミルクまで注文してしまった！ ハタと気がついてメニュー表をみると、そうです！ ここでは、カフェラテ、エスプレッソなどとコーヒーの種類を適確に注文しなければなりません。

そしてオーダーして運ばれたコーヒーを飲んだ後、さあー帰ろうとして運んできてくれた彼に

「チェック、プリーズ」というと彼はカリキュレーターを取り出し「〇〇ユーロ」言ってくれたので、代金とチップ込みだよ、と言ってテーブルにお金を置くと、彼はそれをさっとポケットにしまってしまいました。そこまでは良かったのでしたが、しばらく座っていると別のウエイターらしき人が来てチップを要求してくるではありませんか！　私はたまたまさっきのウエイターの名前をネームプレートで覚えていたので、「ミスター〇〇に渡した。」と言ったのですが彼は引き下がらないのでした。運よくそこに別のウエイターがやってきて、この人は〇〇さんに精算してあると証言してくれたので、彼はしぶしぶ？引き下がってくれました。そうか、ここでもウエイターと片付け係は別々なのだ！　チップは片付け係に渡さないといけなかったのか！

ヴェネチア市内、サンマルコ広場

第十九話　北欧3ヵ国を巡る：幸せな国・見習いたい国

2019（令和元）年10月

2016年（平成28）年にニュージーランドに行った際に、南島の「ミルフォード・サウンド」というフィヨルドを訪れました。ニュージーランドでは、フィヨルドのことを○○サウンドとよんでいることを紹介しました。サウンドとは、英語では「入り江」を意味し、詳細には川の水の氾濫によって出来た地形を指します。そこで本場のフィヨルドを観たいという気持ちになりました。学生時代に地理の時間にフィヨルドはノルウェーにあり、ノルウェーといえばフィヨルドと覚えていました。そして日本の秋といえば紅葉、北欧の紅葉がどのようなものか日本のそれと比較したいと思いました。

アイスランド旅行に引き続き、北極圏近くにまで近づくことになりました。緯度で言えば、ストックホルム―オスロでほぼ北緯60度でカムチャッカ半島のつけ根あたりに相当します。したがって10月半ばというと、もう寒くて冬支度していかなければなりません。実際、出発前々日にHIS旅行社の添乗員さんからの「お出かけ前コール」では、冬支度の用意をという連絡を受けました。しかし、実際は意外と暖かく、現地ガイドさんのお話では、ノルウェーの沖合は、北大西洋海流という暖流が南から北へ流れていて暖かいということでした。実際、日中には12～14度あり、私自身はそれほど寒いとは感じませんでした。

1．台風襲来!!

いよいよ6泊8日の北欧3ヵ国への旅です。出発当日は朝早い集合だったので旅行の予約と同時に成田空港周辺のホテルを予約しておいたので、前日夕方に自宅を出て成田空港付近に前泊しました。あとでツアー参加者にお聞きすると、台風襲来で当日成田までの電車が止まるかもしれないということで、全員成田空港周辺に前泊していたということで、皆さんの用意周到さにビックリ！

令和元年は、台風の襲来が多く、今回の旅行出発の土曜日に台風20号が静岡県から東京・神奈川・千葉県あたりに上陸する可能性があるということ！　最大の心配は、SAS（スカンジナビア航空）が飛ぶかどうかでした。出発の朝はまだそれほど風雨の影響がなかったので安心していたのですが、いざ空港に行ってみると午前中のほとんどのフライトが、欠航となっているではありませんか！　おそるおそる搭乗する便を探すと、「出国手続き中」とありラッキーの一言でした。しかし、油断なりません、アフリカ旅行に際の前例があります。搭乗しても離陸するまでは安心できませんでした。一応、荷物検査、出国手続きを終えてゲートに行くと、待合室までの途中の通路にあるお店はほとんど閉店していました。しかし、ゲートでは搭乗手続き時間も「予定通り」と掲示されていました。一安心!!

2. SASプレミアム・クラス（Go-Plus）にて

SASでは、プレミアムエコノミー・クラスを“Go-Plus”（プレエコ）とよんでいますが、私にとって名称はどうでもよくて、要するに中身！　機内全般に他社のプレエコと変わりはなく、2－3－2列の28人席。食事は魚料理（サーモン）か肉料理（ビーフ）を選べますが、味や量はまあまあでした。気兼ねなしの点は、飲み物が自由に注文できるくらいでしょうか。席はリクライニングが固く、倒したり起こしたりが一苦労、エンターテイメントもあまり多くありません。アメニティもエコバックに入っていますが、あまり実用的なものはありませんでした。むしろ日本人ならスリッパが欲しいくらいです。トイレもエコノミー・クラスと共用で、食前・食後になると順番を待たなければなりません。長蛇の列ができて、トイレに近いエコノミー・クラスの人はきっと迷惑でしょうね！　エコノミー席との仕切りをしていないので、長時間のフライトでは、エコノミー席の人が散歩がてらに時々やってきて、ジロジロと席を見渡す人がいます。

席だけで言えば、やはり日本航空のシートは良いですね。足元のレッグレストがあること、読書灯が頭のところにあり、私のような夜眠れない人が真上から煌々と一人読書灯をつけていると気がかりですが、可動式「リーディングライト」では周りの席を気にすることはありません。またシートも倒れないシェル式なので後ろの方に気兼ねなくシートを倒せます。

なお、成田空港ではSASのラウンジがないので、プレエコの人は利用できません。今回、プレエコにしてよかった最大の利点は、成田⇔コペンハーゲン間だけでなく、スカンジナビア3国間のSASの飛行機が全てプレエコ扱いだったことです。プレエコ用の席はありませんが、チェック・イン、預ける荷物も優先扱いになり、席も前方席、機内サービスもエコノミー・クラスと差がありました。

3. 成田→コペンハーゲン→ストックホルムへ

成田を11時10分の定刻に出発し、シベリア上空を通過し、コペンハーゲン空港にほぼ定刻通りに到着しました。すぐに入国手続き、荷物検査を受けて国際線乗り場に向かい、同じSASのストックホルム行き17時05分発に乗り継ぎます。機内では昼食、夕食、スナックが提供されていたのでお腹はすいていませんでした。経由地のコペンハーゲン空港では、ラウンジでスナックをとってすぐに国際線乗り場へ移動し、ストックホルムへの乗り継ぎとなります。この空港でEU域内でのパスポートコントロールを済ませてしまいます。成田→コペンハーゲン→ストックホルムと機内は満席、ストックホルム空港（アーランダ空港）に夕方の18時40分に到着し、そのままホテルに直行しました。

ホテルに着いたその日の夕食が、用意されていないというのは大変で、ある人はレストラン探し、ある人はスーパーマーケットを探して食料の買い出しにそれぞれ出かけなければなりませんでした。きっとエコなのか働く時間の管理が徹底していて、遅い到着の場合はホテルのレストランンもクローズしてしまうのでしょうか？　私たちは、ホテルの近くのスーパーマーケットに出かけ、サンドウイッチなどの簡単なものを買ってきて部屋のなかで食べました。ホテルのレストランで食事をしている人はいませんでした。夜遅くなっても比較的安全なところでしたので、問題なかったのですが、夜遅くにホテルに着くと外出することは少し怖いですね。

4．ストックホルム市内観光

初日の夜は長い飛行時間だったせいでしょうか、早くベッドに入りたいという気分でした。ホテル自身は、新しそうで部屋も清潔感にあふれ、日本人には心地よいものでした。移動中のバスの中でガイドさんの話では、「北欧ではエコの意識が高く部屋の中はシンプルで、アメニティも最小限のものしか備えていません。」といわれていましたが、その通りでバスルームにはタオル類、シャンプーとティッシュペーパーくらいしかありません。部屋の床もなんと国産の木でできているとのことでした。そして、驚きだったのはベッドの小さいことです、日本人でも寝返りをするとベッドから落ちてしまいそうな幅で、ベッドの長さも大きな欧米人では足が出てしまいそうな感じでした。

これらのことは、どのホテルでも同じでした。コーヒー沸かし器も置いてないホテルさえありました。事前に小さな魔法瓶を持て行くと良いといわれていたので持参していたので、レストランでボイルド・ウォーターを入れてこれも

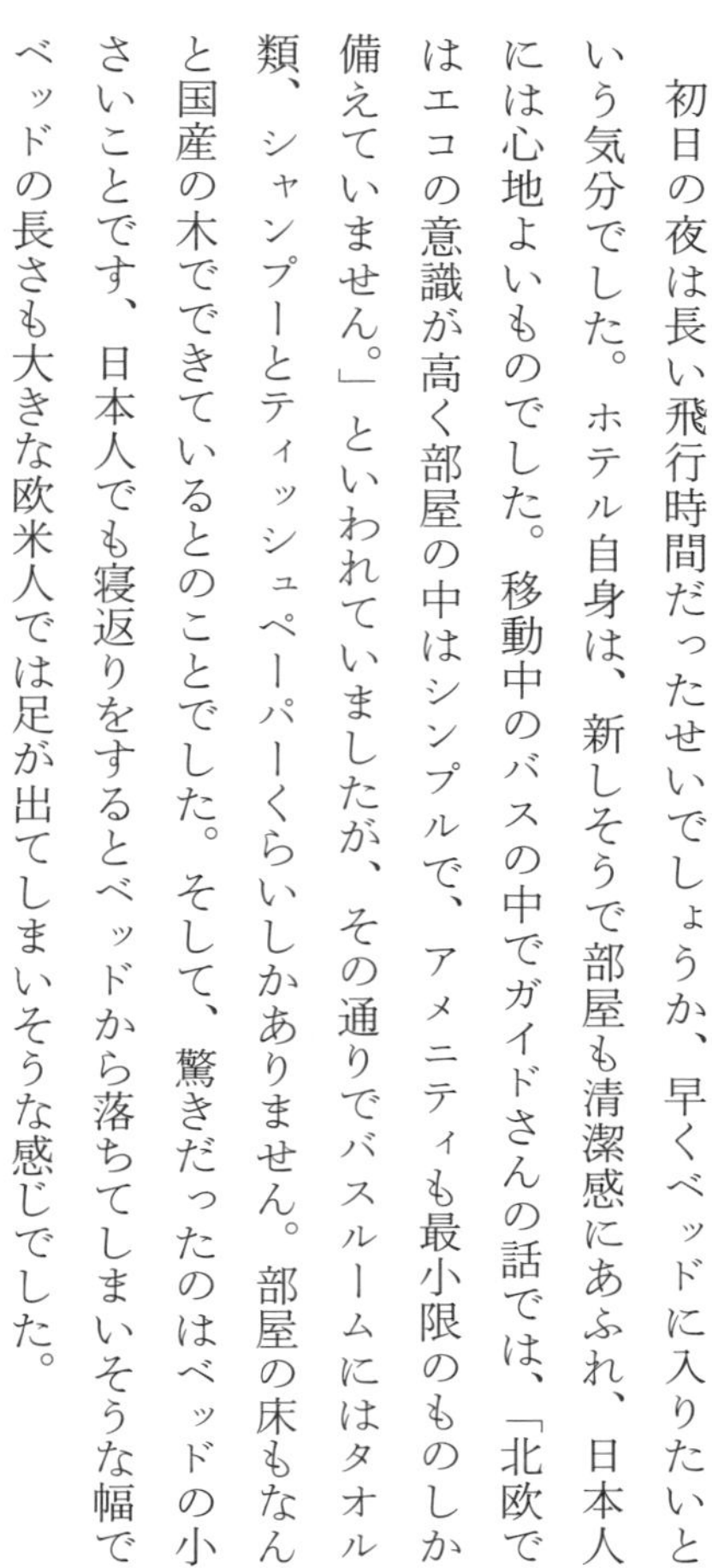

ホテルの前の紅葉

持参した部屋で緑茶を飲むことができました。部屋の設備というのは、ホテルのグレードによっても違うのでしょうが、事前によくチェックしておく必要はあるでしょう。

4-I.ノーベル賞祝賀晩餐会が行われる市庁舎

さてホテルのことが長くなりましたが、翌朝グッスリ眠れたので早めにホテル内のレストランで朝食をとり、9時の出発までの間にホテルの近くを散歩しました。ひと通りも少なく公園や街路樹は紅葉・黄葉がとってもきれいでした。ただ前夜からの雨で曇り空だったために紅葉の色がさえなかったのが残念でした。

観光の1日目は、午前中に世界遺産の「ドロットニングホルム宮殿」、午後からは市庁舎、王宮、「ノーベル博物館」、そして繁華街のガムラ・スタン地区で解散して自由行動となり、夕食は各自でとり、各自でホテルに戻るということになりました。地下鉄(ここではメトロと、路面電車はトラムとよんでいます。)の乗り方ということで切符の買い方、乗り換えの方法などを現地ガイドさんに教わって練習しました。そのおかげで、安心して地下鉄やトラムを利用することができました。

市庁舎はノーベル賞授賞式のあとの晩餐会場に用いられ、授賞者が下りて

市庁舎の大広間

くる階段に立つと、授賞式後の晩餐会が華やかに行われる様子が目に浮かんできます。また、市庁舎の一室にはきらびやかな「黄金の間」があります。議事堂ですが日本のような議会場でなく、質素なつくりでありながら伝統を生かした議事堂は荘厳な感じがします。天井はヴァイキングの船底を模しています。市庁舎の庭からは、対岸に1270年に創建されたというゴシック様式による「リッダーホルム教会」をみることができます。現存の教会は、再建されたものでかつての王族や貴族が眠っているといわれています。

4-2. 世界遺産の「ドロットニングホルム宮殿」

この宮殿は、郊外のローベン島にあり、スウェーデン王カール11世の母后であるヘトヴィヒ・エレオノーラの命によって1662年に建設が始められ、庭園にバロック様式を採用して1686年に完成したとのことです。宮殿の名前である『ドロットニングホルム』はスウェーデン語で「王妃の小島」を意味し、「北欧のヴェルサイユ宮殿」とも言われているそうです。

なんといっても水面に映るシンメトリックに見える美しい宮殿の姿に見とれてしまいます。宮殿を挟んで反対側には美しい公園が開けているということでしたが、見に行く時間がありませんでした。宮殿に着いたとき親子連れがいく様子が見えたのですが、なぜか衛兵さんに止められているのを見て行く気がなくなってしまっていました宮殿前の緑豊かな敷地と池は公園にも

世界遺産の「ドロットニングホルム宮殿」と前の池

なっており、多くの市民が散歩やジョギングを楽しむ場になっているようです。

4-3. ガムラ・スタン地区

活気に満ちたコンパクトな島にあるガムラ・スタン地区は、ストックホルム市の旧市街地であり、石畳の通りや17世紀から18世紀にかけてのカラフルな建物があります。ストックホルムといえば、ノーベルと切り離なせません。アルフレッド・ノーベルの生涯やノーベル賞の歴史や歴代の授賞者による、偉大な業績に関する展示を見ることができる「ノーベル博物館」があります。「ノーベル博物館」は2001年にノーベル賞創設百周年を記念し、証券取引所の建物を利用してオープンしました。

近年では日本人科学者たちがノーベル賞を受賞しており、日本人にとしても必ず訪れたい場所でもあります。小さな博物館ですが、大人も子供も訪れており大賑わいでした。ここでのお土産ナンバーワンは、ここでしか買えないノーベル賞のメダルをかたどったチョコレートです。ミュージアム・ショップで買えますので是非!! 高いか・安いかは別問題ということで……。

この後は、博物館を出てバロック様式で建設された「ストックホルム宮殿」の正面で衛兵さんや、庭に備え付けられている大砲などを見ることができます。ここの衛兵さんとは一緒にスナップ写真は撮影できません、遠巻きに何となくイケメンの衛兵さんを撮影することで我慢することにしましょう。

4-4. ガムラ・スタン地区からノッルマルム地区を散策

昼食後は、石畳の残る旧市街地区としてにぎやかなガムラ・スタン地区を歩き、いろいろの店が並んでいるので楽しみながら散策できます。ストックホルム市内は、メトロとトラムを乗りこなせたら市内観光は十分楽しめます。メトロとトラムの共通のチケットには24、72時間チケットとシングルチケット（1回券）があり、滞在期間や目的に合わせて購入すればよいでしょう。私は、改札口でシングルチケットを購入しましたが、ここで購入するとその時間から75分間有効ですが、キオスクで購入すると改札口を通過してから75分間の有効となるので間違えないようにすることです。チケットには購入時間と有効時間が印刷されているので確認を忘れずにしましょう。

地下鉄でユニークなのは、T－セントラーレン駅やクングストラッドゴーダン駅等多くの地下鉄駅の天井や壁が、アートで飾られておりこれらを見て回るだけでも楽しいものです。多くの人が乗り降りする駅が、アートで飾られていると利用する人々が楽しいだろうということでこうなったそうです。こういう国の風景にこそ、平和や人の心の優しさをうかがうことができます。日本の地下鉄のようにギラギラした広告や必要以上に明るい駅構内、狭いホームに売店があり階段やエスカレーターでホームが、狭くなった日本の地下鉄とはずいぶんと違っています。

ストックホルム市の奇麗なメトロ（地下鉄）とホーム

さて、王立公園前にあるメトロのクングストラッドゴーダン駅を出て、ノール運河に面した「オペラハウス」と「国立美術館」の建物を見て、ニプロ湾沿いに歩き、「ドラマティスカ劇場」前から西に賑やかなハムン通りをぶらぶら散歩していると、ユニクロ店を見つけました。入ってみると日本と同じような作りの店内で、思わず親しみを覚えました。並んでいる商品は日本の方が安く感じましたが、これから先で寒くなるだろうと思い私は毛糸の手袋、妻はヒートテックの下着を購入しました。さらに先を見ると噴水のある塔が見えたので行くと、そこは「セルゲル広場」と呼ばれているところで、大きな文化会館がありました。そこからセルゲルガーダン通りを進んでいくと、通りがかりのご婦人が私たちに向かって「この建物がノーベル賞授賞式の行われるコンサートホールよ！」と教えてくれました。毎年12月10日（ノーベルの命日）に挙行されるノーベル賞（平和賞はオスロー市庁舎）授賞式が同所で開催されます。ホールの前には青空市場が開かれていましたが、夕やみとともに店じまいを始めていました。

この近くの地下にあるフードコートで夕食をとり、セルゲルガーダン通りを戻ってストックホルム中央駅からメトロとトラムを乗り継いでホテルに戻りました。先に書いたように改札で聞くと時間切れになっており、切符は無効となっていたので買い直しました。

5．ストックホルムからベルゲンを経由してハダンゲル・フィヨルド地区へ

5-1．ストックホルムからベルゲンにむかう

観光2日目は、早朝にホテルを出発してストックホルム空港に向います。SASのプレエコなので空港の

ラウンジが利用できます。ラウンジで簡単な昼食をとって国際線でノルウェーのベルゲンに出発です。1時間半ほどのフライトですが、この便もほぼ満席で出発、楽しみは飛行機から見えるかもしれないベルゲンの港です。ノルウェーは石油・天然ガスの産出国で輸出額の半分近くをこれらに依存しています。

ここベルゲンは、ノルウェーの沖合の北海で開発の進む油田・ガス田の資機材の供給基地なので、きっと上空からもその様子が見られると期待していました。しかし、ベルゲン空港に近づくと港には一基のプラットフォーム（海上石油生産設備）しかありませんでした。窓際に座席が取れなかったので、残念ながら写真を撮ることはできませんでした。

なお、ベルゲンは北緯60度・東経15度の地点にあります。日本の近くにあてはめると、ロシアのカムチャッカ半島の付け根当たりに相当します。カムチャッカ半島の10月は、もう寒いだろうなと思いました。因みに私が旅行した最北の地は、アイスランドで北緯65度でした。

バスで空港からベルゲン市内に入って、すぐにフロイエン山の展望台にあがるケーブルカーに乗り、展望台に上るとベルゲンの街が一望に見渡せました。ここからは、港に石油生産設備などへ物資・敷材の輸送船一隻を見ることができました。美しい複雑な海岸地形は、一見の価値あり！　この地形を利用したヴァイキングにも思いを寄せることができます。ケーブルカーで降りて坂道を徒歩で下っていくと港に着き、ブリュンゲン地区を散策する自由時間がありました。この地区は、三角屋根の3階建ての建物が並びお土産店などが並んでいます。この建物群は、傾いているのですがそれもウリにしているようで、店員さんにお話を聞いていると今更仕方ない、といわんばかりでした。ときには正面の海から海水が来ると言って笑っていました。

また、この建物の裏には、日本のテレビで紹介された昔ながらのお店などがひっそりと並んでいます。

5-2．ベルゲンからバスでフィヨルド地区へ

ベルゲンの街を午後4時半に出発して、2時間かけて次の宿泊先のハダンゲル・フィヨルド地区のウルヴィックの街に向かいます。山間の道でも立派な道路で、トンネルやカーブも多く、右に左に体を揺らしながら暗闇のせまった道です。追い越す自動車も対向車も少なく、寂しい道路です。途中、スティンダルス滝に立ち寄りました。この滝は滝の後ろに回って滝壺をみることができます。

ホテル（「ブラカネス・ホテル」）に到着すると、そこは湖に面したリゾート風のホテルでした。このホテルもエコが徹底していて、入室してもヒンヤリしていたので早速暖房を入れようとしたのですが、肝心のスイッチがどこにあるのかわかりません。夕食後フロント係りに来ていただいてスイッチを入れていただいたのですが、言われてみると暖房器のうしろ面に小さなスイッチがありました。このな見えにくいところで、皆さんわかるのかな？　宿泊客が入室するまで部屋をあたためておく、というサービスは無駄だという発想なのでしょうか。無駄なエネルギーは使用しないという事が徹底しているのだと思いました。もちろん、アメニティはほとんどありません。

静かなハダンゲル・フィヨルド地区

翌朝、目覚めるとまだ空は暗く水面はよくわかりませんでした。フィヨルドが

見える部屋ということでしたが、朝早く出発し夕方暗くなってからではその良さがよくわからず、割増料金を払って景色の良く見える部屋をとってもメリットはあまりなかったという感じでした。このホテルで2・3日目の2泊することになっています。

6. ベルゲン鉄道とフロム鉄道を利用しソグネ・フィヨルド地区へ

3日目の早朝、ホテルから専用バスに乗って約1時間でベルゲン線にあるヴォス駅まで行き、そこから列車に乗り換えフロム鉄道の終・始点のミュルダル駅まで約1時間かけて行きます。車窓の風光明媚な景色が続くベルゲン線はベルゲンとオスロを結ぶ約490kmの鉄道です。フロム鉄道はミュルダル駅からフロム駅まで分岐している約22kmの鉄道です。ミュルダル駅は、標高865mの位置にあり、目的のフロム駅は2mなので下っていくことになります。フロムの街は、フィヨルドの最奥部なので海面での波もなく静かです。

フロム鉄道の見どころは2ヶ所です。急勾配の山間部を走るために路線は曲がりくねっており、途中多くのトンネルを通過していきます。途中のヴァトナハルセン・トンネルでは、高度を稼ぐために馬蹄型カーブ（180度旋回す

ショースフォッセン滝

るカーブ）が存在します。もう一つは、標高６６９mにあるショースフォッセン駅です。この時期は5分間停車して、観光客がショースフォッセンの滝を見るための時間をとってくれます。皆さんわずかな停車時間を利用して写真を撮ります。出発前には汽笛を鳴らしてくれますので、まずは乗り遅れないようにすることです。

フロムの街に着くと、ホテルやフィヨルド観光船が目に飛び込んできます。「フロム鉄道博物館」やお土産屋さんなどがあり、観光船に乗るまでの時間をいろいろと楽しめます。私たちはここで昼食をとりました。フロムの港は、全長２０４kmの世界最長・最深級のフィヨルドにあるといわれており、いくつものフィヨルドが複雑に入り組んでいます。フロムから目的地のグドヴァンゲンまでは、「アウラン・フィヨルド」と「ネーロイ・フィヨルド」を通過していきます。このうち「ネーロイ・フィヨルド」は、「ソグネ・アウラン・フィヨルド」の支流で長さは２０km、幅は２５０mあり世界遺産に登録されています。フィヨルドという用語ですが、第１３話のニュージーランド編で説明した通りこの地理学用語は、氷河による侵食作用によってできたU字谷に海水が入り込むことで形成された複雑な地形の湾・入り江をさしています。湾の入り口から奥まで、湾の幅があまり変わらず、非常に細長い入り組んだ形状の湾を形成しています。

ソグネ・アウラン・フィヨルド

今回は曇天で、すっきり晴れ渡っているというわけにはいきませんでしたが、フィヨルドの両岸が切り立っており、わずかな紅葉と多くの滝を眺めることはできました。観光船は、私たち日本人と中国人のツアーの混乗でしたが、彼らの様子を見ていると、おとなしくスマホをズーッと見ていたり、話し込んでいる人が多かったりと、景色を楽しむということがあまりありませんでした。日本人ツアーの人たちは忙しく展望デッキや船室を行き来し、盛んにカメラのシャッターを切っていました。国民性の違いでしょうか？

グドヴァンゲンで下船後再びバスでホテルに向かうのですが、帰路の途中で落差150mあるツヴィンデの滝を見学しました。もう夕方になっていて人もいなくて、あまり滝の素晴らしさは実感できませんでした。

7. 峠の雪原を通ってオスロ市内へ

ウルヴィックのホテルを4日目の朝7時に出発し、フィヨルド沿いにハダンゲル大橋周辺のシラカバの黄葉を見ながら、通過していくつかの長い・短いトンネルを通って約370km離れたオスロに向かいます。ホテルから経由地のゴルの街へは、国定景勝道路になっている素晴らしい道路でした。途中では朝も早かったせいか、観光シーズンが終わっているためか対向車もあまりなく、バスのスピードも快適で眠気を誘うような心地よい速度で走り抜けていきます。

7-1. 雪原を見ながらゴルの街へ

バスは、マーボダーレ渓谷に続く道路に入り「ヴォーリング滝」（ノルウェーではヴォーリングフォッセン）を訪れました。滝のすぐ近くまで行くことができ、この滝も上から眺めることができます。滝が二、三箇所から流れ落ち、一本の川になって下っていきます。これまで見てきた滝は花崗岩の一枚岩の岩肌ばかり見てきたのですが、この滝は、岩脈や玢岩?らしき貫入岩がアチコチにみられました。聞くところによれば、この近くには鉄の産地があったそうです。高さ150～180mほどあり、上から見る滝はそれなりに素晴らしいものでした。ここから、7号線を東に向かい、シーセンダムというロックダム（石積みでできたダム）や雪原最高点を通過してゴルの街に向かいます。最高点ではすでに積雪が見られますが、道路は、きれいに除雪がされており雪がありません。

7-2. ゴルの街でひっそりとした「スターヴ教会」へ

ゴルの町は、リクレーションの地に思えました。小さなこぢんまりとした閑静な街です。ここにある教会は、公園の中に木造で森の中にひっそりと建っていました。他のヨーロッパの国で見てきたキリスト教会のような豪華で大きな教会とは全く異なり、質素で簡単なつくりにビックリしました。内部も木材がむき出しで、祭壇も質素そのものでした。祭壇横の『最後の晩餐』の絵がなぜか寂しく感じられましたが、教会の質素さとは良くマッチ（?）していました。

ゴルの街にあるスターヴ教会

１３世紀に建てられたといわれるこの教会は、現在はオスロ市内のノルウェー民族博物館に移築されているそうで、ゴルにある教会は１９８０年代にレプリカとして再建されたということです。正面から見ると左右対称で、全体が二等辺三角形に見えます。

8. オスロ市内の見どころを駆け足で

ゴルでのローストビーフの昼食後は、少しばかりの自由時間があり、街中を散歩しました。とても静かで落ち着いた雰囲気に癒されました。昼食後は、オスロまでの１９３km約３時間のバス移動となりました。ホテルに入り、翌5日目の午前中に約2時間かけてオスロ市内の半日観光で、午後にはもうコペンハーゲンに向けての飛行機での移動、すぐにホテルにチェック・インというあわただしい行程となりました。

オスロでは、まずは「フログネル公園」に行き1時間ほど散歩がてら園内を見学しました。この公園は、ノルウェーの彫刻家ヴィーゲラン（１８６９－１９４３）の作品が多数野外に展示されている公園で有名です。広大な敷地に展示されているヴィーゲランは、同じノルウェーのエドヴァルド・ムンクと同年代に活躍した藝術家で、お互いに影響を受けたことも知られています。ひときわ目立つモニュメントの『モノリット』といわれる高さが１４．１２mで１２１人の人物像で構成されています。噴水周辺にある像、噴水を取り囲むように人の一生を表す彫刻、正門から続く道にもいろいろな意味が込められている像など、人生のいろいろな意味が込められている作品があります。

次に向かったのが、「ムンク美術館」です。ここではもちろん有名な『叫び』や『マドンナ』の絵の観賞でした。ワンフロアーの美術館ですが、ムンクの全ての作品が展示されているわけでないですが、ムンクの初期の作品が展示されています。また、ムンクの作品は国立美術館にも収蔵・展示されているとのことですので、時間の余裕がある場合は両方を観るのが良いと思います。有名な『叫び』は五点ありますが、その解釈ですが彼の主題が1890年代のムンクには、「愛」と「死」とそれらがもたらす「不安」をテーマとして制作したといわれています。この『叫び』もきっとそうなのでしょう。でも私は、後で行ったオペラハウスから見た山なみを教えられ、あそこがムンクがこの絵を描く背景になったところだといわれた時に違う解釈をしました。きっと彼は自然のなかにいる自分が不安に陥ったのではなく、沈む太陽とフィヨルドと森林という自然のなかでの感動を表しているのでは、と思い立ちました。絵画・藝術は描いた人の感情・思想表現でしょうが、同時に見る人によってそれぞれが解釈しても許されると思いました。

港の近く、オスロ中央駅の前にあるオペラハウスの屋上に上がると市内、特に港がよく見える場所です。この立派なオペラハウスでは、まだ日本人歌手が出演していないとのことで残念です。港にはぽっかりと「シーガラス」と呼ばれるガラス細工のオブジェが見えます。また、対岸の森の中に通る道路付近が、あのムンクの『叫び』を描いた場所があると言われている、と説明を受けました。

フログネル彫刻公園

このあと、約1時間の自由時間があり、市庁舎前でバスを下車しこの近くにノーベル平和センターがありますがスルーしました。カール・ヨハンス通りに出て王宮からオスロ大学前、国立劇場前、国会議事堂前、大聖堂を一周して再集合し、オスロ空港から最終目的地のコペンハーゲンへと向かいました。

9．コペンハーゲンへ

コペンハーゲン空港は、SAS航空会社の拠点空港であり、ヨーロッパ各空港へのハブ空港にもなっています。夕方に到着したために空港からは、チボリ公園そばの北欧デザインを感じるレストラン『カシオペア』に直行です。夜八時過ぎだというのにレストランには続々と人が集まってきます。家族ずれ、髭だらけの強面の男性の集団、女性ばかりの賑やかなグループなど地下まであるこのレストランは超満員になっていました。食事が終わったとは、夜の市内を車窓から眺めながらホテルに到着です。

最終日となった6日目はコペンハーゲンでの半日観光として、ニューハウン地区の散策、「アメリエンボー宮殿」、「人魚の姫の像」、市庁舎に向けてバスで移動です。小雨が降っていましたが、見学場所に着くとほぼ雨は上がっているというラッキーな空模様でした。

コペンハーゲン市内で感じたことは、市内の主要道路では、車道、自転車道、歩道ときちんと分かれていることでした。その一方自転車道では、自転車がスピードを出してくることで自動車よりも自転車に注意しなければなりません。それに電動スクーターが多く、いまはこれを規制するか検討中だそうでした。日本でもこの種のスクーターや空港でみられる電動セグウェイーが導入されそうです。

市庁舎前から出発ですが、古代デンマークとイタリア・ルネッサンスの建築様式が共存しており、天体時計があるので注目です。道路を挟んで反対側には「チボリ公園」があります。ハローウインで公園の周囲はパンプキンで飾られていましたが、日本の繁華街ほどではないような気がしました。

運河クルージングの乗り場の一つニューハウンでは、小さな運河の両脇にはレストランなどが並び、きっと天気の良い日や夜には賑やかになるのだろうな、と思いめぐらしながらの散歩でした。運河の両側には、カラフルな木造建築が並んでおり、そのうちの一つの童話作家アンデルセンが住んでいたという部屋を外から眺めました。窓の下には、アンデルセンの住んだ部屋と書かれたプレートが貼られています。

次に「アメリエンボー宮殿」の外庭に入り、ロイヤルファミリーの居城であるロココ様式の宮殿の外観を見学しました。『おやゆび姫』の物語の誕生したお城といわれています。衛兵さんが鉄砲を担いで背筋をピンと伸ばし警備している姿は、スウェーデンでも見られましたが、ノルウェーのオスロでは王宮の建物しか見ることはできませんでした。

市内観光の最後は、人魚姫の悲哀の物語の銅像のある川のほとりに行きました。反対側には、「カステレット要塞」と呼ばれる函館にみられる「五稜郭」と同じ形態のお城があります。『《図解》世界の「三大」なんで

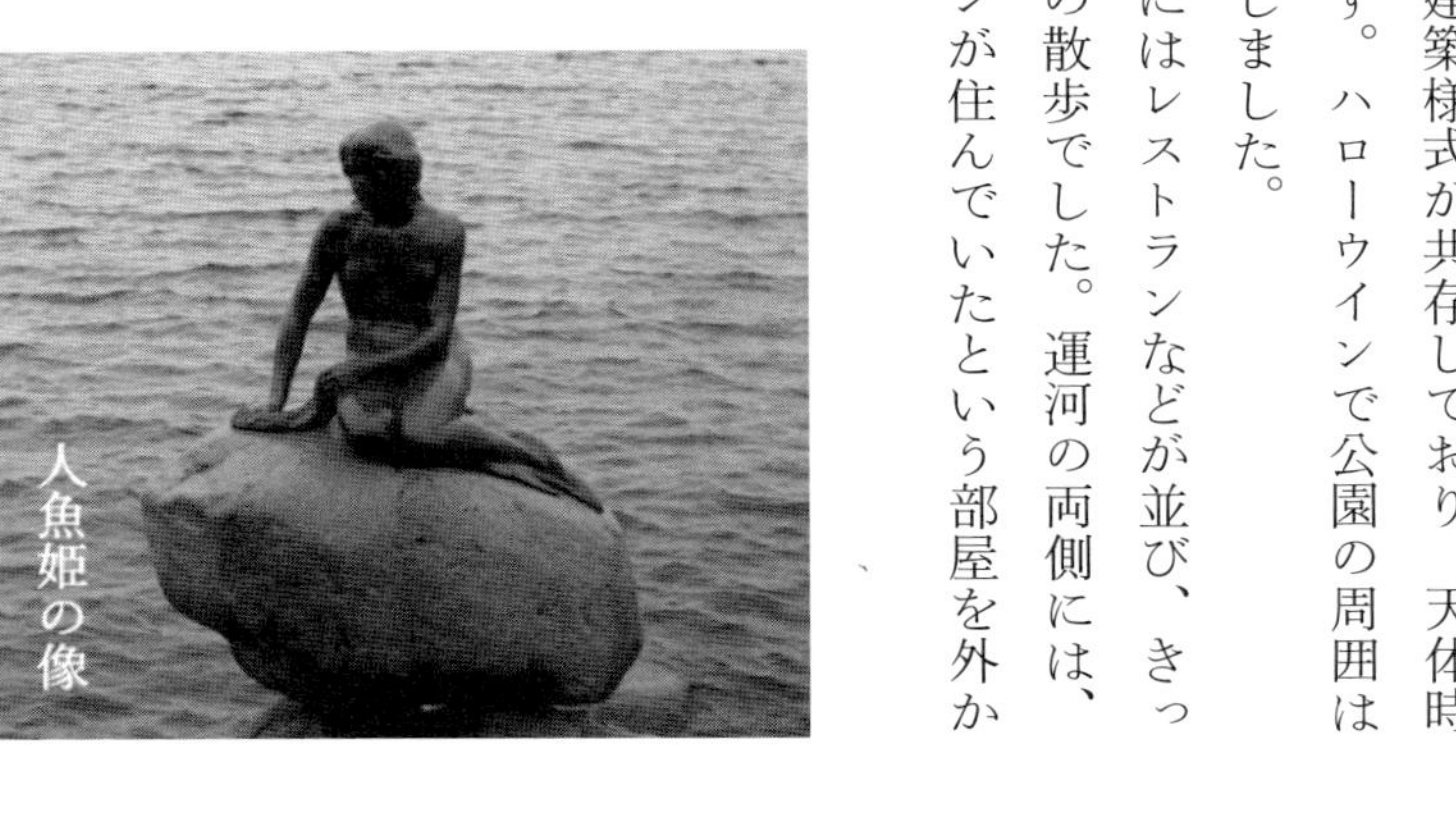
人魚姫の像

も事典』のなかで「シンガポールのマーライオン、ブリュッセルの小便小僧」と並んでこのコペンハーゲンの「人魚姫の像」があげられています。歩行者天国のストロイエ通りで自由解散になり、短い時間でしたが自由散策できました。この通りには、レゴのお店、ロイヤル・コペンハーゲンの本店、H&A、ディズニー・ストア、デパート、有名ブランド店が並んでいます。そのうちの一つのロイヤル・コペンハーゲンの店内で素晴らしい器を鑑賞させてもらいました。

10. 北欧にみる社会保障制度を考えた……

ここで、なぜ社会保障制度を取り上げたかを書いておきます。観光1日目にスウェーデンのストックホルムの市庁舎を見学した際、現地ガイドさんから市議会員や税金や労働環境の話をお聞きし、帰国後、関心を持ったので調べてみました。一般に北欧とは、ノルウェー、スウェーデン、フィンランドの北欧3カ国をさしますが、今回訪問したノルウェー、スウェーデンについてみてみました。北欧は、国民幸福度が高いことでも知られています。福祉サービスや医療制度が充実しており、それを支えているのが消費税です。ノルウェーの標準消費税は24%、食料品消費税は12%です。スウェーデンは標準消費税が25%で食料品消費税が12%です（2022年）。また、両国とも軽減税率の設定があります。日本は標準消費税が10%で食料品消費税が8%なので、北欧の消費税が高いことが分かります。また国民負担率は日本が44%ですが、両国とも50%を越しています。しかし、その分北欧では手厚い社会保障サービスが提供されています。

日本と同じく両国とも高齢化が進んでいる国ですが、ノルウェーでは出産や子どもの学費が、無料で提供されています。高齢者向け社会保障サービスを充実させる一方で、元気な高齢者の社会参加を促す取り組みも行っています。多くの人が20歳になって働き始め、年金支給時の65歳まで働けるだけでなく、国民一人一人が自分のこととして考え、生きていると実感できる仕組みになっているとのことです。スウェーデンは子育て支援に力を入れている国で、児童手当と両親手当の両方が支給されます。出産費用や20歳までにかかる医療費、大学の学費も無料で、病気や障害がある子どもには別途手当が支給されています。

このように、税金や社会保険料が高いものの、「国が責任を持って国民の面倒をみる」という考えの下での政策がとられています。学費や医療費の無料化、各種手当や援助など、国民に分かりやすい形で社会サービスが提供されているため、負担が大きくともリターンが実感しやすくなっているようです。また政府や自治体の税の執行についての透明性が高く、高い負担率にも関わらず不満が出にくいと考えられます。

一方、日本ではどうでしょうか。税金の使途や増税の理由が明確になっていないことが問題視されます、医療費の値上げや年金受給開始年齢の引き上げ、生活保護費削減など、国民が公的サービスを実感しにくく生活に不安を持ってしまうことも解決すべき点であるといえます。私は、北欧の社会保障制度をそのまま日本にもってくればよい、とは思っていませんが、アメリカのように低福祉・低負担の制度で自己責任の仕組みが良いとも思いません。しかし、問題点があるにもかかわらず、政治家たちの単に税率を上げることがサービスを向上させるという言い訳には納得できません。国の姿としてどうあるべきか、政治家まかせの問題ではないと考えた次第です。

北欧の旅を終えて

今回北欧の3ヵ国のツアーを選んだのは、一つ目にはスカンジナビア半島における秋の紅葉シーズンがどれだけきれいか、と思ったことです。紅葉は日本が一番きれいだと言われていますが、北欧の紅葉・黄葉と緑の木との調和を観たかったことです。ストックホルムで宿泊した「パークイン・ハンマルビー・ショースタッドホテル」の周辺の公園や部屋から見た外の景色などで観た紅葉は確かにきれいでした。しかし、桜を見るのと同じできれいに晴れ渡った空の下で見るような期待した景色は残念ながら見ることはできませんでした。

二つ目にフィヨルドでした。フィヨルドは、ニュージーランドの南島のミルフォード・サウンドで遊覧船によって訪れることができましたが、そことノルウェーのフィヨルドとを比較してみたかったことです。これまでフィヨルドといえば、氷河地形の代表としてノルウェーでしたから、やはり本場の地形を観たかったことです。そしてその代表格といえば長さ・幅でも最大級の「ソグネ・フィヨルド」です。しかし、今回行くことができたのは、「ソグネ・フィヨルド」の一部の「アウラン・フィヨルド」と「ネーロイ・フィヨルド」でした。観光拠点となるフロムからフェリー（遊覧船ではなかった）でグドヴァンゲンまでの約1時間半の船旅でした。

また、2・3日目に宿泊した「ハダンゲル・フィヨルド」のウルヴィック地区にある「リゾートホテルの「ブラカネス・ホテル」は、フィヨルドの奥深いところにあり、湖面に面していました。ホテルの前の湖面には水上飛行機が止まっているのがなぜか印象的でした。確かに規模の上では、ニュージーランドのそれよりもフィヨルドの幅や長さ、数の面では多いのですが、氷河地形の形態からするとフィヨルドという期待したほどの感じがあまりしませんでした。

ヨーロッパは、ほとんどの国でアメリカと違い風景がそれほど壮大に感じません。反面、街並みが美しくそこに住む人々の暮らしぶりが身近に感じられます。まさに『天・地・人』が一体として見ることができます。空を見上げれば青い空が広がり、地を見れば地星の躍動、長い歴史の中で戦争・民族移動・国家の衰退と繁栄の中で人々がその中で生きてきたものを感じられる。そんなヨーロッパに魅了される！　ヨーロッパ各国を訪問しての総括です。

「イヤー、旅っていいですね！」

COLUMN

エコの北欧……ホテルにみるエコの世界

今回の旅行で、ほかの国のホテルと違って最も大きな相違点は、ホテルの内部で取り入れられているエコの精神でした。特に部屋に入ると、床は木を敷き詰め、机の上には湯沸かしポットはなく（安全のためでもあるかも）、バスルームには最小限のアメニティしか置いてありません。その点日本のビジネスホテルでも至れり尽くせり、という感じです。この国々では自分が使うものは持参する、不用意に無駄使いしないということでしょうか。

十月だと、もうこれらの国々では夜になると寒さを感じます。客が入室していないのに暖房をしておく必要はない、入室時に自分でスイッチをオンすればすぐに暖かくなりますよ、という事か。無駄に温めておく必要はないと考えているのかもしれません。日本のホテルのように入室すると「ワー、温かい！」と、いう必要性を感じないのかもしれません。冷房も然りでしょうね。でも北欧では、冷房は不要かな？　客が入室していない部屋を事前に温めておく必要はない、という考え方なのでしょうか？

物を大事にする、余計なサービスはしないで要求に応じてサービスを提供する。床に使う木材も自国の森林からのものです。スーパーマーケットに買い物に行っても買い物袋は持参する。そして、このエコ活動に誰もクレームはつけない。もう生活習慣となっているのでしょう。

日本人も決して彼らに負けないエコの精神を持っているはずです。でも強制されないと実行しないようです。みんながするからエコに取り組むのではなく、意識して市民が進んでエコを進めるという精神は見習うべきでしょう。

第二十話　3回目のクルーズへ：アラスカの氷河

2023（令和5）年9月

十年間で二十回の海外旅行をすることになる、２０２０年１０月にアラスカの氷河の見学を予定していました。ところが新型コロナウイルスの世界的な蔓延で大きな試練となったのは、アメリカの観光クルーズ船「ダイヤモンド・プリンセス」号での新型コロナの集団感染の発生でした。２０年2月3日に中国から横浜港に帰港した際、集団感染が認められそれ以後急速にコロナ感染者が拡大していき、外国人の日本への入国や日本人の海外渡航など海外旅行に関する規制が拡大していきました。従って、１０月にアラスカクルーズを予定していた私の予定もキャンセルされてしまいました。それから２０２３年5月に新型コロナウイルスの「5類移行」に伴い海外旅行などの規制が緩和され、世界各国も徐々に移動の規制が緩和されていきました。早速、私もＨＩＳ旅行社のアラスカクルーズ旅行の案内を探しましたが、クルーズの案内は急増することはありませんでしたが、わずかにアラスカクルーズも見受けられるようになりました。ようやく5月になってＨＩＳ旅行社の「アラスカクルーズ」が9月に実施されることがわかり、早速予約をしました。

1. 日本航空で一路シアトル・タコマ空港へ

コロナ後は、これまでの旅行術を一変させた感じを受けました。先ず、飛行機への搭乗手続きです。事前にスマホを用いて、ネットで搭乗24時間前に席を確保することから始まります。私たちは団体ツアーなので、席が確定しなくても搭乗することはできるので心配はありませんでしたが、スマホでの予約で席を確保したことを確認しておきます。搭乗当日は、空港でパスポートを自動チェック・イン機に通し、機内に預けるスーツケースのタグをプリントアウトし自分で、スーツケースに巻き付けそれをカウンターにもっていくと自動計量され重量範囲内だとコンベアーで流れていきます。この間、ほとんど空港係員の手を煩わすことはありません。勿論係員がいてお手伝いはしてくれます。

ここまで済むとあとは手荷物検査と出国手続きですが、これも以前に比べ簡単になりました。自分でパスポートを読み取り機にかざし、顔写真を撮影すると係官の前に行きチェックを受け、そのままゲートへと進んでいけます。

9月16日（土）ほぼ定刻17時50分に出発し、18時15分に離陸しました。飛行時間は、シアトルまで約10時間です。高度11，900mで日付変更線を通過し、シアトルには同日のほぼ定刻の10時25分着でした。機内では水平飛行に入ると夕食のサービスが、着陸の1時間前くらいに朝食のサービスがありました。

シアトル・タコマ空港

シアトルの空港では、入国検査で長い列ができていましたが、途中からスムーズに流れ、入国手続きは簡単で一安心でした。

2．シアトル港で「ロイヤル・プリンセス」号に乗船

シアトル港に着くともう乗船は始まっており、私たちのグループが最終の乗船手続きのようでした。「飛行機が遅れることもあるので、できれば前泊しておくというスケジュールが安心なのですが、旅行価格のことを思えばできるだけ負担が少ない方がいいし……」、とのことでした。そうですね、船は、出航を待っていてくれることはありませんから。しかし、船も大きい！　１４万トン級ですので先回に乗船したMSC社の「リリカ」号よりは大きいですが、はじめてのカリブ海クルーズのロイヤル・カリビアン社の「Oasis of the Seas」号の２２万トン級に比べれば小さいのは明らかでした。乗船手続きは、スーツケースの検査とプリンセス社による独自のメダリオン™システムの導入で、これを提示すればチェック・イン完了です。そして、１６時になり予定通りに出航です。

船内に入るとスタッフの拍手による歓迎を受け、キャビン（部屋）に行くと、すでに部屋の前にはスーツケースが届けられていました。まもなく部屋のキャビン・スタッフによりスーツケースはキャビンの中に入れてくださり、自己紹介と用事ある時は電話で呼びだしてくれとテキパキと話してくれました。室内のテレビで避難訓練の様子を視聴します。視聴しないと「視聴してください」と何度も警告のサインが出るそうで

す。荷物を整理し終わるともう夕食の時間となり、初日の夕食はツアー参加者全員での会食となりました。レストランは船内に数か所あり、予約してあるレストランの場所でいつでも食事がとれるようになっており、その他にも安い料金で利用できる有料レストランもありその日の気分で自由に選んで食べることもできます。

夕食後は、長い一日が終わってほっとしてキャビンに戻ると、すでに船は暗闇の海の上をすべるようにして北上していました。ジュノーに向けての一日航海です。

3．ジュノー港は抜港となる!!

乗船2日目のアラスカの州都のジュノー港入港が、現地天候不良のため入港できなくなりました、と突然知らされガッカリ！　ここではかつてのゴールドラッシュ時代の金鉱山跡へのオプショナルツアーがあったので、期待していたのですが入港できないとなれば仕方ありません。帰途にでも立ち寄ればいいのではなかったのでは、と素人ながら思ってしまいました……。

仕方ないのでこの日はゆっくりと朝食を食べ、ランチも終えて午後にフィットネス・センターに行くことにしました。最上階の17階にジムがあり、ウオーキングマシーンをはじめいろいろなマシーンが揃っていました。いつも通っているフィットネス・センターと同じマシーンがあったので、安心して利用できました。注意するのは、ウエイトの重さやウオーキングマシーンの距離の単位などがポンドやマイルで表されていることです。海を見ながらの運動で気持ちの良いものでした。ただ水を飲む設備やシャワー室・着替え室などはありません。したがって、キャビンで着替えて、ペットボトルの水も持っていかなければなりません。3日目も終日航海でしたので、やはり午後にフィットネス・センターに行っていました。航海中は計3回利用しました。利用している顔ぶれも同じような人がいて、運動する人にとって時間つぶしに最適だったかもしれません。

なお、船内ではいろいろな催物があちらこちらでひっきりなしにあって、船内のいろいろな施設を利用したりして時間を過ごすことができ退屈することはありませんでした。他にスパ、ジョギング・トラック、ジャググジー、プールなどがあり、夜はカジノや劇場が開かれます。

4．スキャグウエイ：ホワイト・パス鉄道で米・加国境へ

4日目に寄港地スキャグウエイ（米国・アラスカ州南端）に朝早く暗いうちに入港し、やっと船から降りることができました。朝の気温は約9℃ですが、お天気も良くオプショナルツアー（今回はすべて船会社主催）にとって絶好の日よりとなりました。朝食を早めにとって集合し、下船して船の救命ボートに分乗し、駅には2、3分で行ける距離にありました。なんと言っても乗車する人の数が多く、さらに他に2隻の大型観光船からもこの鉄道に乗る人があり、順番待ちが大変です。乗車前に進行方向左側の席の景色が良いですよ、と添乗員さんに言われていたので、まずは席の確保に集中です。幸いにも某交通社の添乗員さんが乗っている車両に席を確保することができました。発車の合図もなくゆっくりと走りだしました。同じツアーの

人達とは別々の乗合いなりましたが、その添乗員さんの景色などの説明を聞くことができラッキーでした。車内では鉄道会社の女性のガイドさんの説明がありますが、早口の英語の説明ではよく理解できませんでした。専ら配布されたパンフレットと景色を見ることとの往復でした。終始、天気も良く予想以上に暖かでした。

ここで、ホワイト・パス鉄道について記しておきます。この鉄道は、米国アラスカ州スキャグウエイの港町からカナダのブリティッシュ・コロンビア（BC）州を通ってユーコン準州のホワイトホースをつなぐWhite Pass & Yukon Routeの一部で、米・加国境のWhite Passの頂点となる海抜2，865フィート（873m）までの32km区間を指します。パス（峠）の頂点で折り返します。1898年7月に着工が始まり、1899年2月に頂点に達し、1900年に全線が開通しました。

工事は、急な崖縁を通り、急カーブの線路の敷設、2か所のトンネル掘削工事、真冬の雪のなかなどの厳しい気候と困難な地形を克服し、そして多額の費用を費やし、人的には述べ3万5千人もの作業員によっての難工事だったそうです。途中の景観は深い峡谷と高い山々、自然のおりなす景観が車窓の右に左と繰り広げられます。

列車は、峠の頂点に達すると折り返してスキャグウエイの街へ戻ります。約65kmを約2時間かけて往復しますが、ただ残念なことに、頂点で下車することもなくまた、途中素晴らしい景色があっても停車することもありません。単線運転のため上り・下りの列車が、すれ違いするために一時的に複線になって

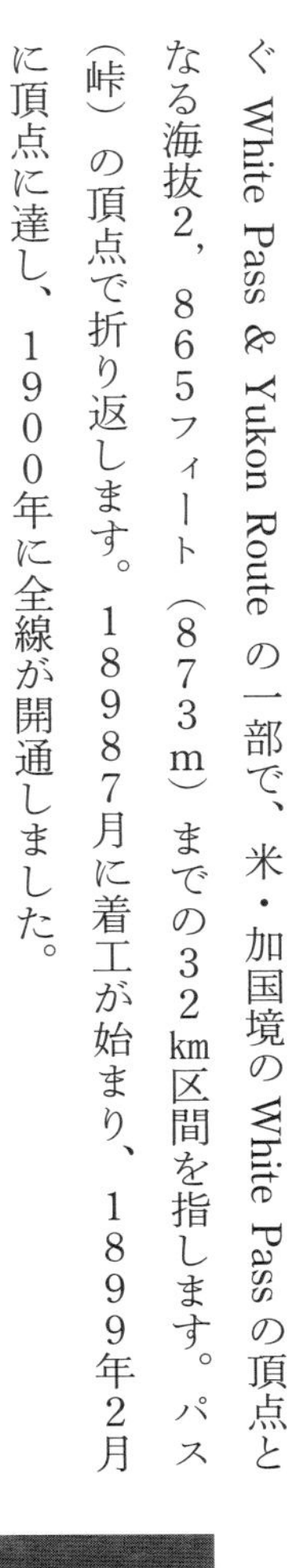

渓谷を行くホワイト・パス鉄道

いる場所で停まる程度です。なお、列車内は車両の一番前にストーブがあるだけで、トイレもありますが小さくてあまり奇麗とは言えませんでした。

スキャグウェイの街に戻ると、駅のプラットフォームがあるわけでもなく。地面に降りたつと、すぐに街の中に歩いて行けます。街はメインストリート沿いに、お土産屋さんと小さなお店があるだけで、往復しても20分くらいです。街の中心部にあるビジターセンターは、昔ながらの建物の様相を呈していますが、なぜか西部劇で出てくるような街の建物群に見えました。港には大型客船が4隻ほど停泊できるドックがあるくらいと、20隻ほどの個人所有（?）のボートが係留されています。スキャグウェイは、1897年に金鉱を探す多くの人でにぎわった街で、もともとは原住民の人々がSkagua（シュカグワー）と呼んでいたのを金探鉱者がSkagwayと綴り、1899年に郵便局ができた時にSkagwayに改名されたと言われています。街をぐるりと一周して歩いてボートに乗り、船に戻りました。

帰船するとお腹もすいていたので、急いでビュッフェに行きランチをしましたが、すぐに夕食の時間になるので軽めにすましておきました。午後3時をすぎていたのに、結構レストラン内は混雑していました。私達と同じようなスケジュールで動いていた人がたくさんいたようでした。

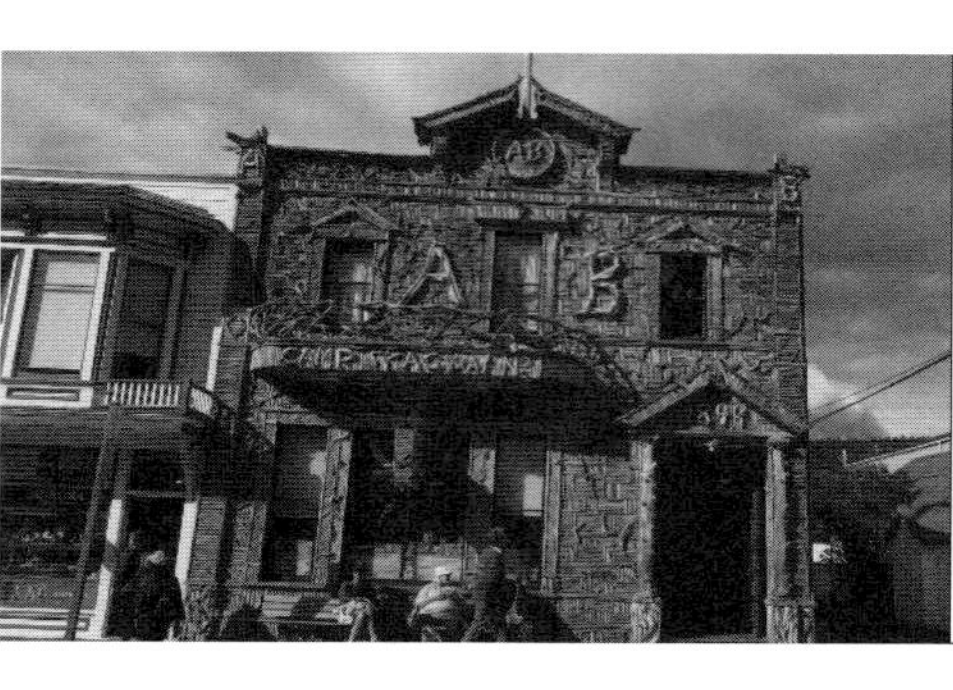

スキャグウェイの街にある
ビジター・センター（昔の郵便局）

5．いよいよ世界遺産グレイシャー・ベイ国立公園へ

5日目になり待望の氷河を見ることのできる日となり、わくわくしてきました。小雨の中それでも気温は10－11℃あり、あまり寒さを感じないのですが、さすがに16階のデッキに出ると気温は、7－8℃しかなく寒く感じました。この旅行に最大の目的としていた、氷河とその先端部での氷河の崩落を見ることを楽しみにしていました。船が氷河に近づくにつれ海面上には、崩壊した大小の氷塊が浮かんで船に向かってきます。国立公園になっているグレイシャー・ベイの最奥部にあり、ほぼカナダとアメリカとの国境にあたる「マージェリー氷河」とその手前にある「ランプルー氷河」を見ることができました。あいにくの小雨模様で空はかすんでおり、クリヤーに氷河や氷塊の上にいるアザラシのような動物たちをカメラに収めることは残念ながらできませんでした。

「マージェリー氷河」は、幅1．6km、海面上の高さは約70m海面下には約30m、長さは34km、一日に約150cm進んでいるといわれています。

これまでにニュージーランドでは、「ハーミテージホテル」の近くにある氷河の最先端部まで数十メートルのところまで近づき、またスイスでは、リーダーアルプの展望台から「アレッチ氷河」をほぼ直上から眺め降ろしました。しかし、残念ながら今回の氷河の見学は期待外れであまり感動することはありませんでした。

グレイシャー・ベイ最奥部のマージェリー氷河の最先端部

6. ケチカン（アメリカ・アラスカ州）郊外のトーテムポール公園と市内での木コリショー

いつの間にかグレイシャー・ベイを離れ一路南下してケチカン港に向かいました。6日目早朝にケチカン港に入港しましたが、船のバルコニーから見るとすぐ目の前には山が迫り、眼下にはバースがみえました。スキャグウエイの時とは違って、タラップが降ろされ岸壁に直接降りることができました。この街では、トーテムポールと木コリショーの見学をするツアーに参加しました。この日は小雨で時折激しく雨が降り、気温は11℃ありましたが、肌寒く悪天候でした。

ケチカンの街から北西方向の海辺の森林地帯の中に「トーテムバイト州立歴史公園」があり、トーテンポールの杜がありました。19世紀の集会小屋が再現され、当時の原住民の生活の一部を見ることができます。トーテムポールは屋外・屋内に14体が展示されています。ガイドさん（バスの運転手）の説明によると、トーテムポールは北アメリカ北西海岸地方のネイティブが伝統的に制作した彫刻の柱で、ヨーロッパ人が名付けたといわれています。ここケチカンを北限としカナダのブリティッシュ・コロンビア州・アメリカのワシントン州まで広がっています。暖流の影響を受け高緯度の割には温暖で、鮭などの海の幸に恵まれ鹿やクマなどの食料資源も豊富でした。また雨が多く巨大な密林をはぐくみ、育った樹木をふんだんに使った住居が立てられ彫刻などの文化が発展させたのです。現存するトーテムポールは19世紀半ばから20世紀のもので、残念ながら伝統社会の壊滅とともに華麗な彫刻も衰退していったと考えられています。「トーテム」という意味は、人間の集団と自然界の現象との関係を象徴的に表すものといわれています。原木はレッドシーダー（赤すぎ）が主流となっています。トーテムポールは同じように見えますが、部族や村落によって違った特徴をもっています。

延々とトーテムポールの話が続き、園内のお土産屋さんでも十分な時間をとったためか、1時間半近くここで時間を要してしまいました。

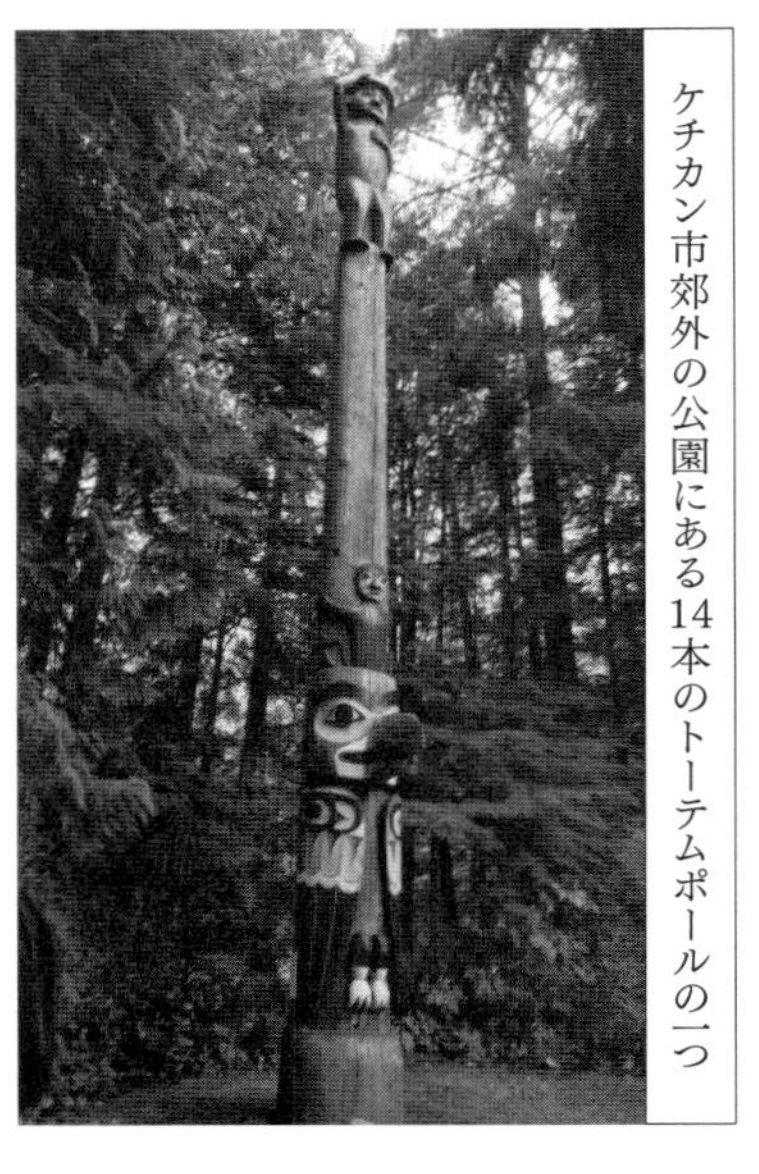
ケチカン市郊外の公園にある14本のトーテムポールの一つ

街に戻ってからは訳の分からないところでバスを降ろされ、木コリショー（「ランバークジャックショー」と呼ばれている）の会場まで雨の中を歩かされました。会場はもうほぼ満員で私たちのグループは分散して着席です。幸い席の上は雨除けがセットされていましたが、ショーの主役たちは雨の中一生懸命披露してくれました。ショーは、アメリカチーム対カナダチームに分かれて10の演技を競い合いました。最後までみることができなかったのでどちらのチームが勝ったかは不明ですが、途中の観客の声援すごかったですし、勝負も五分五分でしたが……。

時間が迫り10の見せ場のうち最後の一番人気と言われるものを見ることができず、途中で退場してしまうことになりました。帰りは接岸されているバースまで、雨の中をとぼとぼと歩いて帰船しました。

午後四時ケチカン港を出航し、最終寄港地のカナダのヴィクトリアに向かいました。夜は劇場でショーを見たり、ラウンジで好きな無料のジェラードを食べたりして楽しみました。

7. 夜のヴィクトリアの街（カナダ）

もう、最終日の7日目になりました。朝食はシャンペン・ブレックファーストが提供されました。シャンペンや各種ブレッド、ジュースなどトレイ二つにいろいろな副食が盛られており、下船準備に追われる朝にしてはもったいない感じがしました。

午後は希望者による船内レストランの厨房見学があり、料理人さん達をはじめとして約400人が働く現場を見せてもらいました。効率的にかつ機械化されていましたが、やはり味付けや盛り付けなどは人の手によるものです。

夜になってカナダのヴィクトリア港に入港し希望者が、事前に購入したバス・チケットをもってシャトルバスに乗り、ヴィクトリア市内のメインストリートに向かいました。ヴィクトリアはブリティッシュ・コロンビア州の首都で、ヴィクトリア様式の建物が多くあり、ヴィクトリア時代の面影が残っています。代表する建物は、内湾に面して議事堂や有名なホテルの「EMPRESS」がまるでディズニーランドのように電飾されて浮かびあがっていました。私たちはバスを降りてガーヴァメントト通りを散歩して、約一時間道路沿いにあるお土産屋さんなどを見て回りました。

8日目、早朝にはシアトル港に着岸し、グループごとに順番に下船して、バ

夜のヴィクトリア市内（夜間照明に照らし出された議事堂）

スでシアトル空港に向かいました。そしてシアトル空港へ！　今回は、往復ともに後ろから二番目の席で通路側でした。コロナ禍が落ち着いて搭乗手続きも簡単？になったのですが、２４時間前からスマホで席を確保するためかえって面倒な気がしました。ましてやクルーズで船の中にいると、簡単にインターネットを使うことはできません。今回たまたま「メダリオン」クラスを利用したので、ネットは航海中ズーッと利用できたので便利でしたが……。

8．最後に、長時間の機内での過ごし方のヒント

私は、長時間のフライトが苦手です。今回、座席の予約がスマホで２４時間前からできる、というかすることになっていました。スマートホンのＪＡＬの予約ページにアクセスしたときには、すでにほぼ席は埋まっていました。仕方なく後部座席しか空いていませんでした。幸いにも妻とともに通路側を確保することができました。いざ搭乗すると、トイレに近いこと（実際のトイレの位置は、右の反対側座席の後ろなので左側に座った私たちの後ろに、トイレの順番待ちをする人の列はできませんでした）座席の後ろなので左側に座った私たちの後ろに、トイレの順番待ちをする人の列はできませんでした）や「ギャレー」に近いのでほっとしました。

ギャレーとは、機内中央や後方にある、ドリンクや食事を用意してくれる場所のことです。ギャレーはＣＡ（キャビンアテンダント）さんが乗客への食事の準備作業や自分たちが食事をとったりする場所なので、

勝手に使っていいわけではありませんが、ひと言声がけをすれば必要なものを用意してくれますし、運動ついでの息抜きがてらに、行ってもいいところです。私は大いに活用しました。忙しい時は勿論行きませんが、色々なサービスが終わって一人、二人になった時に飲み物をもらいに行ったり、スナックをもらいに行きます。ときには、ＣＡさんと少しおしゃべりすることもあり、楽しい時間を過ごせます。旅行地の見どころやお土産はどんなものがいいか、など教えてもらえます。意外におもしろい発見がありました。ＣＡさん達のお仕事の邪魔をしてはいけませんので、くれぐれもタイミングを見計らっていくことが大事です！

COLUMN

プリンセス・クルーズ

近年、プリンセス社のクルーズ船が日本周辺近海のクルーズ旅行を企画しており、なじみのある客船会社になってきました。現在では、世界最大のクルーズ船運航会社であるカーニバル・コーポレーションの傘下にあります。プリンセス・クルーズ社としては、2013年プリンセス・クルーズ社最大の規模を誇る新造船「ロイヤル・プリンセス」号（142,229トン、フラッグシップ）が就航し、今回乗船した船がこれでした。

双方向型ウェアラブル・デバイス「メダリオン」を導入し、専用アプリ（「メダリオン・クラス」アプリ）を利用して、さらにいろいろなサービスを受けられるようになっています。乗船時に受付でスマホにある顧客番号を見せればチェック・イン完了です。事前に高い使用料？を払ったせいか、ネットの使用料や一部の飲・食料は無料になる等特典はたくさんありました。また、キャビンのキーにもなり、同伴者とはぐれても探索してくれるなど便利でした。

船内の設備も充実していますし、一日航海でも船内でいろいろなイベントがあり、飽きることはありません。また朝食や昼食も自由にレストランを利用できます。スタッフもフレンドリーで親切でした（ただ全員ではありませんでしたが！）。なんとトイレは「Ladies」、「Gentle」、「Unisex」の三種あって利用者もそれぞれ気兼ねなしに使用していました。

海外を観てきて —— あとがきにかえて

私がこの本を書こうと思い始めたのは、実は平成22（2010）年の秋でした。約36年（教職時代を含めると40年）、会社を定年退職して、「さあ自由になったぞ！　さてこれから何をしようか？」まだ、人生100年時代と言われる時世ではありませんでした。これといった特技や資格があるわけでなく、再就職の道もありませんでした。残りの人生の目標をどこに置くかを考えました。

そこで海外旅行をしたくなり、自分の眼で見て、現地の人と触れ合い、自然や藝術——「天地人」——に触れてみたいと思いました。そして、自分なりの世界観を築いてみたくなりました。妻は「あなたが、行くところだったらどこでもいい。」というので私が全て考えて旅行プランをたてました。先ずは「1年に二回、十年で20回海外に出かけること！」と決めました。

海外旅行をはじめて回数を重ねていくと旅行の目的も、次回どこにするかの予定もたてられるようになってきました。そして、最後の20回目の時の2020年秋のアラスカクルーズ旅行に参加すると決めてあとは出発を待つばかりになった時に、不運にも新型コロナウイルス感染症（COVID - 19）が世界を席巻しはじめ、旅行は中止となってしまいました。それから3年が経過し2023年秋にアラスカクルーズの企画が発表されたので、参加することになりました。こうして2023年のアラスカクルーズで20回目の海外旅行の目標を達成することができました。

この海外旅行を通じて感じた最大のメリットは、日本がこれから進むべき道は決してアメリカやイギリス、ドイツ、フランスのような明治時代に急速に先進諸国に追いつこうとして目標にした国々ではないということです。もはやこれらの国々は日本にとって模範となる国ではないということです。勿論、日本が独自の将来戦略やビジョンを打ち立てるだけの能力のある国であれば別ですが、第2次世界大戦以後相変わらず「追いつき、追い越せ」精神で、明治時代初期のような世界でも類を見ない経済成長を成し遂げましたが、それはお手本になる？という国があったからでしょう。しかし、いま「失われた20年、30年」と言われるように、上にある目標に追いついてしまったあとの虚無感にあふれると思われる空気が漂う中で、日本の独自性を打ち出せる政治も経済も見当たりません。

それではなにを目標にしたら良いかということです。結論を書くと、それは、スカンジナビア諸国だと思います。スカンジナビア諸国とは、ノルウェー、スウェーデン、フィンランド（まだ訪問していませんが）、それにアイスランドやデンマークです。これらの国と同様な小さな国、ニュージーランドのような決して大国ではない国々の社会が模範となると感じました。

そして結論に達したのは、北欧諸国やアイスランドやニュージーランドのような人口の少ない、そして産業もあまり盛んではないが、これらの国の人々の暮らしぶりを見て、心豊かにまた幸福に感じるような社会を構築することを目標とすべきだということでした。政治家や経済界は「○△大国」や「□×立国」づくりが大好きなようですが、どれ一つとして完成されたものがないように見えるのは、私一人だけでしょうか？グローバル化や右肩上がりの成長ばかりを目指してばかりいて、人々の生活そのもののあり方を忘れてはいけないということを感じました。

日本は、先にあげた小さな国々に遅れていることは歴然としていることを感ぜざるを得ません。例えば、少子化対策と言って給付金を交付した政策をいくつか講じようとしています。しかし、なぜ子供を産もうとしないのか、その前になぜ結婚したいという男・女性が少なくなってきているのか、を真剣に考えているのでしょうか？　それは現状のままでは、国の将来に希望や期待を持てるような政策や未来像を示さないからだと思います。訪問した国で優れていると思った国々は、すべてビジョンを示し、国民もそれに納得しているからです。日本にはよく言われる国家戦略・戦術が全くない事です。あるのは将来への不安感だけで、だんだんと若者の間に失望感しか生まれてきていないのではないでしょうか。これらのことは、実際にこれらの国々を訪問して、日本と比較して実感したことです。これは、拙著の中で時折述べてきた「天地人」からもうかがえます。そして、これが私の旅の結論でもあります。できれば、今後も機会を見つけてこの旅を続けたいと思うのです。

■ 著者紹介

長田　享一（ながた　きょういち）

1947年神戸市に生まれる。大学卒業後、公立学校教員となるが3年半で退職し、石油探鉱開発会社に転職し、探鉱・開発作業に従事する。2010年定年退職し、科学・技術に関する調査・教育法、技術経営に関連するコンサルタント業の技術士事務所を開設する。著作は、『すべての生命は対話している』（『INOCHi』創刊号共著、INOCHi出版局、展望社）、『世界を変えた科学者たち』（翻訳）、『古代オリンピックへの道』（いずれも悠光堂）。専門の微化石・石油探鉱に関する論文・報告書など。

■ 表紙デザイン

植原　幸治（うえはら　こうじ）

1961年大阪市に生まれる。大学で美術を専攻し卒業後、大阪市にグラフィックデザイン事務所NEOGEO（ネオジオ）を設立、イラスト・キャラクター製作・広告・セールスプロモーションなど、活動中。JAGDA会員。

地星誌　―天・地・人―

世界を巡って感じた地星の・人の息吹

2024年11月8日　第1刷発行

著　者　長田享一

発行者　太田宏司郎

発行所　株式会社パレード
大阪本社　〒530-0021　大阪府大阪市北区浮田1-1-8
TEL 06-6485-0766　FAX 06-6485-0767
東京支社　〒151-0051　東京都渋谷区千駄ヶ谷2-10-7
TEL 03-5413-3285　FAX 03-5413-3286
https://books.parade.co.jp

発売元　株式会社星雲社（共同出版社・流通責任出版社）
〒112-0005　東京都文京区水道1-3-30
TEL 03-3868-3275　FAX 03-3868-6588

装　幀　植原幸治

印刷所　創栄図書印刷株式会社

ISBN 978-4-434-34751-1　C0095